Übungsbuch 1plus

Español Actual

Spanisch für Anfänger

von Dr. Esther Peleteiro Rueda

Umschlag, Gestaltung und Illustrationen von Otto Benz

FELDHAUS

Linguistische und fachliche Beratung:
Amparo Viguer Espert

Die Deutsche Bibliothek – CIP-Einheitsaufnahme

Español actual / von Esther Peleteiro Rueda. – Hamburg :
Feldhaus
NE: Peleteiro Rueda, Esther

1 plus. Spanisch für Anfänger.
Übungsbuch. – 1993
ISBN 3-88264-145-2

ISBN 3 88264 **145** 2

Satz und Gestaltung: FELDHAUS VERLAG, Hamburg
Druck und Verarbeitung: WERTDRUCK, Hamburg
Gedruckt auf chlorfrei gebleichtem Papier

Einführung

„Español Actual" ist ein modernes Spanisch-Lehrwerk für die Erwachsenenbildung, das an Volkshochschulen, Sprach- und Dolmetscherschulen sowie an Gymnasien und Universitäten eingesetzt werden kann. Es besteht aus zwei Bänden, zu denen jeweils Übungsbücher gehören.

Wichtigstes Lernziel ist die Kommunikationsfähigkeit. Die Texte zeigen den spanischen Alltag und befassen sich mit aktuellen Themen Spaniens und Hispanoamerikas. Besondere Aufmerksamkeit wurde auf Wörter mit mehreren Bedeutungen gelegt. Idiomatische Ausdrücke, Sprichwörter, Anekdoten und Witze beleben und bereichern die Lektionen.

Die zahlreichen Zeichnungen, Cartoons und Bilder sind ein methodisch wesentlicher Bestandteil des Werkes und stehen in enger Verbindung zu den Texten und der Grammatik. Die Illustrationen lockern das Buch nicht nur auf, sondern erleichtern das Verstehen und fördern die Kommunikation. Sie eignen sich für die Einführung neuer Vokabeln oder Strukturen und in besonderer Weise für die Transfer-Phase und Nacherzählungen. Das Lehrwerk „Español Actual" erfüllt die Anforderungen der Zertifikatsrichtlinien des Deutschen Volkshochschulverbandes.

Die Übungsbücher zum „Lehrbuch 1" sollen gemeinsam oder getrennt dem Lernerfolg dienen. Während das „Übungsbuch 1" als Schwerpunkt das konventionelle Üben (besonders durch eine Vielzahl von Übersetzungsaufgaben) anbietet, ist das vorliegende Übungsbuch „1 plus" in erster Linie kommunikativ ausgelegt.

Abwechslungsreiche und vielgestaltige Elemente sollen das Konversationsvermögen ausbilden, sei es innerhalb der Klasse oder allein zu Hause. Zusammen mit den „Audiokassetten 1" und „1 plus" bauen zahlreiche Hörverständnisübungen das Sprachgefühl Schritt für Schritt auf. Diktate mit fortschreitendem Schwierigkeitsgrad verbessern diese Verständnisfähigkeit und fördern die Schreibsicherheit.

Der Teil „Temas culturales" des „Übungsbuch 1 plus" ist der Landeskunde und Kultur Spaniens und Hispanoamerikas gewidmet. Das hierauf bezogene Üben erschöpft sich nicht in bloßer Wiedergabe und Übersetzung der Texte. Der Lernende soll sich auch mit Inhalt und Geist der einzelnen Abhandlungen auseinandersetzen und schließlich in der Lage sein, über „Temas para redacción o conversación", die am Ende des Buches enthalten sind, zu schreiben oder zu sprechen.

Verfasserin und Verlag

Inhalt Indice de materias

Ejercicios

Lektion 1	(12 Übungen)	9
Lektion 2	(12 Übungen)	19
Lektion 3	(20 Übungen)	26
Lektion 4	(14 Übungen)	33
Lektion 5	(12 Übungen)	39
Wiederholung zu den Lektionen 1 bis 5		46
Lektion 6	(11 Übungen)	50
Lektion 7	(13 Übungen)	54
Lektion 8	(11 Übungen)	57
Lektion 9	(15 Übungen)	61
Lektion 10	(19 Übungen)	69
Wiederholung zu den Lektionen 6 bis 10		73
Lektion 11	(15 Übungen)	76
Lektion 12	(13 Übungen)	81
Lektion 13	(12 Übungen)	87
Lektion 14	(14 Übungen)	90
Lektion 15	(21 Übungen)	96
Wiederholung zu den Lektionen 11 bis 15		102
Lektion 16	(11 Übungen)	106
Lektion 17	(15 Übungen)	113
Lektion 18	(13 Übungen)	120
Lektion 19	(13 Übungen)	125
Lektion 20	(13 Übungen)	130
Wiederholung zu den Lektionen 16 bis 20		135
Lektion 21	(13 Übungen)	141
Lektion 22	(9 Übungen)	145
Lektion 23	(14 Übungen)	148
Lektion 24	(11 Übungen)	155
Lektion 25	(15 Übungen)	160
Wiederholung zu den Lektionen 21 bis 25		164
Lektion 26	(13 Übungen)	170
Lektion 27	(17 Übungen)	176
Lektion 28	(14 Übungen)	182
Lektion 29	(15 Übungen)	188
Lektion 30	(17 Übungen)	195
Wiederholung zu den Lektionen 26 bis 30		202

Dictados

Sugerencias para los profesores 211

Signos de puntuación 211

Lección 1 – Lección 4 212
Lección 5 – Lección 7 213
Lección 8 – Lección 10 214
Lección 11 – Lección 13 215
Lección 14 – Lección 16 216
Lección 17 – Lección 18 218
Lección 19 – Lección 21 219
Lección 22 – Lección 23 220
Lección 24 – Lección 26 221
Lección 27 – Lección 29 222
Lección 30 223

Temas culturales

Sugerencias para los profesores 227

Hispanoamérica 227
Cristobal Colón y el "descubrimiento" de America 228
Países y ciudades importantes de Hispanoamérica 229
Colombia 229
Méjico (México) 229

Ciudades y regiones de España 231
Madrid 231
Barcelona 232
Cantabria 233
Ampurias 235
El País Vasco 235
Asturias 236

Temas generales 237
Costumbres, tradiciones y supersticiones 237
Gaudí 238
Fiestas españolas 240

Pintores clásicos españoles 244
El Greco 244
Velázquez 244
Murillo 246
Goya 246

Temas para redacción o conversación 251

Vocabulario 253

Quellennachweise 267

Ejercicios

1. **Beachten Sie bitte diese wichtigen Ausspracheregeln (Auszug aus „Das spanische Alphabet“; im Lehrbuch vor Lektion 1):**

c/z stimmloser Lispellaut, etwa wie das englische „th“ in „thing“

za	**ce**	**ci**	**zo**	**zu**	**-z**
Zaragoza	Barcelona	Valencia	Amazonas	Venezuela	La Paz

c/qu Aussprache wie im Deutschen „k“

ca	**que**	**qui**	**co**	**cu**
Caracas	Cadaqués	Quito	Colombia	Cuba

(bei que und qui ist das „u“ stumm)

g Aussprache wie im Deutschen „Portugal“

ga	**gue**	**gui**	**go**	**gu**
Portugal	Guernica	Guinea	Santiago	Nicaragua

(„u“ ist stumm bei „gue“ und „gui“ ausgesprochen wird es bei „güe“ und „güi“)

g/j wie deutsches „ch“ in „Kachel“, „Dach“, „Buche“

ge	**gi**
Argentina	Gibraltar

ja	**je**	**jo**	**ji**	**ju**
Jaén	Jerez	Jorge	Jijona	Juan

Jetzt hören Sie zunächst die Kassette „1 plus“; achten Sie gut auf die Aussprache und lesen Sie danach folgende Wörter:

San José, Nicaragua, Tegucigalpa, Costa Rica, Zamora, Cáceres, Cuenca, Lugo, Albacete, Castilla, Guadalajara, Zaragoza, Andalucía, Granada, Ecuador, Managua, República Dominicana, Valladolid, Santiago de Compostela, Huelva, Castellón de la Plana, Cádiz, Murcia, Ciudad Real, Extremadura, Miguel, Guernica, guerra, Roma, Quito, Quijote, Guinea, guitarra, Venezuela, Chile, Argentina, La Paz, Caracas, Sevilla, Puerto Rico, Mallorca, Buenos Aires, Gibraltar, España, Bogotá, Alemania, Jerez, Cataluña, Gerona, Madrid, Roma, Navarra, Japón, Honduras, Guayana, Yucatán.

2. **Hören Sie jetzt zweimal die Aussprache des spanischen Alphabets (Kassette 1 zum Lehrbuch, Seite A).**

Buchstabe	**Spanischer Name**	**Buchstabe**	**Spanischer Name**	**Buchstabe**	**Spanischer Name**
A	a	J	jota	R	erre
B	be	K	ka	S	ese
C	ce	L	ele	T	te
Ch	che	Ll	elle	U	u
D	de	M	eme	V	uve
E	e	N	ene	W	uve doble
F	efe	Ñ	eñe	X	equis
G	ge	O	o	Y	i griega, ye
H	hache	P	pe	Z	zeta, zeda
I	i (latina)	Q	cu		

Lesen Sie zuerst laut alle Buchstaben. Danach buchstabieren Sie Ihren Vornamen (el nombre) und Ihren Familiennamen (el apellido). Dann lesen und buchstabieren Sie folgende Wörter:

vaso, botella, cerveza, estación, bicicleta, revista, quiosco, periódico, coche, avión, silla, mesa, taza, libro, calle, tren

3. **Lernen Sie bitte den spanischen Artikel (Auszug aus dem Lehrbuch, „Gramática").**

	maskulin	**feminin**
Bestimmt:		
Singular	el	la
Plural	los	las
Unbestimmt:		
Singular	un	una
Plural	unos	unas

Beachten Sie bitte, daß es nur männliche und weibliche Substantive gibt.
Männlich sind fast alle Substantive auf „-o".
Weiblich sind fast alle Substantive auf „-a".
„Unos/unas" hat die Bedeutung von: einige oder ein paar.

Beachten Sie bitte auch die Mehrzahlbildung:

Plural:
– Vokal + – s
– Konsonant + – es

Jetzt schreiben Sie folgende Wörter mit bestimmtem Artikel im Singular und Plural.

Beispiel: vaso → el vaso, los vasos

restaurante, autobús, tren, camarero, naranjada, español, alemán

Sprechen oder schreiben Sie folgende Wörter mit unbestimmten Artikeln im Singular und im Plural.

Beispiele: persona → una persona, unas personas
copa de coñac → una copa de coñac, unas copas de coñac

cerveza, vaso de vino tinto, paella, quiosco

4. **Hören Sie Kassette 1 zum Lehrbuch (Seite A, „¿Qué es esto?") ein Stück weiter. Wiederholen Sie dies, lesen Sie dann den Text im Lehrbuch mehrmals und schließen Sie die Bücher. Betrachten Sie nun die Bilder und antworten Sie wie im Beispiel. Sie können mündlich oder schriftlich antworten:**

¿Qué es esto?

Esto es una mesa

Jetzt antworten Sie:

¿Qué es esto?

5. **Verneinen oder bejahen Sie die Fragen unter den Bildern nach den Beispielen:**

¿Esto es una copa?
No, no es una copa, es un vaso.

¿Esto es una revista española?
Sí, es una revista española.

¿Esto es una silla?

¿Esto es una taza?

¿Esto es un vaso?

¿Esto es un plato?

¿Esto es un libro?

¿Esto es un periódico?

¿Esto es un tren?

¿Esto es un coche?

¿Esto es una bicicleta?

¿Esto es una botella de cerveza?

6. **Hören Sie die Kassette 1 zum Lehrbuch (Seite A, „¿Qué hay en ...?“) wieder ein Stück weiter. Wiederholen Sie dies. Lesen Sie dann mehrmals den Text, schließen Sie die Lehrbücher und beantworten Sie folgende Fragen:**

¿Qué hay en la calle?

¿Qué hay en el quiosco?

¿Qué hay en la estación?

¿Qué hay en la mesa?

¿Qué hay en la mesa?

¿Qué hay en la mesa?

7. **Hören Sie die Kassette 1 zum Lehrbuch wieder ein Stück weiter und bilden Sie ähnliche Beispiele wie das folgende:**

A: ¿Cuántos vasos hay en la mesa?
B: En la mesa hay dos vasos.
A: ¿Cuántas botellas hay?
B: Hay una botella.
A: ¿Es una botella de vino tinto?
B: No, no es vino tinto, es Jerez.
A: ¿Hay algo más?
B: Sí, hay también tres copas.
(Evtl. je nach Beispiel: No, no hay nada más.)

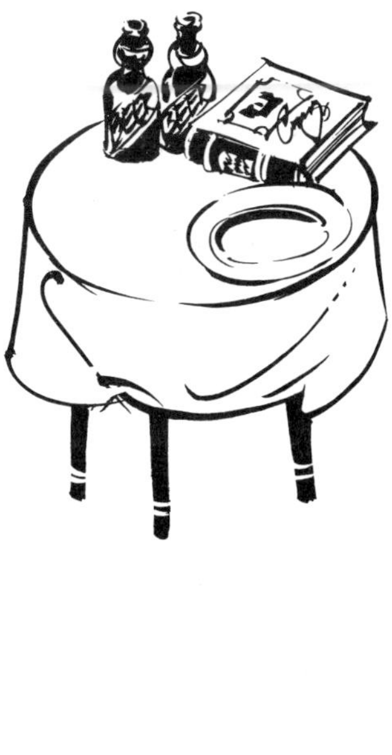

8. **Lernen Sie die Grundzahlen von 1 bis 10.**

0	1	2	3	4	5	6	7	8	9	10
cero	uno, -a	dos	tres	cuatro	cinco	seis	siete	ocho	nueve	diez

Vor männlichen Substantiven verwandelt sich „uno“ in „un“.

Lesen Sie zuerst diese Sätze zur Gewöhnung an die Zahlen:

1. En el restaurante hay nueve mesas y diez sillas.
2. En una mesa hay cinco personas.
3. En la mesa número cuatro hay seis tazas.
4. En la mesa número ocho hay tres botellas y siete vasos.
5. Pepe bebe (trinkt) dos cervezas.
6. María bebe un vaso de vino blanco.
7. En la clase (Unterricht) hay diez alumnos (Schülern).
8. El café es para (für) la mesa número cinco.

Jetzt schreiben Sie ähnliche Sätze mit den Zahlen von 1 bis 10:

1. ______________________________
2. ______________________________
3. ______________________________
4. ______________________________
5. ______________________________
6. ______________________________

Lesen Sie jetzt folgende Zahlen:

4, 6, 0, 8, 2, 1, 7, 10, 3, 9, 5

9. **Hören Sie die Kassette 1 zum Lehrbuch (Seite A, „En un restaurante“) zweimal (einmal mit geöffnetem und einmal mit geschlossenem Lehrbuch) und lesen Sie diesen Text im Lehrbuch mehrmals. Schließen Sie die Bücher und beantworten Sie folgende Fragen:**

1. ¿El restaurante “Andalucía” es un restaurante alemán en España?
2. ¿Cuántas mesas y sillas hay en el restaurante?
3. ¿Hay españoles allí? ¿Y alemanes?
4. ¿Es Angel el camarero?
5. ¿Es italiano el camarero?
6. ¿Cuántas personas hay en una mesa?
7. ¿Qué hay en la mesa?
8. ¿El señor 1 bebe (trinkt) cerveza?
9. ¿Bebe algo más?
10. ¿Qué bebe el señor 3?

10. **Lesen Sie den folgenden Text:**

El restaurante "Toledo" es un restaurante español en Alemania. Hay 6 mesas y 10 sillas.

Hay muchos españoles allí. También hay alemanes.

Fernando, el camarero, es español.

En una mesa hay 4 personas. En la mesa hay una botella de vino blanco y cuatro vasos.

Señor Costa: ¡Camarero, por favor! Una botella más de Rioja.
Camarero: ¿Blanco o tinto?
Señor Costa: Blanco, por favor.
Camarero: ¿Algo más?
Señor Costa: Nada más, gracias.

En otra mesa (an einem anderen Tisch) hay una señora y un niño (Kind).

Sra. Jiménez: Una paella para 2 personas, por favor.
Camarero: ¿Y para beber?
Sra. Jiménez: Una cerveza para mí (für mich) y una naranjada para el niño.

Jetzt beantworten Sie, mündlich oder schriftlich, einige Fragen zum Text:

1. ¿El restaurante "Toledo" es un restaurante español o (oder) alemán?
2. ¿Cuántas mesas y sillas hay en el restaurante?
3. ¿Hay españoles allí? ¿Y alemanes?
4. ¿Es Alberto el camarero?
5. ¿Cuántas personas hay en una mesa?
6. ¿Qué hay en la mesa?
7. ¿El señor Costa bebe (trinkt) vino blanco o tinto?
8. ¿Bebe algo más?
9. ¿Cuántas personas hay en otra mesa?
10. ¿Qué bebe la señora Jiménez? ¿Y el niño (das Kind)?

Versuchen Sie nun, zu dritt ein einfaches Gespräch im Restaurant zu führen. Ein(e) Schüler(in) oder der/die Lehrer(in) spielt die Rolle des Kellners und andere Schüler bestellen etwas zum Trinken oder zum Essen (paella, tortilla, ensalada).

Bitte beachten!
In Spanien, in einem Restaurant oder in einer Bar, fragt man nach „la cuenta", wenn man etwas gegessen und getrunken hat. Wenn jemand nur Kaffee, Wein oder Bier trinkt, oder auch „tapas" (kleine Happen) ißt, verlangt man am Ende keine Rechnung; man sagt auch nicht (übersetzt): „Bezahlen, bitte", sondern man fragt: „¿Cuánto es?"

Und nun versuchen Sie, das Gespräch frei zu spielen (ohne Buch).

11. **Hörverständnisübung – Ejercicio de comprensión auditiva**

Hören Sie zuerst die Kassette „1 plus“ zweimal; danach beantworten sie, mündlich oder schriftlich, einige Fragen zum Text:

1. ¿El restaurante "Toscana" es un restaurante español?
2. ¿Cuántas mesas y sillas hay en el restaurante?
3. ¿Hay españoles allí? ¿Y alemanes?
4. ¿Es español el camarero?
5. ¿Cuántas personas hay en el restaurante?
6. ¿Qué bebe (trinkt) la señora Calderone?
7. ¿Es española la señora Calderone?
8. ¿Bebe algo más?
9. ¿Qué bebe el señor Gutiérrez?
10. ¿Es italiano el señor Gutiérrez?

12. **Versuchen Sie, diese Sätze auf spanisch zu sagen oder zu schreiben:**

1. Was ist das?
2. Es ist eine spanische Zeitung.
3. Was gibt es auf dem Tisch?
4. Eine Flasche Bier.
5. Wieviele Weingläser gibt es auf dem Tisch?
6. Es gibt 5 Weingläser.
7. Wieviele Teller gibt es auf dem Tisch?
8. Es gibt 4 Teller.
9. Gibt es noch etwas?
10. Nein, es gibt nichts mehr.

1. **Hören Sie die Kassette 1 zum Lehrbuch (Seite A, „La familia de Juan“) zweimal; lesen Sie mehrmals diesen Teil der Lektion (immer zu zweit im Dialog). Nun schließen Sie kurz die Lehrbücher.**

Die Dozenten können jetzt mit der Folie 10 (Mappe mit Projektionsfolien) Fragen über Juan und seine Familie stellen, z. B.: „¿Quién es?“, usw.

Eine andere Variante dieser Übung für die Dozenten, die keine Projektionsfolien haben, ist, die Schüler/innen alles schreiben oder erzählen zu lassen, was sie über die Familie von Juan wissen.

Beispiel:

Es Juan. Juan es español.
Vive en Madrid.
Es estudiante.
Estudia Ciencias Económicas.

Jetzt schreiben oder erzählen Sie alles, was Sie über die Familie von Juan wissen:

2. **Hören Sie die Kassette 1 zum Lehrbuch (Seite A, „La familia de Juan" – Diálogos) zweimal und lesen Sie danach ein paarmal die Dialoge zu zweit.**

Lesen Sie auch folgende, ähnliche Dialoge zu zweit:

Diálogo 1
A: ¿Dónde vives?
B: Vivo en Barcelona.
A: ¿Trabajas?
B: No, estudio.
A: ¿Dónde estudias?
B: Estudio en la Universidad de Madrid.
A: ¿Qué estudias?
B: Estudio Medicina.
A: ¿Cuántos idiomas hablas?
B: Hablo 3 idiomas: francés, inglés y un poco de alemán.
A: ¿Dónde comes normalmente?
B: Normalmente como en la Universidad.

Diálogo 2

A: ¿Dónde vive usted?
B: Vivo en Sevilla.
A: ¿Es Ud. estudiante?
B: No, trabajo en un banco.
A: ¿Cuántas horas trabaja Ud. al día?
B: Trabajo 8 horas al día, 5 por la mañana y 3 por la tarde.
A: ¿Cuántos idiomas habla Ud?
B: Hablo 2 idiomas: italiano y portugués.
A: ¿Dónde come Ud. normalmente?
B: Normalmente como en casa.

Jetzt schließen Sie die Bücher; stellen Sie sich gegenseitig ähnliche Fragen, per Du oder per Sie, wie Sie möchten, und antworten Sie mit Ihren eigenen Angaben.

Einige Studienfächer:

Ciencias Económicas	Wirtschaftswissenschaft
Agronomía	Agrarwissenchaft
Biología	Biologie
Medicina	Medizin
Física	Physik
Química	Chemie
Historia	Geschichte
Matemáticas	Mathematik
Filología Románica	Romanische Philologie

Einige Sprachen:

alemán inglés italiano portugués francés español

3. **Hören Sie nun den Schluß zu dieser Lektion (nach „Diálogos“); lesen Sie diesen Text mehrmals, schließen Sie die Lehrbücher und beantworten Sie folgende Fragen:**

1. ¿Dónde vive Juan? 2. ¿Qué estudia? 3. ¿Dónde estudia? 4. ¿Habla Juan alemán?
5. ¿Quién es Teresa? 6. ¿Estudia Teresa también? 7. ¿Cuántos idiomas habla Teresa?
8. ¿Dónde trabajan los padres de Juan? 9. ¿Dónde comen Teresa, Juan y sus (ihre) padres?
10. ¿Dónde come usted normalmente?

4. **Stellen Sie dann Fragen zu folgenden Antworten.**

Beispiel:

Es Juan. → ¿Quién es?

1. Son (Sie sind) los padres de Juan y Teresa.
2. Los padres de Juan y Teresa viven en Madrid.
3. La madre trabaja en una escuela.
4. Teresa es la hermana de Juan.
5. Teresa trabaja en una oficina.
6. Teresa habla tres idiomas.
7. Juan estudia Ciencias Económicas.
8. Los padres de Juan comen hoy (heute) en un restaurante.
9. En el restaurante hay ocho mesas.
10. En una mesa hay cinco vasos.

Als kleine Hilfe hier die Interrogativpronomen:

¿Qué?	Was? (bezieht sich auf Personen und Sachen)
¿Quién?	Wer? (bezieht sich nur auf Personen)
¿Quiénes?	Wer? (Plural von „quién“)
¿Dónde?	Wo?
¿Cuánto,-a(s)?	Wieviel(e)?

5. **Lesen Sie zuerst diesen Text:**

Soy (ich bin) Ricardo. Vivo en Madrid. Estudio Económicas en la Universidad de Madrid. Hablo dos idiomas, inglés y francés. También estudio alemán en una escuela de idiomas. Ya hablo un poco de alemán.

Mi hermana es médico. Trabaja en un hospital (Krankenhaus). Habla dos idiomas: inglés y alemán. Mi padre trabaja en un banco. Es Director del Banco de Santander. Mi madre trabaja en la universidad. Es profesora. Yo como normalmente en la universidad. Mi hermana come casi siempre en el hospital. Mis padres comen siempre en casa.

Dann stellen Sie sich gegenseitig Fragen über den Text.

Beispiel:

A: ¿Dónde vive Ricardo?
B: Ricardo vive en Madrid.

Jetzt sagen oder schreiben Sie einige Sätze über sich selbst und ihre Familie.

Soy (ich bin) ...

Mi hermano (-a) trabaja/estudia ...

Mi padre/madre ...

Einige Berufe: profesor/-a, médico (Arzt), químico/-a, arquitecto/-a, físico/-a, biólogo/-a, periodista (Journalist/in), azafata (Stewardeß), mecánico, secretaria, peluquero/-a (Friseur), vendedor/-a

6. **Bilden Sie Sätze nach dem Beispiel:**

Es de España. → Es español.

Es de Alemania.
Es de Francia.
Es de Italia.
Es de Inglaterra.
Es de Portugal.
Es de Suiza.
Es de Austria.

7. **Lernen Sie zuerst diese Vokabeln.**

la familia	**die Familie**	**la familia**	**die Familie**
la madre	die Mutter	la hija	die Tochter
el padre	der Vater	el hijo	der Sohn
los padres	die Eltern	los hijos	die Kinder
la hermana	die Schwester	la abuela	die Großmutter
el hermano	der Bruder	el abuelo	der Großvater
los hermanos	die Geschwister		

Jetzt schauen Sie die folgenden Illustrationen an und ergänzen Sie die Sätze.

Sr. Costa **Sra. Abal**

Clara **Luis**

Doña María **Don Antonio**

Beispiel: Doña María es la madre de Julia Abal.

1. El Sr. Costa es .... de Clara.
2. La Sra. Abal es .... de Luis.
3. La Sra. Abal y el Sr. Costa son (sind) .... de Clara y Luis.
4. Clara es .... del Sr. Costa y de la Sra. Abal.
5. Luis es .... de Clara
6. Clara y Luis son (sind) ....
7. Doña María es .... de Clara y Luis.
8. Don Antonio es .... de Clara y Luis.
9. Doña María y Don Antonio son .... de Clara y Luis.
10. Clara y Luis son (sind) .... de la Sra. Abal y el Sr. Costa.

Nota para los profesores:

Explique a los alumnos que en España la mujer no pierde sus apellidos al casarse. Entre amigos o conocidos es usual hablar de la Sra. Abal de Costa, pero en el pasaporte o en los documentos oficiales de la Sra. Abal no aparece el nombre de su esposo. También se suele decir: "Los Sres. de Costa vienen hoy a la fiesta."

Explique que todos los españoles tenemos dos apellidos en nuestro documento de identidad o pasaporte, pero que en la vida cotidiana sólo se usa el primero, que es el que proviene del padre. Aclare también que Don y Doña (derivados de latín dóminus/dómina) sólo se utilizan delante de los nombres y son más usados en los pueblos, sobre todo para personas mayores, que en las grandes ciudades, donde se utiliza más señor/señora con el apellido o simplemente el nombre sin Don/Doña. En la dirección de una carta y en asuntos oficiales se escriben los dos: Sra. Doña María Moreno Jiménez o Sr. Don Antonio Andrade Torre.

8. **Lesen und lernen Sie die Grundzahlen von 11 bis 20.**

11 – once	16 – diez y seis/dieciséis
12 – doce	17 – diez y siete/diecisiete
13 – trece	18 – diez y ocho/dieciocho
14 – catorce	19 – diez y nueve/diecinueve
15 – quince	20 – veinte

Jetzt lesen Sie, um die Zahlen zu üben:

1. Vivo en la calle Mallorca, número 20.
2. En clase hay dieciocho alumnos.
3. Hoy es el trece de abril.
4. Mi cumpleaños (Geburtstag) es el quince de mayo.
5. Este libro cuesta (kostet) diecinueve marcos.
6. Pepito tiene once años (ist elf Jahre alt).
7. Esta revista cuesta (kostet) doce marcos.
8. Aquí hay catorce marcos.

Nun schreiben Sie ähnliche Sätze:

1. ______
2. ______
3. ______
4. ______
5. ______
6. ______
7. ______
8. ______

Lesen Sie die folgenden Telefonnummern, einmal Ziffer für Ziffer und einmal so: „17-15-19":

20 16 19, 20 17 13, 18 13 10, 14 12 00, 19 04 15

9. **Ergänzen Sie:**

			hablar	**comer**	**vivir**
Sg.	1	yo	habl- o	com- o	viv- o
	2	tú	habl-	com-	viv-
	3	él, ella, usted	habl-	com-	viv-
Pl.	1	nosotros, -as	habl-	com-	viv-
	2	vosotros, -as	habl-	com-	viv-
	3	ellos, ellas, ustedes	habl-	com-	viv-

Nota para los profesores:

Explique a los alumnos, si lo cree conveniente o si le preguntan, como me ha pasado a mí muchas veces, que en Hispanoamérica, en algunos países no se utiliza para la segunda persona del singular "tú", sino "vos". En otros siempre se trata a las personas de usted, aunque sean de confianza. El "tú" se usa muy poco en Hispanoamérica y la segunda persona del plural "vosotros" no se utiliza nunca. En su lugar emplean "ustedes".

10. **Setzen Sie folgende Sätze in den Plural.**

Beispiel: Vivo en Madrid. → Vivimos en Madrid.

Beachten Sie:
yo → nosotros
tú → vosotros
él → ellos
ella → ellas
usted → ustedes

1. Como en casa.
2. ¿Estudia usted?
3. ¿Hablas español?
4. ¿Vives en Toledo?
5. Estudio inglés.
6. ¿Comes en un restaurante?
7. Él trabaja en un banco.
8. Ella come en la universidad.

11. **Hörverständnisübung – Ejercicio de comprensión auditiva**

Hören Sie zuerst die Kassette „1 plus“ zweimal und beantworten Sie danach folgende Fragen:

1. ¿Dónde vive Julia?
2. ¿Qué estudia?
3. ¿Quién es Felipe?
4. ¿Dónde trabaja Felipe?
5. ¿Cuántos idiomas habla Felipe?
6. ¿Qué es Iberia?
7. ¿Dónde trabajan los padres de Julia y Felipe?
8. ¿Dónde viven los padres?

12. **Übersetzen Sie (Wiederholung von Lektion 1):**

1. In dem Restaurant gibt es 15 Tische und 20 Stühle.
2. Es ist ein italienisches Restaurant.
3. Ich spreche mit (con) dem Kellner.
4. Der Kellner ist sehr nett.
5. Auf einem Tisch gibt es 4 Tassen, 3 Flaschen, 5 Teller und 6 Gläser.
6. Der Kellner spricht 3 Sprachen: Spanisch, Italienisch und Englisch.

Erläuterung zur Landeskunde:

Das Wort „maestro (-a)“ kommt aus dem Lateinischen „Magister“ und bedeutet Grundschullehrer(in), aber auch Meister und Lehrer. Ein Grundschullehrer kann in Spanien auch „profesor“ genannt werden; aber „profesor (-a)“ ist hauptsächlich ein(e) Gymnasiallehrer(in) oder ein(e) Universitätsprofessor(in). „Professor“ ist in Spanien kein akademischer Titel. Den/die Lehrstuhlinhaber(in) nennt man in Spanien „catedráticos“.

1. **Hören Sie die Kassette 1 zum Lehrbuch (Seite A, „En clase“) zweimal (einmal mit geöffnetem und einmal mit geschlossenem Lehrbuch); lesen Sie dann den Text mehrmals, schließen Sie die Bücher und beantworten Sie folgende Fragen zum Text:**

   1. ¿Quiénes son Peter y Karl?
   2. ¿De dónde son?
   3. ¿Dónde están ahora?
   4. ¿Qué estudian en Madrid?
   5. ¿De dónde es el profesor?
   6. ¿Dónde está Burgos?
   7. ¿Qué explica hoy el profesor?
   8. ¿Qué pregunta el profesor a los alumnos?
   9. ¿De dónde son Peter y Karl?
   10. ¿Dónde está Colonia?
   11. ¿Es Colonia una ciudad pequeña?
   12. ¿De dónde es la señora?

2. **Hören Sie die Kassette 1 zum Lehrbuch weiter („En el bar de la escuela“); lesen sie dann den Text mehrmals, schließen Sie die Lehrbücher und beantworten Sie folgende Fragen zum Text:**

   1. ¿Dónde están Peter y Juan después (nach) de la clase?
   2. ¿Dónde estudia Juan alemán?
   3. ¿Es fácil el idioma español para Peter?
   4. ¿Y el idioma alemán para Juan?
   5. ¿Dónde está Karl ahora? ¿Está enfermo o cansado?

3. **Stellen Sie Fragen zu den folgenden Sätzen.**

   Beispiel:

   Peter y Karl son amigos de Juan. → ¿Quiénes son Peter y Karl?

   1. Peter y Karl son alemanes.
   2. Ahora están en Madrid.
   3. Estudian el idioma español.
   4. El profesor es de Burgos.
   5. Burgos está en el norte de España.
   6. Peter y Karl están ahora en clase.
   7. El profesor explica hoy los verbos "ser" y "estar".
   8. Después pregunta a los alumnos de dónde son.
   9. Peter está ahora en el bar de la escuela.
   10. Juan estudia alemán en la misma escuela.

4. **Ergänzen Sie die passenden Verbformen:**

   1. Karl y Peter .... (ser) alemanes.
   2. .... (ser, ellos) amigos de Juan.
   3. Ahora .... (estar, ellos) en Madrid.
   4. .... (estudiar, ellos) el idioma español.
   5. Ya .... (hablar, ellos) bastante bien español.
   6. Hoy .... (estar, ellos) en clase.
   7. El profesor .... (ser) de Burgos.
   8. Burgos .... (estar) en España.
   9. Peter .... (ser) de Colonia. Colonia .... (ser) una ciudad grande.
   10. Karl .... (ser) de un pueblo pequeño del sur de Alemania.

5. **Hören Sie die Kassette 1 zum Lehrbuch („Diálogos") zweimal; lesen sie dann den Text mehrmals, schließen Sie die Lehrbücher und beantworten Sie folgende Fragen zum Text:**

   1. ¿El señor de Londres es periodista?
   2. ¿El Sr. Brown es italiano?
   3. ¿De dónde es la Sra. Dubois?
   4. ¿Está Antonia bien?
   5. ¿Cómo están los niños?

6. **Lesen Sie die Dialoge:**

Diálogo 1

A: ¿De dónde eres?
B: Soy española, soy de Madrid.
A: ¿Eres estudiante?
B: No, soy profesora. ¿Y tú?
A: Yo soy alemana.

Diálogo 2

C: ¿De dónde es Ud.?
D: Soy alemán. ¿Y Ud.?
C: Yo soy francés.
D: ¿Habla español?
C: Sí, hablo un poco de español.

Dann stellen Sie sich gegenseitig ähnliche Fragen (woher Sie kommen usw.), per Du oder per Sie, wie Sie möchten, und antworten Sie.

Nun fragen Sie sich weiter gegenseitig, woher folgende Personen kommen.

Beispiel:

Sr. Sabatini – Italia – Roma

¿De donde es el Sr. Sabatini?
El Sr. Sabatini es italiano. Es de Roma. (*siehe Erklärung unten)

1. Mateo – España – Cuenca
2. Sr. Donnier – Francia – Marsella
3. Sra. Schneider – Alemania – Munich
4. Ana – Portugal – Lisboa
5. Sr. Sverisson – Suecia – Estocolmo
6. Sra. Bossetti – Italia – Venecia
7. Sr. Brown – Inglaterra – Londres
8. Silvia – Argentina – Buenos Aires

*** Bitte beachten:**

Vor señor, señora, señorita steht der bestimmte Artikel, außer in der direkten Anrede:

¿De dónde es la señorita García? – Woher kommt Frl. García?
¿De dónde es usted, señorita García? – Woher kommen Sie, Frl. García?

Vor den Vornamen den bestimmten Artikel zu benutzen, gilt in Spanien als sehr vulgär.

7. **Ergänzen Sie:**

1. ¿De dónde .... el profesor?
2. El profesor .... español. (El) .... de Santander.
3. ¿Dónde .... Santander?
4. Santander .... en el norte.
5. Santander .... una ciudad interesante.
6. ¿De dónde .... el Sr. Schmidt?
7. El Sr. Schmidt .... alemán. (El) .... de Munich.
8. ¿Dónde .... Munich?
9. Munich .... en el sur de Alemania.
10. Munich .... una ciudad grande.
11. ¿Dónde .... Viena (Wien)? .... en Austria.
12. Viena .... una ciudad bonita.

8. **Bilden Sie Sätze nach den Beispielen:**

Adrián es de Méjico. → Es mejicano.
Patricia es de Perú. → Es peruana.

1. Julia es de España.
2. Ana es de Portugal.
3. Marcel es de Francia.
4. Renzo es de Italia.
5. John es de Inglaterra.
6. José es de Argentina.
7. Susanne es de Alemania.
8. Peter es de Suecia.

9. **Stellen Sie Fragen zu folgenden Antworten:**

1. A: ¿ .... ?
   B: Soy de Santander.
2. A: ¿ .... ?
   B: Vivo en Madrid.
3. A: ¿ .... ?
   B: No, soy estudiante.
4. A: ¿ .... ?
   B: Estudio Medicina.

10. **Verneinen Sie folgende Sätze nach den Beispielen:**

¿Eres alemana? / **española** → No, no soy alemana, soy española.
¿Es Ud. italiano? / **francés** → No, no soy italiano, soy francés.

1. ¿Es Teresa alemana? / **española**
2. ¿Es Juan francés? / **español**
3. ¿Son Peter y Karl ingleses? / **alemanes**
4. ¿Eres argentino? / **cubano**
5. ¿Peppino es español? / **italiano**
6. ¿Es Ud. colombiano? / **chileno**

11. **Fragen Sie sich gegenseitig, wo eine spanische Stadt liegt und antworten Sie.**

Beispiel: ¿Dónde está Santander?
Santander está en el norte de España.

Stellen Sie bitte die Fragen so, daß alle Himmelsrichtungen geübt werden.

Los puntos cardinales – Die Himmelsrichtungen

el norte	Norden	el sureste	Südosten
el sur	Süden	el suroeste	Südwesten
el este	Osten	el centro	das Zentrum, Landesinnere
el oeste	Westen		
el noreste	Nordosten	al norte/al sur (de) ...	nördlich/südlich (von)
el noroeste	Nordwesten		

Nota para los profesores:

Si tienen las transparencias, utilice la hoja 2, proyecte el mapa en la pared y después de dos o tres preguntas con ayuda del libro, mande a los alumnos que cierren el libro y que intenten formular y contestar las preguntas sin ayuda del libro. Si su escuela no ha comprado este material (Foliensatz 1 + 2), que en algunas lecciones es muy necesario, Ud. puede fotocopiar un mapa de España en una hoja transparente.

12. **Lesen Sie folgende Begrüßungsformeln:**

1. ¿Cómo está usted? – Wie geht es Ihnen? (wörtlich: Wie befinden Sie sich?)
   Muy bien, gracias, ¿y usted? – Sehr gut, danke. Und Ihnen?
   Bien también, muchas gracias. – Auch gut, vielen Dank.
2. ¿Cómo estás? – Wie geht es Dir? (wörtlich: Wie befindest Du Dich?)
   Bien, gracias, ¿y tú? – Gut, danke, und Dir?
   Bien también, gracias. – Auch gut, danke.
3. ¿Cómo te va? – Wie geht es Dir? (Diese Form wird vorwiegend in Lateinamerika verwendet.)
   Bien, gracias, ¿y a ti?
   Bien, gracias.
4. ¡Hola! ¿Qué tal? – Hallo! Wie (geht's)?
   Regular, ¿y tú? – Es geht. Und Dir?
   Bien, gracias. – Gut, danke.
   (Diese Form ist eine Abkürzung von „¿qué tal estás?“ und wird nur unter guten Freunden verwendet.)

Jetzt soll ein(e) Schüler(in) versuchen, ohne Hilfe des Buches jemanden zu fragen, wie es ihm/ihr geht. Wählen Sie spontan eine dieser Formen. Der nächste Schüler soll möglichst eine andere Form wählen und zwar so, daß alle Formen geübt werden können.

13. **Setzen Sie die passenden Formen von „ser“ und „estar“ ein:**

1. Karl .... estudiante de español. .... alemán.
2. Yo .... estudiante de italiano. .... americana.
3. Y tú, ¿de dónde ....? .... sueca.
4. ¿De dónde .... usted? .... alemana.
5. Lima no .... en España.
6. ¿Dónde .... las copas?
7. Las copas no .... en la mesa.
8. Nosotros .... estudiantes.
9. Patricia .... muy inteligente.
10. La revista .... en la mesa.
11. El libro .... interesante.
12. El coche .... viejo.
13. ¿De dónde .... vosotros? Nosotros .... colombianos.
14. Nosotros .... en clase.
15. El idioma alemán .... difícil.

14. **Lesen Sie laut (Ausspracheübung):**

Yo soy de Madrid.
Mi amiga Sara es de Zaragoza. Ahora está en Cádiz.
Cádiz es la ciudad más antigua de España.
Mi madre es de Valladolid.
Mi padre es de Gerona.
Jorge y Juan son amigos. Ahora están en un bar y beben un jerez.
Cecilia está en el cine.
Guinea está en Africa.
Quito es la capital (Hauptstadt) de Ecuador.
Miguel de Cervantes Saavedra es el autor del libro "Don Quijote de la Mancha".

15. **Ergänzen Sie die fehlenden Formen:**

ser	estar	comer	vivir
soy	....	....	....
....	....	comes	....
....	....	....	vive
somos	estamos	....	....
....	....	coméis	....
....	están	....	viven

16. **Finden Sie passende Kombinationen:**

ciudad	inteligentes
amigos	fácil
pueblo	difíciles
ejercicio	grande
verbos	simpáticos
alumnos	bonita

17. **Finden Sie mögliche Verbindungen:**

escuela	clase
camarero	quiosco
tren	alumnos
coche	estación
revista	bar
libro	calle

18. **Lesen Sie folgende Zahlen:**

18, 3, 11, 7, 16, 9, 15, 7, 19, 20, 1, 12, 17, 2, 0, 13, 2, 14, 8, 12,
6, 5, 10, 4, 0, 15, 7, 5, 4

19. **Hörverständnisübung – Ejercicio de comprensión auditiva**

Hören Sie zuerst die Kassette „1 plus“ zweimal; danach beantworten sie, mündlich oder schriftlich, einige Fragen zum Text:

1. ¿Con qué países limita España?
2. ¿Qué idioma se habla en Portugal?
3. ¿Cuántos idiomas se hablan en España?
4. ¿Cuál es el idioma oficial de España?
5. ¿En cuántos países se habla español?
6. ¿Cuántas personas hablan el idioma español en el mundo?
7. ¿Qué idiomas son más parecidos, el castellano y el gallego o el gallego y el portugués?
8. ¿Dónde están los principales centros industriales en España?
9. ¿Cuáles son los centros turísticos más importantes de España?
10. ¿Es España una república?

Vokabeln zur Hörverständnisübung:

limitar (con)	angrenzen (an)
parecido	ähnlich

20. **Schreiben oder sagen Sie auf spanisch:**

1. Wo ist Alberto? Er ist krank. Er ist zu Hause. Er ist im Bett.
2. Sind sie Italienerin? Nein, ich bin Deutsche.
3. Wo seid ihr heute? Wir sind zu Hause.
4. Wie geht es euch? Es geht uns gut.
5. Bist du morgen zu Hause? Morgen vormittag bin ich in der Universität.
6. Woher kommt Virginia? Sie kommt aus Cádiz.
7. Liegt Quito in Columbien? Nein, Quito liegt in Ecuador.
8. Wie geht es Estrella? Es geht ihr nicht sehr gut.

1. **Hören Sie die Kassette 1 zum Lehrbuch (Seite A, „¿A qué hora ...?“) zweimal (einmal mit geöffnetem und einmal mit geschlossenem Lehrbuch); lesen Sie dann den Text mehrmals, schließen Sie die Bücher und beantworten Sie folgende Fragen zum Text:**

   1. ¿Cómo se llama el padre de Juan?
   2. ¿A qué hora se levanta el padre de Juan?
   3. ¿Qué desayuna Miguel Sánchez?
   4. ¿Dónde desayuna Juan?
   5. ¿Qué desayunan, generalmente, los españoles?
   6. ¿Y los alemanes?
   7. ¿Qué desayuna Ud.?
   8. ¿A qué hora comen y cenan los españoles normalmente?
   9. ¿Y los alemanes?
   10. ¿Dónde come usted normalmente?

2. **Stellen Sie Fragen zu folgenden Sätzen.**

   Beispiel: El padre de Juan se llama Miguel Sánchez.
   ¿Cómo se llama el padre de Juan?

   1. El padre de Juan se levanta normalmente a las ocho.
   2. El padre de Juan siempre desayuna café con leche y un panecillo con mantequilla y mermelada.
   3. Juan nunca desayuna en casa. Desayuna en el bar de la Universidad.
   4. Los españoles, en general, no desayunan mucho por la mañana temprano. A veces sólo toman café en casa y después, a eso de las once, toman un bocadillo.
   5. En España se come muy tarde, entre las dos y las tres.
   6. La mayoría de los españoles comen en casa.
   7. La cena española es normalmente entre las nueve y las diez de la noche.

3. **Lesen Sie zuerst diesen Text:**

   Me llamo Patricia. Soy española. Soy de Madrid. Vivo en Salamanca. Normalmente me levanto a las nueve. Primero (zuerst) me ducho y después desayuno. Nunca tomo café. Siempre tomo leche y un panecillo con mantequilla y miel (Honig). Trabajo en la universidad. Soy profesora de español. Normalmente como en casa. Como entre las dos y las tres. Mi hermana cocina (kocht) casi siempre para toda la familia. Por la noche también ceno tarde, entre las nueve y las diez.

   Beantworten Sie dann einige Fragen zum Text:

   1. ¿Cómo se llama la mujer (Frau)?
   2. ¿De dónde es Patricia?
   3. ¿Dónde vive?
   4. ¿A qué hora se levanta normalmente?
   5. ¿Qué desayuna?
   6. ¿Dónde trabaja?
   7. ¿Qué enseña (unterrichtet) Patricia?
   8. ¿A qué hora come?
   9. ¿Quién cocina casi siempre en su (ihrem) casa?
   10. ¿A qué hora cena Patricia?

Jetzt versuchen Sie, ohne die Hilfe des Textes über sich selbst zu sprechen. Benutzen Sie folgende Verben:

llamarse, ser (Herkunft, Beruf), vivir, trabajar/estudiar, levantarse, desayunar, trabajar en ....
de .... a .... , comer, cenar

Andere Schüler(innen) können über ihre Familie (Eltern, Geschwistern, Ehefrau, Ehemann) oder Freunde sprechen.

Beschreiben Sie den Tagesablauf von Virginia:

aufstehen – 7 h
frühstücken – 7.15 h
baden – 7.30 h
aus dem Haus gehen – salir de casa – 8 h
arbeiten – von 8.30 bis 18 h
essen – 14 h
Kaffee trinken – 15 h
Abendessen – 21 h

Beispiel: Virginia se levanta normalmente a las siete, ...

4. **Hören Sie die Kassette 1 zum Lehrbuch (Seite A, „Diálogos") zweimal (einmal mit geöffnetem und einmal mit geschlossenem Lehrbuch); lesen sie dann den Text mehrmals, schließen Sie die Bücher und beantworten Sie folgende Fragen zum Text:**

1. ¿De dónde es Marcos?
2. ¿Dónde vive?
3. ¿A qué hora se levanta normalmente?/**8 h**
4. ¿A qué hora desayuna?/**8.30 h**
5. ¿Trabaja o estudia?
6. ¿Dónde come Marcos?
7. ¿A qué hora cenan los españoles?/**21–22 h**
8. ¿De dónde es el Sr. Sabatini?
9. ¿Dónde vive?
10. ¿A qué hora se levanta normalmente?/**8 h**
11. ¿A qué hora desayuna?/**8.30 h**
12. ¿Trabaja o estudia?
13. ¿Cómo se llama la hermana de Juan?
14. ¿Cómo se llaman los amigos de Juan?
15. ¿De dónde son Peter y Karl?

5. **Lesen Sie folgende Dialoge:**

Diálogo 1

A: ¿Cómo te llamas?
B: Me llamo Dolores.
A: ¿De dónde eres?
B: Soy española. Soy de un pueblo pequeño de Galicia.
A: ¿Dónde vives?

B: Vivo en Santiago de Compostela.
A: ¿Trabajas?
B: No, soy estudiante. Estudio Medicina.
A: ¿A qué hora te levantas normalmente?
B: Normalmente me levanto a las ocho.
A: ¿A qué hora desayunas normalmente?
B: Normalmente desayuno a las ocho y media.
A: ¿Desayunas en casa?
B: No, desayuno en el bar de la universidad.
A: ¿Dónde comes?
B: Como casi siempre en la universidad.
A: ¿A qué hora comes?
B: Como entre las dos y las tres.
A: ¿Y a qué hora cenas?
B: Ceno entre las nueve y las diez.

Diálogo 2

A: ¿Cómo se llama Ud.?
B: Me llamo Thomas Wegner.
A: ¿De dónde es Ud.?
B: Soy alemán, pero vivo en España.
A: ¿Dónde trabaja Ud.?
B: Trabajo en el Consulado de Alemania.
A: ¿A qué hora se levanta Ud. normalmente?
B: Normalmente me levanto a las siete.
A: ¿A qué hora desayuna normalmente?
B: Normalmente desayuno a las siete y media.
A: ¿Qué desayuna normalmente?
B: Normalmente sólo tomo café en casa y desayuno más tarde en el Consulado.
A: ¿A qué hora cena Ud.?
B: Ceno a las nueve y media de la noche.

Jetzt versuchen Sie, ohne Hilfe des Buches gegenseitig ähnliche Fragen zu stellen und sie zu beantworten. Sie können sich duzen oder siezen, wie Sie möchten. Die Antworten müssen nicht der Wirklichkeit entsprechen.

6. **Setzen Sie in die unpersönliche Form.**

Beispiel: En mi oficina trabajamos mucho.
En mi oficina se trabaja mucho.

1. En clase aprendemos mucho.
2. En España hablamos cuatro lenguas.
3. Aquí hablamos inglés.
4. En España comemos tarde, entre las dos y las tres.
5. En Alemania cenan temprano.
6. Aquí vivimos bien.
7. Aquí estamos bien.
8. En este bar comemos mariscos frescos (frische Muscheln).
9. Desde aquí vemos (ver – sehen) el mar.
10. Necesitamos (necesitar – brauchen) una secretaria bilingüe.

7. **Antworten Sie auf die Frage „¿Qué hora es?“. Jede(r) Schüler(in) soll eine Uhrzeit ablesen:**

¿Qué hora es?

Nota para los profesores:

Si tienen las trasparencias "Foliensatz", en la hoja 15 hay un reloj en el que se pueden mover las manecillas o agujas y hacer todos los ejemplos necesarios.

Drücken Sie nun folgende Uhrzeiten aus, so wie sie bei den offiziellen Zeitangaben (1. Zeile wie bei den Nachrichten, 2. Zeile wie bei Fahrplänen) benutzt werden (Erklärung im Lehrbuch, „Gramática“).

Beispiele:

1. 22.35 Son las veintidós (horas) (y) treinta y cinco (minutos).
2. 19.55 El tren sale (salir – abfahren) a las diecinueve (horas) (y) cincuenta y cinco (minutos).

Die Wörter „horas“ und „minutos“ in Klammern werden, besonders bei Fahrplänen, weggelassen.
Es lautet dann: El tren sale a las quince cuarenta (15.40 h).

12.30, 11.25, 13.35, 18.15, 14.45,
16.55; 15.40, 13.25, 19.20, 17.55

Versuchen Sie daran zu denken, daß fast niemand in Spanien diese Formen in der Umgangssprache verwendet.

8. **Ergänzen Sie die passenden Verbformen:**

   1. Ellos .... (trabajar) en una oficina.
   2. Luis .... (desayunar) a las ocho.
   3. Yo .... (levantarse) a las nueve.
   4. ¿Quién .... (preparar – vorbereiten) la comida hoy?
   5. Hoy .... (comer, nosotros) en un restaurante italiano.
   6. Con la comida .... (beber, vosotros) vino tinto.
   7. Después de comer mi padre .... (comprar – kaufen) un periódico.
   8. Mi familia .... (vivir) en Granada.
   9. Vosotros .... (ser) alemanes.
   10. Mis amigos alemanes .... (estudiar) español.

9. **Setzen Sie die passenden Formen von „ser" und „estar" ein:**

   1. La madre de Juan .... maestra.
   2. Su trabajo .... interesante.
   3. Los alumnos .... inteligentes y aplicados (fleißig).
   4. Un alumno .... italiano.
   5. Los libros de los alumnos .... en la mesa.
   6. La escuela .... en la calle Mayor.
   7. La escuela .... pequeña.
   8. La clase .... de nueve a una.
   9. Una alumna .... hoy enferma.
   10. La maestra, después de la clase, ... cansada.

10. **Üben Sie die Zahlen mit einem Spiel.**

*Los **profesores** explican este juego a los alumnos:*

Un alumno o el profesor dice un número de dos cifras que no termine en cero, tira una bola de papel a otro alumno y éste tiene que decir un número que empiece con la segunda cifra del número anterior.

Ejemplo:

El alumno A dice el número 35; A tira la bola a otro alumno B; B tiene que decir un número que empiece con 5, por ejemplo 58; B tira la bola a C; C tiene que decir un número que empiece con 8, por ejemplo 83, y así sucesivamente.

Lesen Sie auch diese Telefonnummern (jeweils zwei Ziffern zusammen):

65 39 56; 72 54 26; 31 42 89; 99 78 56; 15 55 59; 58 65 99.

Beispiel: 15 55 25 quince, cincuenta y cinco, veinticinco

11. **Verneinen Sie die folgenden Sätze.**

Beispiel: ¿Te duchas por la mañana? (por la noche)
No, me ducho por la noche.

1. ¿Tomas leche para desayunar	(café)
2. ¿Te levantas a las nueve?	(a las ocho)
3. ¿Te llamas Cristina?	(Irene)
4. ¿Se ducha Ud normalmente?	(bañarse – baden)
5. ¿Os levantáis temprano?	(tarde)
6. ¿Eres alemán?	(suizo)

12. **Bilden Sie die Mehrzahl.**

Beispiel: Soy española. → Somos españolas.
¿Eres chileno? → ¿Sois chilenos?

Beachten Sie:
yo → nosotros
tú → vosotros
él → ellos
ella → ellas
usted → ustedes

1. Soy inglés. 2. Estoy en Francia. 3. ¿Estudias el idioma alemán? 4. ¿Eres peruano?
5. El alumno está en la escuela. 6. Él es venezolano. 7. Ella es inteligente. 8. Vives en Málaga.
9. ¿Cómo te llamas?. 10. El alumno está enfermo. 11. ¿Cómo estás? 12. Estoy mal.

13. **Ergänzen Sie:**

llamarse	**levantarse**	**lavarse**
me llamo	me levanto	me lavo
llam	levant	lav
llam	levant	lav
llam	levant	lav
llam	levant	lav
llam	levant	lav

14. **Hörverständnisübung – Ejercicio de comprensión auditiva**

Hören Sie zuerst die Kassette „1 plus“ zweimal; danach beantworten sie, mündlich oder schriftlich, einige Fragen zum Text:

1. ¿Qué idiomas de España son de origen (Ursprung) latino?
2. ¿Es el vasco una lengua indogermánica?
3. ¿Dónde se habla la lengua gallega?
4. ¿Dónde se habla la lengua catalana?
5. ¿Dónde está Santiago de Compostela?
6. ¿Dónde hay un puerto importante en Cataluña?
7. ¿Qué regiones de España son bilingües?
8. ¿Cuál es la universidad más antigua de España?

1. **Hören Sie die Kassette 1 zum Lehrbuch (Seite A, „Un viaje a Alemania“) zweimal (einmal mit geöffnetem und einmal mit geschlossenem Buch); lesen Sie dann den Text zweimal, schließen Sie die Bücher und setzen Sie die passenden Interrogativ-Pronomen (Fragewörter) und die Präpositionen ein:**

¿............... va el tren?	¿............... están los señores?	¿............... viene el tren?
Va .... Colonia.	Están .... la estación.	Viene .... Madrid.

2. **Hören Sie die Kassette weiter (zweimal, einmal mit geöffnetem und einmal mit geschlossenem Lehrbuch); lesen sie dann den Text mehrmals, schließen Sie die Bücher und beantworten Sie folgende Fragen zum Text:**

   1. ¿Dónde vive el Sr. Martín?
   2. ¿De dónde es el Sr. Martín?
   3. ¿Adónde va el Sr. Martín de vacaciones este año?
   4. ¿Cómo va allí (dort)?
   5. ¿Vive en un hotel?
   6. ¿Habla el Sr. Brand español?
   7. ¿Adónde van el Sr. Brandt y el Sr. Martín por la tarde?
   8. ¿Quién invita al Sr. Brandt a cenar?
   9. ¿Sobre qué hablan los dos señores durante la cena?
   10. ¿Cuánto tiempo pasa el Sr. Martín en Colonia?

3. **Stellen Sie Fragen zu folgenden Sätzen.**

   Beispiel: El Sr. Martín es de Madrid. → ¿De dónde es el Sr. Martín?

   1. El Sr. Martín vive en Barcelona.
   2. Este año va a pasar sus vacaciones en Alemania.
   3. Va a visitar a un amigo en Colonia.
   4. El Sr. Martín va a Colonia en tren.
   5. En la estación está su amigo el Sr. Brand.
   6. El Sr. Brand no vive muy lejos de la estación.
   7. Van a su casa a pie.
   8. Por la tarde visitan la ciudad.
   9. Después van a un restaurante español.
   10. El Sr. Martín invita al Sr. Brandt a cenar.
   11. Comen paella y beben vino tinto.
   12. El Sr. Brand habla bastante bien español.
   13. Durante la cena hablan sobre el trabajo y la familia.
   14. Después de comer el Sr. Martín paga la cuenta.
   15. El Sr. Martín pasa dos semanas de vacaciones en casa de su amigo.

   Als Hilfe haben Sie hier die wichtigsten Interrogativpronomen:

qué	was	dónde	wo	cuándo	wann
quién	wer	de dónde	woher	por qué	warum
a quién	wem, wen	cuánto	wieviel	a qué hora	um wieviel Uhr
cómo	wie	cuánto tiempo	wie lange	adónde	wohin

4. **Lesen Sie diese Sätze zur Gewöhnung an das Verb „ir“:**

Mañana voy a Argentina en avión.
Esta tarde voy al centro en bicicleta.
¿Vas a casa a pie?
Esta noche vamos al cine.
¿Cuándo vais a la universidad?
Esta noche voy a casa de mis padres.
A las ocho voy a tu casa.
Esta tarde voy a visitarte.
Mañana vamos a mi casa.
¿Vamos a casa de la profesora?
¿Vais a visitar a Rebeca?

Finden Sie jetzt mögliche Kombinationen.

yo	vamos		Toledo		coche
Marcos	van	a	playa	en	pie
Mis padres	va	al	cine	a	bicicleta
vosotros	voy	a la	centro		autobús
tú	vais		casa		tren
Rosa y yo	vas		Venezuela		avión
Luis y Clara			trabajar		barco

Beispiel:

Yo voy a la playa en bicicleta. (* Siehe auch Erklärung unten)

1. ______________________
2. ______________________
3. ______________________
4. ______________________
5. ______________________
6. ______________________

*** Berücksichtigen Sie bitte diese Regeln:**

ir a + Länder/Städte/Dörfer/Stadtteile/nach Hause/Verb im Infinitiv

ir al + männliche Substantive

ir a la + weibliche Substantive

5. **Hören Sie die Kassette 1 zum Lehrbuch (Seite A, „Diálogos") zweimal; lesen Sie dann die Dialoge zu zweit.**

Hier haben Sie andere Varianten. Lesen Sie diese bitte ebenfalls laut zu zweit.

Diálogo 1

A: Mañana me voy de vacaciones.
B: ¿Adónde vas?
A: Voy a Santiago de Compostela.
B: ¿Dónde está Santiago de Compostela?
A: Está en Galicia en el noroeste de España.
B: ¿Cómo vas?
A: Voy en coche.
B: ¿Cuánto tiempo vas a pasar allí?
A: Voy a pasar cuatro semanas.

Jetzt formulieren Sie mit Hilfe der Landkarte ähnliche Dialoge zu zweit.

Nota para los profesores:

Si tiene las transparencias (Foliensatz 1 + 2), utilice las hojas 2 y 3 para este ejercicio proyectándolas en la pared. Después de haber hecho dos o tres diálogos con ayuda del libro, diga a los alumnos que cierren los libros y hagan las preguntas libremente con diferentes variaciones.

Diálogo 2

A: ¿Dónde va a pasar Ud. este año las vacaciones?
B: Voy a ir a Costa Rica.
A: ¿Va a ir Ud. en barco?
B: No, voy a ir en avión.
A: ¿Cuánto tiempo va a pasar Ud. allí?
B: Voy a pasar cuatro semanas.

Nun fragen Sie jemanden, wo er/sie seinen/ihren nächsten Urlaub verbringen wird. Als Hilfe haben Sie hier eine Landkarte von Lateinamerika.

Diálogo 3

A: ¿Vienes esta tarde a mi casa?
B: No, hoy no tengo tiempo, tengo mucho trabajo.
A: ¿Y mañana?
B: Mañana voy a visitarte. ¿A qué hora?
A: A las ocho.
B: Vale, mañana a las ocho estoy en tu casa.

Laden Sie jemanden aus dem Unterricht zu sich nach Hause ein, heute abend oder morgen. Die Antwort kann positiv oder negativ sein. Die Einladung muß nicht stattfinden, es ist ja nur eine Übung. Versuchen Sie, das Gespräch ohne Buch zu spielen.

Diálogo 4

A: ¿Vamos esta tarde al cine?
B: No, hoy estoy muy cansado. Vamos mañana. ¿Vale?
A: ¡Vale!

Fragen Sie jemanden aus der Gruppe, ob er mit Ihnen ins Kino geht.
Versuchen Sie, das Gespräch mit geschlossenem Buch zu spielen.

6. **Beantworten Sie die folgenden Fragen (Grammatik im Lehrbuch, „Declinación del sustantivo").**

Beispiele: ¿A quién invita el Sr. López?/**Sr. Sánchez**
El Sr. López invita **al** Sr. Sánchez.

¿De quién es la casa?/**padres de Juan**
La casa es **de los** padres de Juan. (* siehe Erklärung unten)

1. ¿A quién pregunta Juan?/**profesor**
2. ¿A quién va a visitar el Sr. Martín hoy?/**Sr. Brandt**
3. ¿Qué vas a visitar en París?/**el Museo del Louvre**
4. ¿A quién contesta Pedro?/**profesor**
5. ¿De quién es la bicicleta?/**Srta. Rueda**
6. ¿A quién paga la cuenta el Sr. Rodríguez?/**camarero**
7. ¿A quién saludas?/**Srta. Oroz** (saludar – grüßen)
8. ¿A quién esperas?/**Sra. Gómez** (esperar – warten)
9. ¿A quién invita Rafael?/**su amigo**
10. ¿De quién es el coche?/**Paco**

*** Beachten Sie bitte, daß der Akkusativ, wenn es sich um Personen handelt, die Präposition „a" benötigt (a + el = al). Der Genitiv benötigt die Präposition „de". Das Verb „gehören" wird im Spanischen meistens mit „ser (de)" übersetzt (de + el = del).**

7. **Setzen Sie die Possessivpronomen ein.**

Beispiel: Tengo un coche. → Es mi coche

1. El libro es de Pepe. Es .... libro.
2. La casa es de ellos. Es .... casa.
3. Tiene dos hermanos. Son .... hermanos.
4. ¿Es de vosotros esta bicicleta? ¿Es .... bicicleta?
5. Tenemos cinco discos (Platten). Son .... discos.
6. Tienes mucho dinero (Geld). Es .... dinero.
7. El coche es de Juana. Es .... coche.
8. El reloj (Uhr) es de ellas. Es .... reloj.

8. **Beantworten Sie folgende Fragen:**

1. ¿La estación está lejos o cerca de tu casa?
2. ¿La Biblioteca Nacional está lejos o cerca de la estación?
3. ¿La universidad está lejos o cerca de tu casa?
4. ¿El supermercado donde compras está lejos o cerca de tu casa?
5. ¿El aeropuerto (Flughafen) está lejos o cerca del centro?

9. **Lernen Sie zuerst die Grundzahlen von 100 bis 1000.**

100 – cien (ciento)	300 – trescientos (-as)	700 – setecientos (-as)
101 – ciento uno	400 – cuatrocientos (-as)	800 – ochocientos (-as)
130 – ciento treinta	500 – quinientos (-as)	900 – novecientos (-as)
200 – doscientos (-as)	600 – seiscientos (-as)	1000 – mil

Beachten Sie bitte:

„Ciento“ wird zu „cien“, wenn ein Substantiv oder eine größere Zahl folgt: cien libros, cien mil libros.

Die Hunderter ab 200 richten sich nach dem Geschlecht des folgenden Substantivs: doscientos marcos; doscientas pesetas.

Die Konjunktion „y“ steht nur zwischen Zehnern und Einern.

Üben Sie jetzt die Zahlen mit folgendem Spiel (der Lehrer soll das Spiel erklären):

Un alumno o el profesor dice un número de tres cifras que no termine en cero, tira una bola de papel a otro alumno y éste tiene que decir un número de tres cifras que empiece con la última cifra del número anterior.

Ejemplo:

El alumno A dice el número 355; A tira la bola a otro alumno B; B tiene que decir un número de tres cifras que empiece con 5, por ejemplo 581; B tira la bola a C; C tiene que decir un número de tres cifras que empiece con 1, por ejemplo 183, y así sucesivamente.

Lesen oder schreiben Sie jetzt folgende Zahlen:

358, 231, 147, 115, 235, 789, 1000, 555, 657, 333, 989, 134, 505, 747, 188, 914, 746, 395, 376, 948, 432, 836, 901, 928

10. **Beantworten Sie die Fragen:**

   1. ¿Quién eres?
   2. ¿De dónde eres?
   3. ¿Cómo estás?
   4. ¿Quiénes son tus mejores (besten) amigos?
   5. ¿Cómo son? (simpáticos, amables (freundlich), alegres (fröhlich), introvertidos, extrovertidos).
   6. ¿Cómo es el pueblo o la ciudad donde vives?

   Wählen Sie zwischen folgenden Adjektiven: grande, pequeño (-a), bonito (-a) – hübsch, interesante, moderno (-a), antiguo(-a), con mucha/poca contaminación, con mucho/poco tránsito (Verkehr), limpio (-a) – sauber, sucio (-a) – schmutzig.

11. **Versuchen Sie, diese Sätze auf spanisch zu sagen oder zu schreiben:**

   1. Fahren Sie nach Köln? Nein, ich fahre nach Hamburg.
   2. Geht ihr schon nach Hause? Nein, wir gehen etwas trinken.
   3. Heute abend gehen wir zu Mateo und Guillermo. Es gibt ein Fest bei ihnen zu Hause.
   4. Gehst du heute nachmittag ins Kino? Nein, ich bin sehr müde.
   5. Wann fährst du nach Ecuador? Morgen früh.
   6. Wie fährst du? Ich fliege.
   7. Wann gehen Sie nach Hause? In einer Stunde.
   8. Fahren Sie (Plural – ustedes) mit dem Auto oder geht ihr zu Fuß? Wir gehen zu Fuß.

12. **Hörverständnisübung – Ejercicio de comprensión auditiva**

   Hören Sie zuerst die Kassette „1 plus" zweimal; danach beantworten sie, mündlich oder schriftlich, einige Fragen zum Text:

   1. ¿Dónde vive Adela?
   2. ¿De dónde es Adela?
   3. ¿Adónde va Adela de vacaciones este año?
   4. ¿Cómo va allí (dort)?
   5. ¿Va a un hotel?
   6. ¿Quién es Luigi?
   7. ¿Adónde van Adela y Luigi por la tarde?
   8. ¿Qué visita Adela en Florencia?
   9. ¿Va sola o con Luigi?
   10. ¿Habla Adela italiano?
   11. ¿Cuánto tiempo pasa Adela en Florencia?
   12. ¿Cuándo va a visitar Luigi a Adela en Barcelona?

Wiederholung zu den Lektionen 1 bis 5 — Repaso de las lecciones 1 – 5

1. **Versuchen Sie, diese Sätze auf spanisch zu sagen oder zu schreiben:**

1. Was ist das? Das ist eine Flasche Sherry.
2. Was gibt es auf dem Tisch? Eine Flasche Bier, zwei Gläser, fünf Tassen und vier Teller.
3. Wieviele Weingläser gibt es auf dem Tisch? Es gibt fünf Weingläser.
4. Gibt es noch etwas? Nein, es gibt nichts mehr.
5. Ist das eine spanische Zeitung? Nein, es ist eine Zeitung aus Chile.

2. **Versuchen Sie dann, diese Sätze auf spanisch zu sagen oder zu schreiben:**

1. Sprichst du Französisch? Nein, ich spreche Englisch und Italienisch.
2. Arbeitest du in einem Büro? Nein, ich arbeite in einer Fabrik.
3. Bist du Student? Nein, ich arbeite bei Iberia.
4. Ist die Mutter von Juan und Teresa Journalistin (periodista)? Nein, sie ist Lehrerin.
5. Ißt du normalerweise in der Universität? Nein, ich esse zu Hause.
6. Herr Ober, bitte eine „paella“ für vier Personen, einen Orangensaft, ein Glas Wein und zwei Bier.
7. Noch ein Bier? Nein, danke.
8. Die Rechnung, bitte.

3. **Fragen Sie sich gegenseitig, woher folgende Personen kommen.**

Beispiel: Srta. Nero – Italia – Sicilia

¿De dónde es la Srta. Nero?
La Srta. Nero es italiana. Es de Sicilia. (*siehe Erklärung unten)

1. Diana – España – Valladolid
2. Sr. Richard – Francia – París
3. Sr. Laneus – Alemania – Bonn
4. Isabel – Portugal – Coimbra
5. Sr. Yang – China – Pekín
6. Sra. Sabatini – Italia – Génova
7. Sra. Fisher – Inglaterra – Londres
8. Esteban – Ecuador – Quito

*** Bitte beachten:**

Vor señor, señora, señorita steht der bestimmte Artikel, außer in der direkten Anrede:

¿De dónde es la señorita García? – Woher kommt Frl. García?
¿De dónde es usted, señorita García? – Woher kommen Sie, Frl. García?

Vor den Vornamen den bestimmten Artikel zu benutzen gilt in Spanien als sehr vulgär.

4. **Setzen Sie folgende Sätze in den Plural.**

Beispiel: Vivo en Sevilla. ⟶ Vivimos en Sevilla.

1. ¿Comes en casa? 2. ¿Trabaja usted? 3. Estudio español. 4. ¿Vives en Colonia?
5. Hablo alemán. 6. ¿Estudias idiomas? 7. Como en un restaurante. 8. Trabajo en una oficina.

5. **Stellen Sie Fragen zu folgenden Antworten.**

Beispiel: Vamos al cine. ⟶ ¿Adónde vais?

1. Es una revista colombiana.
2. Es el Sr. Segura.
3. Los españoles comen a las dos.
4. La Sra. Monserrat habla tres idiomas.
5. Asunción vive en Quito.
6. La madre de Juan y de Teresa trabaja en una escuela.
7. Amalia invita a Adrián a comer.
8. El Sr. Lorca va de vacaciones a la República Dominicana.
9. La Sra. Herrera viene ahora de Costa Rica.
10. Me voy a casa.

6. **Setzen Sie „ser“ oder „estar“ ein:**

1. ¿Dónde .... el hotel Palace?
2. ¿............... un buen hotel?
3. ¿Quién .... el director?
4. El director .... de viaje.
5. El coche del director .... delante del hotel.
6. El hotel .... lejos del aeropuerto.
7. Cecilia y yo .... buenas amigas.
8. ¿Dónde .... el Palacio Real?
9. ¿De quién .... este coche?
10. El coche .... en el taller mecánico.

7. **Ergänzen Sie mit den Präpositionen „de“ oder „a“ und den entsprechenden Artikeln.**

Beachten Sie bitte: de + el = del; a + el = al

1. David es el camarero .... restaurante "Cortijo".
2. Sara vive en casa .... señora Castellanos.
3. Francisco es el hermano .... Raúl.
4. Esta tarde voy a visitar .... Esteban.
5. Este es el coche .... padres .... Sofía.
6. Esta noche vamos a invitar .... profesora a cenar.
7. Esta moto es .... señores Rueda.
8. Esta casa es .... madre de mi amiga.

8. **Versuchen Sie, diese Sätze auf spanisch zu sagen oder zu schreiben:**

1. Cristina besucht ihre Freundin Emilia in Barcelona.
2. Sie sind Freundinnen.
3. Cristina wohnt im Madrid.
4. Cristina verbringt den Urlaub immer an der Costa Brava.
5. Heute fliegt sie nach Barcelona.
6. Emilia ist am Flughafen (aeropuerto).
7. Sie nehmen ein Taxi und fahren zu Emilia nach Hause.
8. Am nächsten Tag (Al día siguiente) fahren sie mit dem Bus nach Cadaqués.
9. Während der Reise sprechen sie über ihre Studien.
10. Sie verbringen zehn Tage in Cadaqués.

9. **Setzen Sie die passenden Interrogativ-Pronomen ein und beantworten Sie die Fragen:**

1. ¿ .... vives?
2. ¿De .... eres?
3. ¿ .... vas a ir este año de vacaciones?
4. ¿ .... tiempo vas a pasar allí?
5. ¿ .... ciudades vas a visitar?
6. ¿ .... vas a visitar?
7. ¿A .... hora te levantas normalmente?
8. ¿ .... es tu mejor (beste) amiga/amigo?

10. **Setzen Sie die passenden Formen von „ser" oder „estar" ein:**

1. Yo .... inglesa. Y tú, ¿de dónde ....?
2. Mis padres .... en casa.
3. Daniel y Rodolfo .... amigos.
4. El coche .... nuevo (Fabrikneu)
5. La casa .... grande.
6. El libro .... en la mesa.
7. El idioma alemán .... difícil.
8. Marcos y yo .... estudiantes.
9. ¿De dónde .... (vosotros)? .... (nosotros) de Caracas.
10. ¿Cómo .... (vosotros)? .... (nosotros) bien.

11. **Beantworten Sie die folgenden Fragen.**

Beispiel: ¿A quién visita Paloma? / **padres**
Paloma visita **a** sus padres.

1. ¿A quién pregunta el profesor? / **alumnos**
2. ¿A quién va a visitar David hoy? / **el Sr. Valle**
3. ¿Qué va a visitar Leonor en París ? / **el Museo del Louvre**
4. ¿A quién contestan los alumnos? / **profesor**
5. ¿De quién es la bicicleta? / **Salvador**
6. ¿Quién paga la cuenta? / **Sr. Costa**
7. ¿A quién saludas? / **Rosario** (saludar – grüßen)
8. ¿A quién esperáis? / **Sres. Moreno** (esperar – warten)
9. ¿A quién invita Francisco? / **Paloma**
10. ¿De quién es el libro? / **Sr. Alberti**

12. **Lesen Sie folgende Zahlen:**

358, 231, 147, 115, 235, 789, 1000, 555, 657, 333, 989, 134, 505, 747, 188, 914, 746, 395, 376, 948, 432, 836, 901

13. **Stellen Sie sich gegenseitig folgende Fragen und beantworten Sie diese:**

1. ¿Cómo te llamas?
2. ¿De dónde eres?
3. ¿Dónde vives?
4. ¿Trabajas o estudias? ¿Dónde estudias / trabajas?
5. ¿Dónde estudias español?
6. ¿Cuántas horas a la semana estudias español?
7. ¿A qué hora te levantas normalmente?
8. ¿Qué desayunas normalmente?
9. ¿Dónde comes?
10. ¿A qué hora cenas?

14. **Versuchen Sie, alle Angaben über sich selbst (Name, Herkunft, Wohnort, Beruf) und Ihren normalen Tagesablauf auf spanisch zu schreiben.**

1. **Hören Sie die Kassette 1 zum Lehrbuch (Seite A, „De compras“) zweimal (einmal mit geöffnetem und einmal mit geschlossenem Lehrbuch); lesen Sie dann den Text mehrmals, schließen Sie die Bücher und beantworten Sie folgende Fragen zum Text:**

   1. ¿Qué compra la señora?
   2. ¿Cuánto cuestan las naranjas?
   3. ¿Compra algo más?
   4. ¿Cuánto es todo?
   5. ¿Cuánto dinero da la señora?
   6. ¿Compra Ud. normalmente en el mercado o en el supermercado y por qué?

   Lesen Sie jetzt folgenden Dialog:

   Diálogo 1

Vendedor:	Buenos días, señor. ¿Qué desea?
Señor:	¿Cuánto cuestan estos plátanos?
Vendedor:	180 pesetas el kilo.
Señor:	Déme un kilo, por favor.
Vendedor:	¿Desea algo más?
Señor:	Sí, medio kilo de uvas.
Vendedor:	¿Algo más?
Señor:	Nada más, gracias. ¿Cuánto es todo?
Vendedor:	Son 375 ptas.
Señor:	Aquí tiene usted 1000 ptas.
Vendedor:	Tenga la vuelta 400, 500 y 500 son mil ptas. Muchas gracias.
Señor:	De nada. ¡Adiós!
Vendedor:	¡Adiós, señor!

Dann simulieren Sie zu zweit einen ähnlichen Dialog mit verschiedenen Varianten:

los plátanos	die Bananen
las uvas	die Trauben
las manzanas	die Äpfel
las peras	die Birnen
las fresas	die Erdbeeren

2. **Hören Sie nun die Kassette weiter; lesen Sie danach zu zweit die Dialoge und beantworten Sie folgende Fragen:**

   1. ¿Qué es un estanco?
   2. ¿Dónde se compran sellos en España?
   3. ¿Y en Alemania?
   4. ¿Son buenos amigos Juan y Carlos?
   5. ¿Qué compra Juan en el estanco?
   6. ¿Fuma Ud.?
   7. ¿Cuántos cigarrillos fuma Ud. al día?
   8. ¿Cree Ud. (glauben Sie) que el número de fumadores disminuye (abnimmt)?

Lesen Sie jetzt folgenden Dialog:

En un estanco

A: Buenas tardes. ¿Qué quiere?
B: Déme un paquete de Celtas.
A: Tome, ¿quiere algo más?
A: Déme también dos sellos de 60 ptas.
B: ¿Algo más?
A: Nada más. Gracias. ¿Cuánto es todo?
B: Son 300 ptas.

Spielen Sie dann das Gespräch (ohne Buch) mit freien Variationen.

3. **Setzen Sie die passenden Formen (este, esta, estos, estas) ein (Grammatik, „Los adjetivos y pronombres demostrativos").**

1. .... problema no tiene solución.
2. .... idioma es difícil.
3. .... personas son simpáticas.
4. .... radio es vieja.
5. .... naranjas son caras.
6. .... plátanos son buenos.
7. .... niña es bonita.
8. .... hombre es inteligente.

4. **Setzen Sie die passenden Formen (ese, esa, esos, esas) ein:**

1. .... libro, ¿es caro?
2. .... idioma, ¿es difícil?
3. .... problema, ¿no tiene solución?
4. .... color (Farbe) es bonito.
5. .... amigos son falsos.
6. ¿ .... es tu casa?
7. ¿ .... son tus padres?
8. ¿ .... son tus hermanas?

5. **Ergänzen Sie:**

1. El hotel es pequeñ ...
2. El restaurante es nuev ...
3. La casa es grand ...
4. El bar es barat ...
5. La plaza es bonit ...
6. Los estudiantes son inteligent ...
7. Las naranjas son car ...
8. La ciudad es antigu ...
9. Los ejercicios son difícil ...
10. Pilar es simpátic ...

6. **Setzen Sie die passenden Interrogativpronomen und die Präpositionen ein:**

1. ¿ .... va el tren?
2. El tren va .... París.
3. ¿ .... viene el tren?
4. Viene .... Roma.
5. ¿ .... están los pasajeros (Passagiere)?
6. Están .... el avión.
7. ¿ .... están las maletas?
8. Están .... el coche.
9. ¿ .... va el Sr. Martín?
10. Va .... Colonia.

7. **Lernen Sie die Grundzahlen ab 1000.**

1.000 – mil
1.001 – mil uno/una
1.500 – mil quinientos (-as)
2.000 – dos mil
10.000 – diez mil
100.000 – cien mil
1.000.000 – un millón (de)
1.000.000.000 – mil millones (de)

Beachten Sie bitte, daß die Jahreszahlen ab 1000 als Tausender gesprochen werden:

Im Jahr 1492 – En el año mil cuatrocientos noventa y dos.

Lesen Sie folgende Sätze, um die Zahlen zu üben:

Pablo Neruda, un escritor chileno, recibe (bekommt) el Premio Nobel de Literatura en el año 1971.
Santiago Ramón y Cajal, doctor en Medicina, recibe el Premio Nobel de Medicina en el año 1906.
Camilo José Cela, un escritor español, recibe el Premio Nobel de Literatura en el año 1989.

Jetzt sagen oder schreiben Sie ähnliche Sätze auf spanisch mit folgenden Angaben:

1. Gabriela Mistral – escritora – chilena – 1945.
2. Juan Ramón Jiménez – escritor – español – 1956.
3. Gabriel García Márquez – escritor – colombiano – 1982.
4. Octavio Paz – escritor – mejicano – 1990.
5. Severo Ochoa – médico – español – 1959. (Premio Nobel de Medicina)
6. Jacinto Benavente – escritor – español – 1922.

8. **Versuchen Sie, diese Sätze auf spanisch zu sagen oder zu schreiben:**

1. Wo kaufen Sie ein?
2. Ich kaufe auf dem Markt ein.
3. Geben Sie mir ein halbes Kilo Tomaten, bitte.
4. Wieviel kosten diese Orangen? 200 Peseten das Kilo.
5. Ich hätte gern ein halbes Kilo.
6. Möchten Sie noch etwas? Nein, danke. Nichts mehr.
7. Wieviel macht das alles zusammen?
8. Es macht 380 Peseten.
9. Hier haben Sie 1000 Peseten.
10. Hier haben Sie das Rückgeld.

9. **Setzen Sie die passende Form des Adjektivs ein.**

Beispiel: Las mesas son .... (grande).
Las mesas son grandes.

1. Felipe y Ricardo son .... (joven).
2. Los ejercicios son .... (difícil).
3. Esta ciudad es .... (bonito).
4. Es una .... (grande) escritora.
5. Esa señora es .... (elegante).
6. Es un .... (bueno) amigo.
7. Es un .... (grande) hotel.
8. La profesora es .... (simpático).
9. Estos plátanos son .... (caro).
10. Estas naranjas son .... (barato).

10. **Versuchen Sie, diese Sätze auf spanisch zu sagen oder zu schreiben (Wiederholung von Lektion 5):**

Renate Wolf ist Deutsche. Sie kommt aus Berlin, aber sie wohnt in Köln. Sie hat einen Freund in Spanien. Der Freund heißt Ignacio. Er wohnt in Barcelona. Barcelona ist eine große Stadt. Renate fährt heute mit dem Zug nach Barcelona. Sie will den Urlaub dort verbringen. Sie hat drei Wochen Urlaub. Sie wollen durch (por) Spanien reisen. Am Bahnhof wartet (esperar) ihr Freund. Er wohnt sehr weit entfernt vom Bahnhof. Sie nehmen ein Taxi. Nachmittags gehen sie spazieren (pasear) und abends gehen sie in ein spanisches Restaurant essen. Ignacio lädt Renate ein.

11. **Hörverständnisübung – Ejercicio de comprensión auditiva**

Hören Sie die Kassette „1 plus" zweimal und beantworten Sie danach folgende Fragen:

1. ¿Dónde está la señora?
2. ¿Qué quiere enviar (schicken)?
3. ¿Cuánto cuesta cada palabra de un telegrama?
4. ¿Hay un medio más barato que el telegrama para enviar una comunicación urgente?
5. ¿Qué es más caro, la carta urgente o el telefax?

1. **Ergänzen Sie mit „saber" oder „poder":**

   1. Pilar .... esquiar.
   2. En Sierra Nevada se .... esquiar.
   3. ¿ .... dónde está Sierra Nevada?
      No ....

2. **Hören Sie die Kassette 1 zum Lehrbuch (Seite A, „Las vacaciones") zweimal (einmal mit geöffnetem und einmal mit schlossenem Buch); lesen Sie zu zweit dann den Text mehrmals, schließen Sie die Lehrbücher und beantworten Sie folgende Fragen:**

   1. ¿Qué va a hacer Pilar en Navidades?
   2. ¿Por qué no puede ir Pilar al cine con Juan?
   3. ¿Saben Juan y Pilar esquiar?
   4. ¿Sabes tú esquiar?
   5. ¿Es difícil esquiar?
   6. ¿Dónde se puede esquiar en España?
   7. ¿Por qué tiene prisa Pilar ahora?
   8. ¿Dónde va a pasar usted sus próximas (nächste) vacaciones?

3. **Ergänzen Sie die fehlenden Wörter:**

Juan: ¡Hola, Pilar! ¿Qué tal?
Pilar: Bien, gracias ¿y tú?
Juan: Regular. .... que estudiar mucho, pero no tengo ganas. ¿Qué vas a .... esta tarde? ¿Vamos al cine?
Pilar: No puedo. Trabajo por las tardes en una biblioteca .... las Navidades.
Juan: ¿ .... vas a ir en Navidades?
Pilar: Voy a .... a mis padres en Granada y después voy a Sierra Nevada a esquiar. ¿Y tú?
Juan: No .... todavía. No tengo mucho dinero para ir de vacaciones.
Pilar: ¿Por qué no .... por las tardes como yo y te vienes unos días conmigo a esquiar?
Juan: Porque no tengo .... Tengo pronto exámenes y tengo que .... mucho. Además no sé esquiar. ¿Tú .... esquiar?
Pilar: Sí, no es muy .... Mis padres viven cerca de Sierra Nevada y voy a .... muchas veces los fines de semana y en vacaciones. Ahora no .... tiempo. Tengo que .... en la biblioteca a las cinco. ¿Me .... mañana?
Juan: ¡Vale! Hasta mañana.
Pilar: ¡Adiós!

4. **Hören Sie die Kassette weiter und lesen sie dann die Dialoge mehrmals. Schließen Sie die Lehrbücher und versuchen Sie, ähnliche Gespräche zu spielen. Variieren Sie sie nach eigenen Ideen. Am besten tun Sie dies für jeden Dialog getrennt und hören nicht beide auf einmal.**

5. **Schreiben oder sagen Sie auf spanisch alles, was Sie über Pilar wissen. Sie können als kleine Hilfe folgende Informationen verwenden:**

Pilar ist Spanierin. Sie ist eine Freundin von Juan. Sie studiert in Madrid. Ihre Eltern wohnen in Granada. Sie arbeitet in einer Bibliothek, um Geld zu verdienen. Sie wird zu Weihnachten nach Granada fahren (nahe Zukunft), um ihre Eltern zu besuchen. Sie kann Ski fahren. Sie fährt häufiger Ski, zu Weihnachten und auch in den Ferien. Sie hat heute keine Zeit, um mit Juan ins Kino zu gehen, weil sie es eilig hat. Sie muß um 5 Uhr in der Bibliothek sein.

Jetzt schreiben oder erzählen Sie alles, was Sie über Juan wissen:

Juan wohnt in Madrid. Er ist Student. Er studiert Wirtschaftswissenschaften. Er lernt auch Deutsch. Er kann nicht Ski fahren. Er weiß nicht, was er zu Weihnachten machen wird. Er hat nicht viel Geld, um in Urlaub fahren zu können. Juan hat bald Prüfungen und muß viel lernen. Heute hat er keine Lust zu lernen; er hat Lust, mit Pilar ins Kino zu gehen, aber Pilar hat keine Zeit.

6. **Setzen Sie die passenden Formen von „saber" und „poder" ein und beantworten Sie die Fragen.**

Beispiel: ¿ .... Ud. leer? → ¿Sabe Ud. leer? Sí, sé leer.
¿ .... Ud. leer sin gafas (Brille)? → ¿Puede Ud. leer sin gafas? No, no puedo.

1. ¿ .... (tú) nadar (schwimmen)?
2. ¿Dónde se .... nadar en tu ciudad?
3. ¿Dónde se .... esquiar en España?
4. ¿ .... Ud. esquiar?
5. ¿ .... (tú) cocinar (kochen)?
6. ¿ .... (tú) cocinar esta noche?
7. ¿ .... tus padres bailar (tanzen)?
8. ¿ .... ir (tú) a bailar esta noche?

7. **Setzen Sie die passenden Formen von „saber" und „poder" ein:**

1. No .... ser.
2. No .... qué hacer.
3. No .... más. Estoy cansada.
4. ¿Se .... entrar?
5. No .... qué decirte.
6. ¡Qué .... yo!
7. ¿ .... (tú) una cosa? Tengo ganas de ir a bailar.
8. ¿ .... (yo) ayudarte (dir helfen)?

8. **Setzen Sie die passenden Formen von „tener" ein:**

1. .... (yo) prisa.
2. ¿ .... (tú) dinero?
3. ¿ .... (vosotros) ganas de ir al cine?
4. Mi hermana .... 35 años.
5. .... (nosotros) hambre y sed.
6. Está bien, ...(tú) razón.
7. Ignacio .... frío. Yo .... calor.
8. ¿Cuántos años .... usted?
9. ¿............... (tú) ganas de ir a bailar?
10. No .... (yo) ganas de hacer nada.

9. **Beantworten Sie die folgenden Fragen:**

1. ¿Qué vas a hacer en Navidades?
2. ¿Sabes tú esquiar?
3. ¿Es difícil esquiar?
4. ¿Vas muchas veces a esquiar?
5. ¿Dónde se puede esquiar en Alemania?
6. ¿Adónde vas a esquiar normalmente?
7. ¿Dónde vas a pasar tus próximas (nächste) vacaciones?
8. ¿Dónde van a pasar Pilar y Juan las Navidades?

10. **Sprechen Sie über den Charakter Ihres besten Freundes / Ihrer besten Freundin oder eines Mitgliedes Ihrer Familie. Wählen Sie, wenn Sie möchten, zwischen folgenden Adjektiven:**

alegre, feliz, inteligente, cariñoso (lieb), amable (freundlich), tranquilo (ruhig), nervioso, flemático, fanático, elegante, irónico, poco puntual (unpünktlich), puntual (pünktlich).

11. **Lesen Sie laut, um die Zahlen zu üben:**

1. Un coche pequeño en España cuesta más de 1 millón de pesetas.
2. Un bolígrafo (Kugelschreiber) cuesta de 200 a 2.500 pesetas.
3. Un billete de avión de Madrid a Stuttgart cuesta unas 100.000 pesetas.
4. Un apartamento pequeño en Madrid cuesta más de 10 millones de pesetas.
5. Un kilo de naranjas cuesta 250 pesetas.

Jetzt bilden Sie selbst ähnliche Sätze mit anderen Zahlen.

1. ______________________________
2. ______________________________
3. ______________________________
4. ______________________________
5. ______________________________

12. **Setzen Sie in die nahe Zukunft.**

Beispiel: Mañana me levanto a las ocho.
Mañana me voy a levantar / voy a levantarme a las ocho.

1. Me ducho a las ocho. 2. Pepe se levanta a las siete. 3. Dolores cena en casa. 4. Hoy no como.
5. Te invito a comer. 6. Mañana vamos a Toledo. 7. No tenemos tiempo. 8. No puedo ir.
9. Mis amigos esquían en Sierra Nevada. 10. ¿Trabajáis mañana? 11. Hago los ejercicios.
12. ¿Os bañáis hoy en la playa?

13. **Hörverständnisübung – Ejercicio de comprensión auditiva**

Hören Sie zuerst die Kassette „1 plus“ zweimal; danach beantworten sie, mündlich oder schriftlich, einige Fragen zum Text:

1. ¿Cuáles son las montañas más importantes de España?
2. ¿Dónde están los Picos de Europa?
3. ¿Cuál es el pico más alto de la Península Ibérica?
4. ¿Cuál es la montaña más alta de España?
5. ¿Cuántos metros de altura tiene?
6. ¿Dónde se puede esquiar en España?

1. **Hören Sie die Kassette 1 zum Lehrbuch (Seite A, „Una fiesta de fin de curso“) zweimal (einmal mit geöffnetem und einmal mit geschlossenem Lehrbuch); lesen Sie dann den Text mehrmals, schließen Sie die Bücher und beantworten Sie folgende Fragen zum Text:**

   1. ¿Por qué está Juan hoy muy contento?
   2. ¿Cómo quiere celebrar el fin de curso?
   3. ¿Le va a ayudar a preparar la fiesta su madre?
   4. ¿A quién va invitar Juan a la fiesta?
   5. ¿Conoce la madre de Juan a los amigos de su hijo?

2. **Hören Sie die Kassette weiter; lesen sie dann den Text mehrmals, schließen Sie die Lehrbücher und beantworten Sie folgende Fragen zum Text:**

   1. ¿A quién llama Juan por teléfono?
   2. ¿Tiene tiempo Mario para ir a la fiesta?
   3. ¿A qué hora es la fiesta?
   4. ¿Puede Mario ayudar a Juan a preparar la fiesta?
   5. ¿Teresa también puede ayudar a Juan?
   6. ¿Dónde está Sonia?

3. **Ergänzen Sie die fehlenden Wörter:**

Juan .... de llegar a casa y está muy .... porque las notas de los últimos exámenes son muy buenas.

Juan: Mamá, mañana .... hacer una fiesta en casa para celebrar el fin de curso.

Madre: Bueno, por mí puedes ...., pero yo no te puedo ayudar a prepararla porque mañana no voy a estar .... casa.

Juan: No .... La puedo preparar yo solo.

Madre: ¿A .... vas invitar?

Juan: A mis amigos de clase.

Madre: ¿Los .... yo?

Juan: A las chicas .... que las conoces a todas. De los chicos sólo conoces .... Ignacio y a Ricardo.

Madre: ¿Vas a .... también a tu primo José?

Juan: Sí, ... puedo invitar también. Bueno, voy a llamar a .... amigos.

4. **Hören Sie die Kassette wieder weiter und lesen sie dann die Dialoge mehrmals.**

Dann lesen Sie folgende ähnliche Dialoge:

Diálogo 1

A: ¿Quién va a hacer la comida hoy?
B: La puede hacer Pilar.
C: No, yo no la hago. No tengo tiempo.
A: Entonces la hago yo.

Ersetzen Sie das Wort „comida“ durch „cena“ oder „desayuno“ und versuchen Sie, das Gespräch zu dritt frei zu spielen.

Diálogo 2

A: ¿Dónde está mi libro? ¿Lo tienes tú?
B: No, yo no lo tengo. Quizás lo tiene Cristián.
C: Sí, lo tengo yo, pero no te lo doy.
A: ¿Por qué no me lo das?
C: Porque lo necesito.

Ersetzen Sie das Wort „libro“ durch „revista“ oder „periódico“ und versuchen Sie, das Gespräch frei zu spielen.

Diálogo 3

A: ¿Quién pone la mesa hoy? ¿La pones tú?
B: Bueno, ¿dónde están los vasos?
A: Están sucios. Hay que lavarlos. ¿Los lavas tú?
B: No, yo no los lavo. Si yo pongo la mesa, tú lavas los vasos.
A: Bueno, vale.

Ersetzen Sie das Wort „vasos“ durch „platos“ oder „copas“ und versuchen Sie wieder, das Gespräch zu spielen.

Diálogo 4

A: ¿Conoces a mi amigo Marcos?
B: No, no lo conozco.
A: ¿Y a mi hermana Sonia?
B: No, tampoco la conozco.

Versuchen Sie jetzt, das Gespräch mit anderen Varianten (eigene Freunde und Familie) zu spielen.

Diálogo 5

A: ¿Invitamos a Lorenzo a la fiesta?
B: Sí, lo podemos invitar.
A: ¿Y a Tania?
B: Sí, podemos invitarla también.

Versuchen Sie, das Gespräch mit neuen Varianten, z.B. „profesor(-a)“, „padres“ zu spielen.

Diálogo 6

A: ¿Vas a vender tu coche?
B: No, no voy a venderlo todavía.
A: ¿Por qué no lo quieres vender?
B: Porque acabo de arreglarlo.

Ersetzen Sie das Wort „coche“ durch „bicicleta“ und versuchen Sie, das Gespräch zu spielen.

5. **Stellen Sie sich gegenseitig folgende Fragen und beantworten Sie diese. Sie können die Antworten bejahen oder verneinen, wie Sie möchten. Sie brauchen nur eine Antwort zu geben.**

Beispiel: ¿Lee Ud. el periódico todos los días?
Sí, lo leo (casi) todos los días. / No, no lo leo nunca. / Sólo lo leo a veces / de vez en cuando.

1. ¿Comprendes la gramática de la lección siempre?
2. ¿Haces los ejercicios en casa?
3. ¿Conoces a Carlos Saura?
4. ¿Conoces a los amigos de tus padres?
5. ¿Ves la televisión todos los días?
6. ¿Escuchas las noticias (Nachrichten) todos los días?
7. ¿Ves a tus padres todas las semanas?
8. ¿Te felicita (gratuliert) el profesor cuando respondes bien?

6. **Bilden Sie Sätze nach dem Beispiel mit Personalpronomen:**

El profesor saluda (a mí). El profesor me saluda.

1. Carlos mira (al profesor).
2. Roberto invita (a ti).
3. Ud. escucha (hören)(a mí).
4. No comprendo (a vosotros).
5. Jorge visita (a Diana).
6. Leo (el periódico).
7. El profesor explica (la gramática).
8. Escribo (una carta).

7. **Escribe una nota (Zettel) a un amigo. Le invitas a una fiesta de despedida de curso. Escribe:**

1. Quién va a ir a la fiesta.
2. Qué va a haber en la fiesta (comida, bebida, música).
3. Si tiene que comprar algo.
4. A qué hora es la fiesta.
5. Si puede invitar a un amigo o a una amiga.

8. **Setzen Sie die passenden Formen von „ser" und „estar" ein (Grammatik im Lehrbuch, Lektion 3):**

1. Nosotros .... en clase.
2. Rosalía .... enferma.
3. Margarita .... de vacaciones.
4. José y Enrique .... contentos (zufrieden).
5. Antonio y yo .... en casa mañana.
6. Angel .... cansado.
7. El señor Brown .... inglés.
8. Mis padres .... católicos.
9. La estación .... cerca de mi casa.
10. La profesora .... simpática.
11. Los alumnos .... listos (klug).
12. Tú .... médico (Arzt).
13. Ustedes .... jóvenes.
14. Yo .... bien.
15. ¡Qué malo .... este niño!

9. **Bilden Sie Sätze nach folgendem Beispiel:**

Leo una revista. → Acabo de leer una revista.

1. Me levanto. 2. Estamos en casa de Tomás. 3. Cocino. 4. Vendemos nuestro coche.
5. ¿Os ducháis ahora? 6. Cenamos en un restaurante. 7. ¿Visitas a tu madre? 8. Felipe compra un periódico.

10. **Lesen Sie:**

5.575, 9.876, 5.555, 4.521, 6.789, 8.765, 1.235, 9.340, 8.896, 2.567

11. **Hörverständnisübung – Ejercicio de comprensión auditiva**

Hören Sie zuerst die Kassette „1 plus" zweimal; danach beantworten sie, mündlich oder schriftlich, einige Fragen zum Text:

1. ¿Es Avila una ciudad pequeña o grande?
2. ¿Cuántos habitantes tiene?
3. ¿A qué altitud (Höhe) está situada?
4. ¿Cuántas torres y puertas tiene la muralla de Avila?
5. ¿De qué siglo es la muralla?
6. ¿Tiene Avila monumentos antiguos?

Vokabeln zur Hörverständnisübung:

está situada	liegt
la altitud	die Höhe
la muralla	die Mauer
la torre	der Turm
la puerta	hier: das Tor
rodear	umgeben, umringen

1. **Hören Sie die Kassette 1 zum Lehrbuch (Seite B, „En el Museo del Prado“) zweimal (einmal mit geöffnetem und einmal mit geschlossenem Lehrbuch); lesen Sie dann den Text mehrmals, schließen Sie die Bücher und beantworten Sie folgende Fragen zum Text:**

   1. ¿Dónde están Juan y Peter?
   2. ¿Hace Peter progresos en el idioma español?
   3. ¿Es fácil la gramática española?
   4. ¿Le gusta a Peter Madrid?
   5. ¿Conoce Peter bien Madrid?
   6. ¿Adónde quiere ir Peter el domingo?
   7. ¿Con quién quiere ir?
   8. ¿A qué hora van a ir el domingo al Museo del Prado?
   9. ¿En qué siglo viven Goya y Velázquez?
   10. ¿Qué otros pintores clásicos españoles conoces?
   11. ¿Cuál te gusta más?
   12. ¿Es el Greco un pintor español?

2. **Ergänzen Sie die fehlenden Wörter:**

Juan y Peter .... en la cafetería de la escuela de idiomas.

Juan: ¡Hola, Peter! ¿Cómo te va? ¿Haces .... en el idioma español?

Peter: Regular. La gramática es muy ....

Juan: ¿Te .... Madrid?

Peter: Sí, me gusta ...., pero todavía no .... todo. El domingo quiero .... al Museo del Prado. ¿Quieres venir .... ?

Juan: De acuerdo, pero .... que ir temprano. En el Museo del Prado hay más de 6.000 cuadros.

Peter: ¿Te parece .... a las nueve?

Juan: Sí, me .... bien. A las nueve .... en tu casa.

3. **Lesen Sie zuerst folgende Dialoge; spielen Sie diese dann nach und variieren Sie mit eigenen Worten.**

Diálogo 1

A: ¿Qué pintor te gusta más Picasso o Dalí?
B: Me gusta más Dalí. ¿Conoces el Museo de Dalí en Figueras?
A: No, no lo conozco.
B: ¿Y cuál es tu pintor preferido?
A: Mi pintor preferido es Picasso.

Diálogo 2

A: ¿Qué te gusta hacer los fines de semana?
B: Me gusta levantarme tarde y desayunar con tranquilidad.
A veces hago un poco de deporte. También me gusta ir a pasear.
El sábado por la tarde me gusta salir con mis amigos, cenar en un buen restaurante e ir a bailar.
Los domingos me gusta descansar y leer un buen libro o ver una película en la televisión.

Diálogo 3

A: ¿Qué le gusta hacer en su tiempo libre?
B: Los fines de semana me gusta salir y divertirme (divertirse – sich amüsieren).
En las vacaciones me gusta viajar, a veces voy a esquiar y a veces voy a la playa.

Fragen Sie sich gegenseitig, per Du oder per Sie, was Sie gern tun:

– el fin de semana	– por las tardes
– en las vacaciones	– en tu/su tiempo libre

4. **Hören Sie die Kassette nun weiter („Goya, 1746 – 1828. Su obra"). Hören und lesen Sie diesen Text mehrmals. Dann lesen Sie:**

Es un cuadro de Goya del primer periodo.
Goya es un pintor español del siglo XVIII.
El cuadro es un cartón para un tapiz.
El cuadro se llama "El quitasol".
Representa un motivo alegre.
El cuadro (no) me gusta.
Mi pintor preferido es ....

El quitasol (1777)

Jetzt schreiben Sie ähnliche Sätze über die folgenden Bilder von Goya.

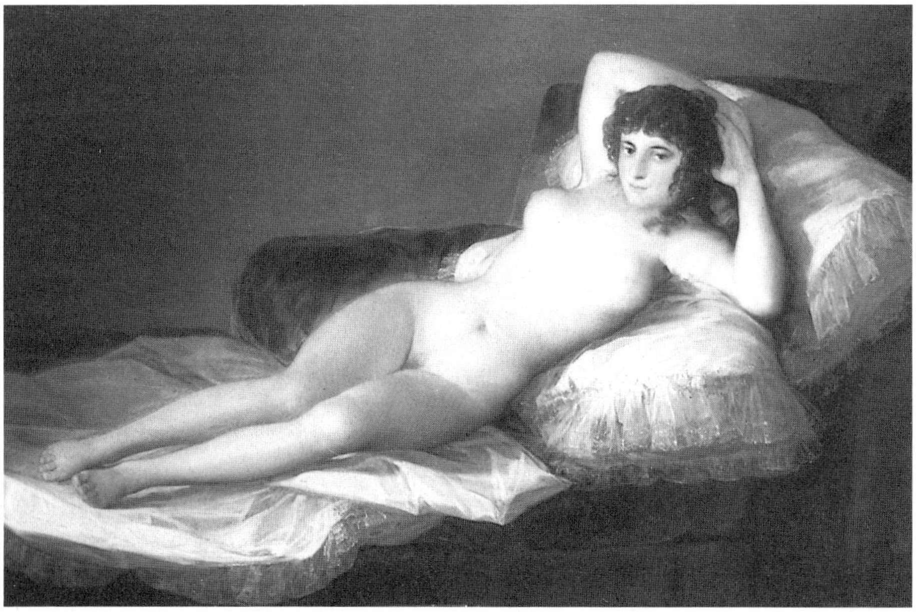

La maja desnuda (1803 – 1806)

Los fusilamientos del 3 de Mayo de 1808

Saturno devorando a sus hijos (1820)

La familia de Carlos IV (1800)

5. **Stellen Sie sich gegenseitig folgende Fragen und beantworten Sie diese:**

1. ¿Te gusta el flamenco?
2. ¿Te gusta hacer deporte?
3. ¿Les gusta a tus padres escuchar música?
4. ¿Te gusta ir a la playa o la montaña?
5. ¿Te gustan las corridas de toros?
6. ¿Te gusta el fútbol?
7. ¿Les gusta a tus padres ir al cine?
8. ¿Qué te gusta más, viajar en tren o en avión?
9. ¿Qué pintor te gusta más Goya o Velázquez?
10. ¿Qué te gusta hacer el fin de semana?

6. **Lesen Sie laut, um die Ordnungszahlen zu üben:**

1. Vivo en el primer piso.
2. Es la primera vez que me pasa esto.
3. Es la segunda vez que te llamo hoy.
4. Me voy el primero de julio de vacaciones.
5. Como la cuarta parte que tú.
6. "La familia de Carlos IV" es un cuadro de Goya.
7. El capítulo VIII es el más interesante del libro.
8. Mi hermano vive en el quinto piso.
9. Es la décima vez que te pregunto lo mismo.
10. Ahora en vacaciones no tengo ni la tercera parte del trabajo que tengo normalmente.

Jetzt schreiben Sie einige Sätze mit den Ordnungszahlen:

1. ______________________________
2. ______________________________
3. ______________________________
4. ______________________________
5. ______________________________
6. ______________________________

7. **Versuchen Sie, folgende Sätze auf spanisch zu sagen oder zu schreiben:**

1. Erstens habe ich keine Zeit. Zweitens habe ich keine Lust.
2. Du bist an erster Stelle (lugar), meine Hobbys (aficiones) sind an zweiter Stelle, meine Freunde sind an dritter Stelle und meine Arbeit an vierter Stelle.
3. Die ersten Tage der Woche gefallen mir nicht.
4. Mir gefällt am besten die dritte Periode der Malerei von Goya.
5. Ich wohne im fünften Stock.

8. **Stellen Sie sich gegenseitig folgende Fragen und beantworten Sie diese:**

1. ¿Cuál es tu nombre?
2. ¿Cuál es tu apellido (Familienname)?
3. ¿Cuál es tu dirección (Adresse)?
4. ¿Cuál es tu número de teléfono?
5. ¿Qué monumentos importantes hay en tu ciudad? ¿Cuál te gusta más?
6. ¿Qué museos del mundo conoces? ¿Cuál te gusta más?
7. ¿Qué países conoces? ¿Cuál te gusta más?
8. ¿Qué pintores españoles conoces? ¿Cuál es tu pintor preferido?
9. ¿Cuál es tu nacionalidad?
10. ¿Cuál es tu lengua materna (Muttersprache)?

Jetzt stellen Sie sich gegenseitig ähnliche Fragen mit „conocer“ oder „gustar“ und antworten Sie.

Beispiele: ¿Qúe artistas de cine conoces/te gustan más?
¿Te gusta la música moderna?

– artistas de cine	– políticos
– poetas	– pintores de otros países
– escritores	– cantantes
– música clásica	– bailarines de ballet
– grupos de música moderna	– bailaores de flamenco
– guitarristas	– pianistas
– grupos de Reggae	– samba, salsa

9. **Setzen Sie die passenden Formen von „ser“ und „estar“ ein:**

1. Mi madre .... profesora de español.
2. ¿Dónde .... mis libros?
3. Este vino .... muy caro.
4. ¿............... (tú) peruana? No, ... chilena.
5. El café .... caliente (heiß).
6. ¿Qué hora .... ? .... la una.
7. ¿Dónde .... el Banco de España? .... cerca de aquí.
8. .... muy tarde. Ya .... las ocho.

10. **Lesen Sie folgende Zahlen:**

5.787, 7.552, 8.983, 31.631, 45.515, 79.678, 15.067, 20.050, 37.234, 4.345, 5.555, 46.457, 55.258, 929.558, 651.717, 502.389, 756.896, 89.954

11. **Bilden Sie Sätze nach den Beispielen:**

Leo el periódico cada día. → Yo también lo leo.
Vamos a visitar a Clara. → Nosotros también vamos a visitarla/la vamos a visitar.

1. Voy a llamar a Amparo.
2. Veo a Laura.
3. Voy a invitar a Gustavo.
4. Vamos a visitar a Ricardo y a Pedro.
5. Vamos a saludar (grüßen) a la profesora.
6. Vamos a ver una película.
7. Hago los deberes (Hausaufgaben).
8. Vemos la televisión por las tardes.

12. **Stellen Sie sich gegenseitig folgende Fragen und beantworten Sie diese:**

1. ¿Sabes a qué hora abren y cierran las tiendas en España?
2. ¿Conoces los almacenes "Galerías Preciados" en España?
3. ¿Sabes cuánto cuesta un coche "Porsche" último modelo?
4. ¿Conoces el último modelo del coche "Porsche"?
5. ¿Sabes cuántas pesetas son un marco?
6. ¿Conoces el Museo del Prado?
7. ¿Sabes cuántos metros de altura tiene la Torre Eiffel?
8. ¿Sabes quién es el presidente del gobierno español?
9. ¿Conoces alguna ciudad de España o Hispanoamérica? Habla sobre ella.

13. **Setzen Sie „muy“ oder „mucho“ ein:**

1. Tengo .... trabajo, pero no es .... interesante.
2. Hay .... personas en la fiesta, pero no son .... simpáticas.
3. Me gusta .... ir a bailar.
4. Rebeca es .... lista (klug).
5. Me alegro (alegrarse – sich freuen) .... de conocerte.
6. ¿Te gusta mi bañador? Sí, ...
7. Este coche me gusta .... más que ese.
8. Esta casa es .... cara.
9. Tengo .... problemas.
10. El Papa (Papst) habla .... idiomas.

14. **Hörverständnisübung – Ejercicio de comprensión auditiva**

Hören Sie zuerst die Kassette „1 plus“ zweimal; danach beantworten sie, mündlich oder schriftlich, einige Fragen zum Text:

1. Identifique los textos con los cuadros.
2. ¿Quién es Goya?
3. ¿Cuántos cartones y retratos pinta Goya?
4. ¿Qué cuadro de Goya vemos en la foto?
5. ¿Quién es Picasso?
6. ¿Qué estilo de pintura crea?
7. ¿Qué cuadro de Picasso vemos en la foto? ¿Qué representa el cuadro?
8. ¿Quién es Dalí?
9. ¿Qué estilo de pintura crea?
10. ¿Qué cuadro de Dalí vemos en la foto? ¿Puede Ud. ver la cabeza (Kopf) de Voltaire en el cuadro?

Vokabeln zur Hörverständnisübung:

el autorretrato	das Selbstbildnis
representar	darstellen
durante	während
la guerra civil	der Bürgerkrieg
el busto	der Oberkörper

15. **Kommentieren Sie diese Bilder von Goya und Velázquez:**

La maja vestida, 1803 -1806 (Goya)
Oleo sobre tela 95 x 190 cm.
Museo del Prado, Madrid

Las lanzas o La rendición de Breda, 1635 (Velázquez)
Lienzo, 307 x 367
Museo del Prado, Madrid

1. **Hören Sie die Kassette 1 zum Lehrbuch (Seite B, „Preguntando se va a Roma" – Diálogos 1 – 4) zweimal; lesen Sie dann die Dialoge mehrmals zu zweit und schließen Sie die Bücher. Nun schauen Sie den Lageplan an. Sie befinden sich am Bahnhof („estación de ferrocarril"). Fragen Sie sich gegenseitig nach der Lage der Gebäude, Geschäfte und Straßen. Beachten Sie bitte, daß bei unbestimmten Orten die Frage mit „hay" formuliert wird und bei bestimmten mit „estar".**

Estas palabras pueden ayudarle:

a la derecha	rechts	atravesar	überqueren
a la izquierda	links	antes/después de	vor/nach dem
ir todo derecho/		junto a ...	neben ...
todo seguido	geradeaus gehen	a unos ... metros	ungefähr ... Meter entfernt
tomar la primera calle	die erste Straße nehmen	la manzana	Häuserblock
torcer (o → ue)	abbiegen	el semáforo, el disco	die Ampel
cruzar	kreuzen		

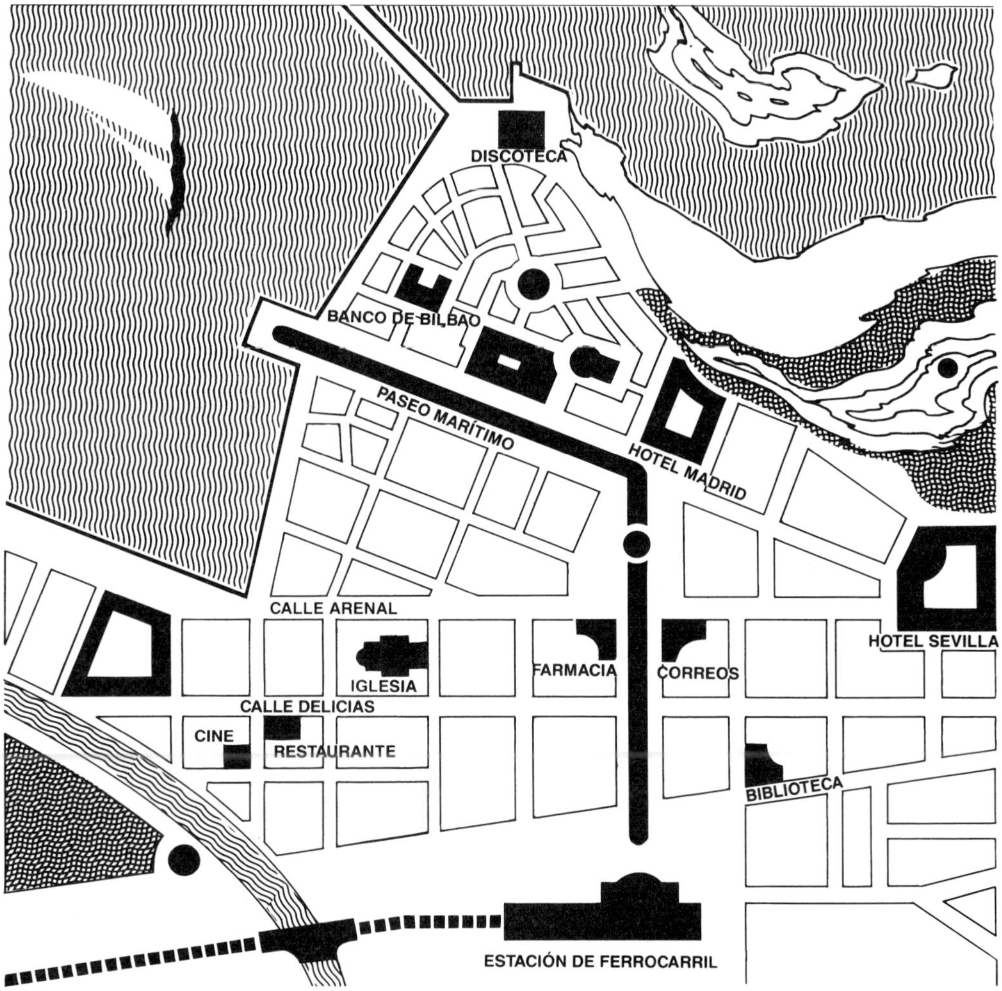

Beispiel:

¿Dónde está el Banco de Bilbao?
Vaya todo derecho y tome la cuarta calle a la izquierda. Esa calle es el Paseo Marítimo. Después tome la tercera calle a la derecha y a unos diez metros está el Banco de Bilbao.

2. **Ergänzen Sie mit „hay“, „ser“ oder „estar“:**

   1. Madrid .... una ciudad grande.
   2. Madrid .... en el centro de España.
   3. En Madrid .... mucha contaminación atmosférica (Umweltverschmutzung).
   4. En Madrid .... el Museo del Prado.
   5. El Museo del Prado .... uno de los museos más importantes de Europa.
   6. En el Museo del Prado .... más de 6.000 cuadros.
   7. En el Prado .... cuadros de pintores clásicos.
   8. "La maja desnuda", el cuadro más famoso de Goya, ... en el Prado. El cuadro "Guernica" de Picasso .... en el Museo Nacional Reina Sofía.
   9. Peter y Karl .... ahora en Madrid para aprender el idioma español.
   10. Peter y Karl van ahora a un bar. En el bar .... mucha gente.

3. **Lesen Sie zuerst folgende Sätze zur Gewöhnung an die Verlaufsform:**

¿Qué está haciendo el Sr. García?
Está escribiendo una postal.
El Sr. Sánchez se está levantando / está levantándose.
Mi madre me está llamando / está llamándome.
¿Qué están haciendo los señores?
Don Antonio está fumando.

El señor Suarez está hablando por teléfono.
Don Miguel se está duchando.
El Señor García está comiendo.
Pilar está esquiando.
¿Qué estás haciendo?
Estoy desayunando

Setzen Sie dann die Verben in Klammern in die Verlaufsform.

Beispiel: Mi jefe .... (hablar) por teléfono. → Mi jefe está hablando por teléfono.

1. Ignacio .... (levantarse).
2. Mis padres .... (desayunar).
3. Victoria .... (ducharse).
4. ¿Qué .... (hacer, tú)? .... (comer, yo)
5. ¿Qué .... (hacer, vosotros)? .... (escribir, nosotros) una carta.
6. ¿Qué .... (beber, Ud.)? .... (beber) vino.
7. Miguel .... (vivir) actualmente en Torrevieja.
8. Yo .... (lavarse).

4. **Stellen Sie sich gegenseitig folgende Fragen und antworten Sie nach dem Beispiel. Benutzen Sie immer die Verlaufsform.**

Beispiel: ¿Qué hace Esther? → ¿Qué está haciendo Esther?
Esther está escribiendo.

1. ¿Qué hace el profesor / la profesora?
2. ¿Qué hacen los alumnos?
3. ¿Qué lección estudiamos hoy?
4. ¿Qué libro usamos (benutzen)?
5. ¿Dónde trabajas / estudias ahora?

5. **Schauen Sie die Illustrationen an und antworten Sie in der Verlaufsform (estar + gerundio).**

¿Qué está haciendo el señor Sánchez?

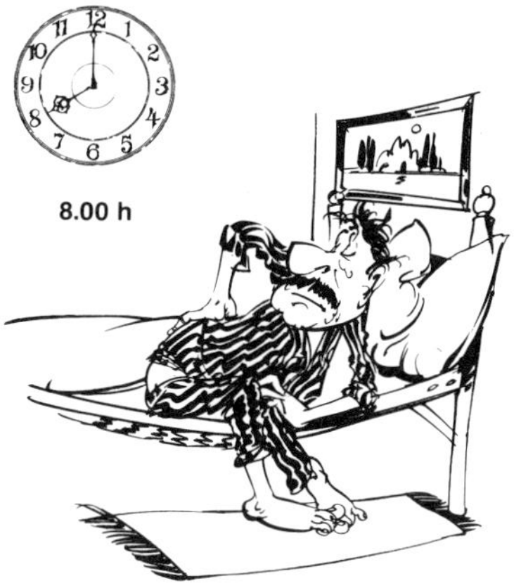

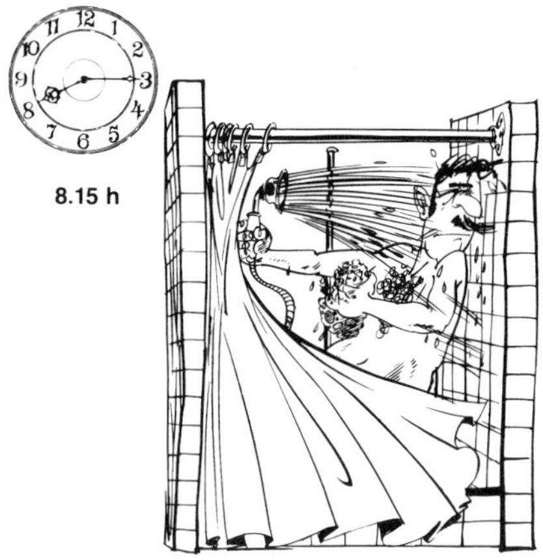

¿Qué está haciendo el señor dentro de la cabina?
¿Qué estan haciendo los señores que están fuera (draußen) de la cabina?

6. **Ergänzen Sie die Präposition „a", wenn es nötig ist (beachten Sie bitte: a + el = al):**

1. Tengo .... dos hermanos.
2. Voy a visitar .... mis padres.
3. Voy .... comprar .... un vestido (Kleid) nuevo.
4. No veo .... Pepita.
5. ¿Visitamos .... la ciudad?
6. ¿Conoces .... Daniel?
7. Saludo .... el profesor.
8. ¿Volvemos .... casa?
9. ¿Vamos .... el cine?
10. Vemos .... una película.

7. **Schreiben oder sagen Sie folgende Sätze auf spanisch:**

1. Gehst du gern tanzen? Nein, ich tanze nicht gern.
2. Gefällt Ihnen Dalí? Ja, er gefällt mir sehr.
3. Kochst du gern? Manchmal koche ich gern, manchmal gehe ich lieber ins Restaurant.
4. Diese Bilder gefallen uns nicht.
5. Ich trinke sehr gern Wein.
6. Magst du mich? Ja, ich mag dich.
7. Gefällt euch dieses Restaurant? Nein, es gefällt uns nicht sehr.
8. Gefallen Ihnen (Plural) die französische Weine? Ja, sie gefallen uns.

8. **Lesen Sie:**

554 libros, 123 cigarrillos, 654 periódicos, 555 botellas, 815 naranjas, 303 pesetas, 913 revistas, 776 coches, 215 trenes

9. **Hören Sie die Kassette 1 zum Lehrbuch weiter („Un chiste"); lesen Sie dann mehrmals den Text und schließen Sie die Bücher. Versuchen Sie nun, den Witz nachzuerzählen.**

Wiederholung zu den Lektionen 6 bis 10 — Repaso de las lecciones 6 – 10

1. **Stellen Sie Fragen zu folgenden Antworten:**

   1. Es la Sra. Isabel Pantoja.
   2. Es una cantante famosa.
   3. Hoy tiene un concierto en Sevilla.
   4. En Sevilla hace buen tiempo.
   5. Isabel Pantoja va a pasar tres días en Sevilla.
   6. Normalmente vive en Madrid.
   7. Hoy es domingo.
   8. El martes va a ir a Marbella.

2. **Versuchen Sie, diese Sätze auf spanisch zu sagen oder zu schreiben:**

   1. Wo kaufen Sie ein?
   2. Ich kaufe auf dem Markt ein.
   3. Geben Sie mir ein halbes Kilo Trauben, bitte.
   4. Wieviel kosten diese Birnen? 300 Peseten das Kilo.
   5. Ich hätte gern ein halbes Kilo.
   6. Möchten Sie noch etwas? Nein, danke. Nichts mehr.
   7. Wieviel macht das alles zusammen?
   8. Es macht 380 Peseten.
   9. Hier haben Sie 1000 Peseten.
   10. Hier haben Sie das Rückgeld.

3. **Setzen Sie „hay", „ser" oder „estar" ein:**

   1. En la escuela .... treinta alumnos.
   2. Los alumnos .... hoy en la escuela.
   3. En la clase .... diez mesas.
   4. Los libros .... en la mesa.
   5. ¿......... Ud. francés? No, ... italiano.
   6. Maribel y Carlota .... en Chile.
   7. China .... un país muy grande.
   8. ¿De dónde .... (vosotros)? .... de Paraguay.
   9. Tegucigalpa .... la capital de Honduras, ... una ciudad pequeña. .... en el sur de Honduras.
   10. Nicaragua .... situada al norte de Costa Rica.

4. **Setzen Sie die passende Form von „tener" ein:**

   1. ¿......... (tú) ganas de ir a bailar esta noche? No, no .... ganas.
   2. El Sr. Moral .... mucha prisa porque .... que estar en la oficina a las ocho.
   3. .... (nosotros) hambre y sed.
   4. ¿Cuántos años .... Ud.? .... 26 años.
   5. Los Sres. Márquez .... un coche nuevo.
   6. ¿Cuántos hijos .... Uds.?
   7. ¿............... (vosotros) mil pesetas?
   8. España .... unos cuarenta millones de habitantes.

5. **Versuchen Sie, diese Sätze auf spanisch zu sagen oder zu schreiben:**

1. Es ist zehn Uhr.
2. Sofía ist Lehrerin.
3. Mercedes ist sehr intelligent.
4. Wir fliegen morgen nach Panamá.
5. Wohin gehst du heute abend? Ich gehe in ein spanisches Restaurant.
6. Mein Bruder ist 22 Jahre alt.
7. Wir haben eine Katze.
8. Du hast recht. Das Essen ist nicht gut.
9. Mir ist kalt.
10. Weißt du was? Ich habe keine Lust mehr zu arbeiten.
11. Es mag sein.
12. Nein, es ist ausgeschlossen.
13. Ich kann nicht mehr.
14. Können Sie Spanisch? Ich kann fast gar nichts.
15. Ich tanze gern.

6. **Setzen Sie die Verben in die Verlaufsform.**

Beispiel: Rafael y Carmen bailan. → Rafael y Carmen están bailando.

1. El Sr. Vega habla por teléfono.
2. Don Antonio fuma en pipa.
3. El Sr. Cajal come paella.
4. Juan Carlos se levanta de la mesa.
5. Yo me ducho.
6. ¿Te bañas?
7. ¿Os laváis?
8. Nosotros hacemos los deberes.
9. Ellos pagan la cuenta.
10. ¿Qué hacéis? Damos un paseo.

7. **Ergänzen Sie die Präpositionen:**

1. Voy .... la estación. 2. Voy a buscar .... mi amigo. 3. .... mí puedes ir a la fiesta. 4. Empiezo .... trabajar .... las ocho. 5. Te llamo .... una hora. 6. Voy a invitar .... mis padres. 7. ¿Cuándo vas a ir .... la universidad? .... la tarde. 8. Este regalo es .... ti. 9. Julio entra .... el bar y se sienta .... una mesa. 10. Vengo .... vacaciones .... Cuba.

8. **Versuchen Sie, diese Sätze auf spanisch zu sagen oder zu schreiben:**

1. Eugenia wird mich morgen anrufen.
2. Darf ich Sie einladen?
3. Ich habe es gerade getan.
4. Geben Sie mir zwei Briefmarken zu 50 pesetas.
5. Sag ihr, daß ich keine Zeit habe.
6. Frag ihn, ob er morgen zum Fest kommt.
7. Ich erkläre euch die Grammatik.
8. Gib mir das Buch.
9. Ich gebe dir das Buch nicht.
10. Ich muß sie anrufen.

9. **Setzen Sie die passende Form von „ese" ein:**

1. .... idioma es muy difícil.
2. .... problema no tiene solución.
3. .... ama de casa cocina muy bien.
4. De .... ni hablar.
5. A .... de las ocho estoy en tu casa.
6. .... sí que no.
7. Estoy aquí por ....
8. .... tomates son muy caros.
9. .... mujer es muy elegante.
10. No voy a venir a .... hora.

10. **Versuchen Sie, diese Sätze auf spanisch zu sagen oder zu schreiben:**

1. Gefällt dir dieser Badeanzug?
2. Ja, er gefällt mir sehr.
3. Gefallen euch diese Maler?
4. Uns gefallen diese Maler nicht.
5. Gefällt Ihnen Dalí? Ja, sehr.
6. Was schmeckt dir besser, der Wein oder das Bier?
7. Der Wein schmeckt mir besser.
8. Was mir am besten gefällt, ist nichts zu tun.
9. Im Urlaub reise ich gern.
10. Ich höre gern Musik.

11. **Schreiben Sie, was Sie gern am Wochenende und / oder in Ihrer Freizeit tun.**

1. **Hören Sie zuerst die Kassette 1 zum Lehrbuch (Seite B, „¿Qué tiempo hace?“ – Diálogos 1 – 3) zweimal; lesen sie dann den Text mehrmals zu zweit. Lesen Sie danach die folgenden Dialoge 1 + 2:**

Diálogo 1

A: ¿Qué estación del año te gusta más?
B: Me gusta más la primavera.
A: ¿Por qué?
B: Porque hay muchas flores. ¿Y a ti?
A: El verano porque hace calor y puedo ir a la playa.

Fragen Sie sich gegenseitig, welche Jahreszeit oder welcher Monat, Tag der Woche Ihnen am besten gefällt.

Los días de la semana

lunes	Montag	viernes	Freitag
martes	Dienstag	sábado	Samstag
miércoles	Mittwoch	domingo	Sonntag
jueves	Donnerstag		

Los meses del año

enero	Januar	julio	Juli
febrero	Februar	agosto	August
marzo	März	septiembre	September
abril	April	octubre	Oktober
mayo	Mai	noviembre	November
junio	Juni	diciembre	Dezember

Las estaciones del año

la primavera	Frühling	el otoño	Herbst
el verano	Sommer	el invierno	Winter

Diálogo 2

A: ¿Cuándo es tu cumpleaños?
B: El 17 de octubre. ¿Y el tuyo?
A: El mío es el 3 de julio. ¿Eres Libra?
B: Sí, ¿y tú?
A: Yo soy Cáncer.

Nun versuchen Sie, das Gespräch mit eigenen Angaben zu spielen. Hier die verschiedenen Sternzeichen.

Signos del Zodiaco:

Aries	21 de marzo	– 20 de abril	Libra	23 de sept.	– 22 de octubre
Tauro	21 de abril	– 20 de mayo	Escorpión	23 de octubre	– 22 de noviembre
Géminis	21 de mayo	– 21 de junio	Sagitario	23 de noviembre	– 21 de diciembre
Cáncer	22 de junio	– 22 de julio	Capricornio	22 de diciembre	– 20 de enero
Leo	23 de julio	– 22 de agosto	Acuario	21 de enero	– 20 de febrero
Virgo	23 de agosto	– 22 de septiembre	Piscis	21 de febrero	– 20 de marzo

2. **Lesen Sie folgende Sätze laut:**

¿Qué tiempo hace en Alicante?
Hace buen tiempo. Hace 25 grados. Hace sol, pero hace un poco de viento.

¿Qué tiempo hace en Santiago de Compostela?
Hace frío. Hace 10 grados. Está lloviendo.

¿Qué tiempo hace en Madrid?
Hace mucho calor. Hace 35 grados. Hace sol.

¿Qué tiempo hace en Munich?
Hace mucho frío. Hace 2 grados bajo cero. Está nevando.

¿Qué tiempo hace en Londres?
Hace mal tiempo. Está nublado.

3. **Ergänzen Sie die Verben:**

1. .... frío.	3. .... lloviendo.	5. .... sol.	7. .... mal tiempo.
2. .... nublado.	4. .... aire.	6. .... nevando.	8. .... catorce grados.

4. **Fragen Sie sich gegenseitig und beantworten Sie die Fragen:**

Wie ist das Wetter heute?
Wie ist das Wetter an den verschiedenen Orten auf der folgenden Karte?

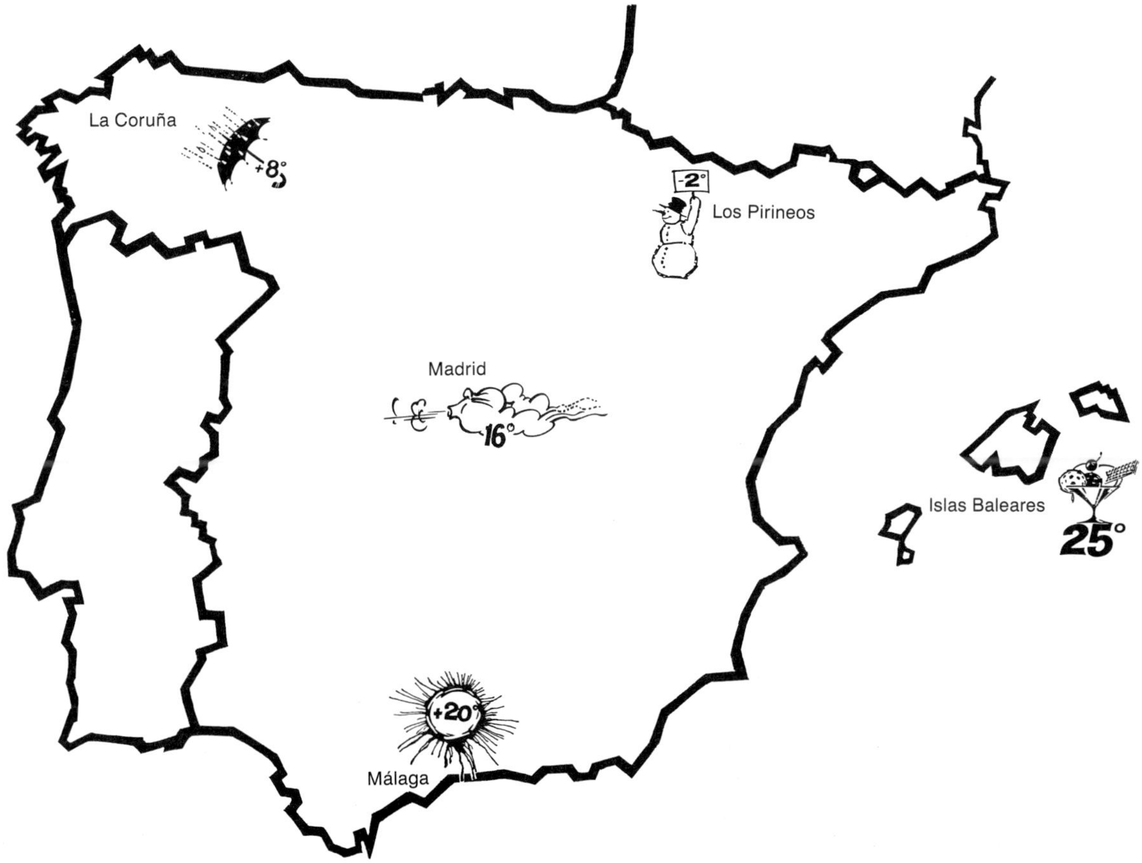

5. **Lesen Sie zuerst den Text:**

La primavera empieza el 21 de marzo. En primavera hace buen tiempo. A veces hace sol, a veces llueve.

Schreiben Sie jetzt ähnliche Sätze über:

– el verano – el otoño – el invierno

6. **Beantworten Sie folgende Fragen:**

1. ¿Cuántos días tiene una semana?
2. ¿Cuántos días tiene un año?
3. ¿Qué día/fecha es hoy?
4. ¿En qué año estamos?
5. ¿En qué estación del año estamos?
6. ¿Qué día de la semana tienes clases de español?
7. ¿Cuántos días tiene Febrero?
8. ¿Qué tiempo hace hoy?

7. **Lesen Sie zuerst folgende Texte:**

Los lunes siempre estoy muy cansada porque los domingos siempre me acuesto tarde. No me gusta trabajar y el tiempo pasa muy lentamente. Los lunes no cocino nunca. Como los restos del fin de semana. Me acuesto muy pronto.
El martes ya estoy mejor y después de trabajar voy al supermercado y compro comida para tres días. Por la tarde cocino. Ceno y después veo la televisión.
Los miércoles siempre voy a hacer deporte y después voy a la sauna. Me gusta mucho ir a la sauna. Por las noches ceno con mis amigos en un restaurante.
Los jueves voy casi siempre a bailar. Los viernes siempre salgo (salir – ausgehen). Unos días voy al cine, otros días voy a una fiesta o a un concierto.
Los sábados por la mañana voy a comprar para todo el fin de semana y limpio la casa. Por la tarde salgo con mis amigos. Vamos a cenar, a tomar unas copas y a bailar.
El domingo por la mañana me levanto tarde, desayuno con tranquilidad y por la tarde visito a mis padres.

Jetzt schreiben oder erzählen Sie, was Sie im allgemeinen tagsüber machen.
Fragen Sie auch eine andere Person, was diese macht.

Beispiel: ¿Qué haces normalmente los lunes/ martes/ miércoles ...etc.?

8. **Finden Sie mögliche Verbindungen und bilden Sie Sätze.**

Beispiel: En diciembre se celebran las Navidades.

agosto	nieva
enero	llueve
julio	carnaval
abril	vacaciones
mayo	mal tiempo
febrero	frío
septiembre	calor
marzo	playa
junio	viento
noviembre	sol
octubre	flores

9. **Finden Sie mögliche Verbindungen:**

pasear	calor
escuchar	libros
leer	música
nadar	nieve
esquiar	piscina
primavera	cine
película	flores
verano	frío
invierno	parque

10. **Hören Sie die Kassette 1 zum Lehrbuch weiter (Diálogo 4). Wiederholen Sie dies und lesen Sie dann den Text mehrmals; schließen Sie die Lehrbücher, stellen Sie sich gegenseitig folgende Fragen und beantworten Sie diese:**

1. ¿Dónde trabaja Ud.?
2. ¿Qué profesión (Beruf) tiene Ud.?
3. ¿Cuántas horas trabaja Ud. al día?
4. ¿Qué hace Ud. normalmente después del trabajo?
5. ¿Qué va a hacer el fin de semana?

11. **Hören Sie die Kassette wieder weiter (Diálogo 5 + 6); lesen Sie dann den Text mehrmals, schließen Sie die Lehrbücher und fragen Sie jemanden, ob bestimmte Dinge ihm gehören, per Du oder per Sie, wie Sie möchten.**

Beispiel: A: ¿Este libro es tuyo/suyo?
B: Sí, es mío./No, no es mío.

1. este bolso
2. esta mesa
3. estos cigarrillos
4. estas revistas

12. **Schreiben Sie jeweils das Datum.**

Beispiel: 4.10.1992 (el cuatro de octubre de 1992)

6.07.1840	17.12.1597
5.04.1750	12.10.1492
8.11.1668	21.05.1378

13. **Versuchen Sie, diese Sätze auf spanisch zu sagen oder zu schreiben:**

1. Wenn du morgen Lust hast, können wir ins Kino gehen.
2. Wenn das Wetter morgen schön ist, können wir spazieren gehen.
3. Wenn du willst, kannst du mir helfen.
4. Immer wenn Sara mich besucht, fühle ich mich gut.
5. Wenn Sie wollen, komme ich zu Ihnen (nach Hause).
6. Wenn es morgen schneit, gehe ich Skifahren.
7. Wenn ich dich besuche, bist du immer müde.
8. Wenn die Sonne scheint, gehe ich immer zum Strand.

14. **Schreiben Sie die Namen der Monate und Jahreszeiten auf.**

15. **Hörverständnisübung – Ejercicio de comprensión auditiva**

Hören Sie zuerst die Kassette „1 plus" zweimal; danach beantworten Sie, mündlich oder schriftlich, einige Fragen zum Text:

1. ¿Dónde está Guadalajara?
2. ¿A cuántos metros de altura está situada (liegt) Guadalajara?
3. ¿Qué clima tiene?
4. ¿Cómo es la vegetación?
5. ¿Cuánto tiempo dura la estación de las lluvias?
6. ¿Cuáles son los lugares de mayor interés turístico en Guadalajara?
7. ¿De qué estilo es la catedral de Guadalajara?
8. ¿Sabe Ud. que en España también hay una ciudad con el mismo nombre?

1. **Hören Sie die Kassette 1 zum Lehrbuch (Seite B, „El cumpleaños“) zweimal (einmal mit geöffnetem und einmal mit geschlossenem Lehrbuch); lesen Sie dann den Text mehrmals, schließen Sie die Bücher und beantworten Sie folgende Fragen zum Text:**

   1. ¿De quién es el cumpleaños hoy?
   2. ¿Cómo y dónde lo celebra (feiern)?
   3. ¿A qué hora empieza y termina la fiesta?
   4. ¿Por qué llega Teresa tarde a trabajar?
   5. ¿Cómo reacciona el jefe de Teresa?
   6. ¿Qué dice el jefe?
   7. ¿Qué dice Teresa?
   8. ¿Prefiere Teresa volver a casa a trabajar?
   9. ¿Qué pasa si tú llegas tarde a trabajar?
   10. ¿Cuándo es tu cumpleaños?
   11. ¿Cómo y dónde lo celebras (feiern)?
   12. ¿Te gusta celebrar con amigos tu cumpleaños?

2. **Ergänzen Sie die fehlenden Wörter:**

Hoy .... el cumpleaños de Teresa. Por la tarde .... una fiesta en su casa. La fiesta .... a las ocho de la tarde y termina a las tres de la madrugada. Se .... casi a las cuatro. Sólo .... dormir cuatro horas.

Al día siguiente .... una hora tarde a la oficina. El jefe .... muy enfadado.

Jefe: Señorita, ¿no .... que aquí se empieza a trabajar a las ocho de la mañana? Son casi las nueve. ¿Qué .... usted? ¿Cree que la oficina es un bar donde se puede entrar y .... a cualquier hora?

Teresa: ¡Lo .... mucho! Me .... un poco mal.

Jefe: ¿Se .... mal? ¿Está enferma? Sí, tiene mala cara. Está muy .... ¿Le .... un poco de agua?

Teresa: No, no .... falta. Ya me .... mejor.

Jefe: ¿No .... volver a casa y acostarse?

Teresa: No, creo que .... trabajar.

Jefe: ¡Si usted lo ....!

3. **Stellen Sie Fragen zu folgenden Sätzen:**

   1. Hoy es el cumpleaños de Teresa.
   2. Por la tarde da una fiesta en su casa.
   3. La fiesta empieza a las ocho de la tarde.
   4. La fiesta termina a las tres de la madrugada.
   5. Teresa se acuesta casi a las cuatro.
   6. Teresa sólo duerme cuatro horas.
   7. Al día siguiente Teresa llega una hora tarde a la oficina.
   8. El jefe de Teresa está muy enfadado.

4. **Hören Sie nun die Kassette 1 zum Lehrbuch (Seite B, „El cumpleaños" – Diálogos) zweimal (einmal mit geöffnetem und einmal mit geschlossenem Lehrbuch); lesen Sie dann den Text mehrmals, schließen Sie die Bücher und lesen Sie folgende Dialoge:**

Diálogo 1

A: ¿Qué piensas hacer en las vacaciones?
B: Pienso ir a Costa Rica.
A: ¿Cuánto tiempo piensas pasar allí?
B: Pienso pasar cuatro semanas allí.
A: ¿Piensas ir a la playa?
B: Sí, pero también pienso visitar el país.

Diálogo 2

A: ¿Qué piensa hacer usted esta tarde?
B: Pienso ir a una discoteca a bailar.
A: ¿A qué hora se acuesta Ud. normalmente?
B: Normalmente me acuesto a las 11 h de la noche, pero hoy me voy a acostar muy tarde.

Jetzt fragen Sie sich gegenseitig, per Du oder per Sie, was jeder vorhat:

- esta tarde / esta noche después de la clase
- mañana por la noche
- el próximo fin de semana
- las próximas vacaciones
- en Navidades
- el próximo semestre
- en verano

Lesen Sie:

Diálogo 3

A: ¿Te apetece ir esta tarde conmigo a una fiesta de unos amigos?
B: Sí, me apetece mucho.
A: ¿Te voy a buscar a las ocho?
B: No, prefiero un poco más tarde porque hoy tengo clases hasta las siete.

Jetzt versuchen Sie, das Gespräch mit eigenen Varianten zu spielen; benutzen Sie, wenn Sie möchten, folgende Vorschläge:

tener ganas de	ir a bailar
querer / apetecer	ir al teatro
	ir a patinar sobre hielo (Eiskunstlauf)
	ir a nadar a la piscina
	ir a la sauna
	ir a cenar a un buen restaurante
	ir a un concierto

Lesen Sie:

Diálogo 4

A: ¿A qué hora cierran las tiendas?
B: A la una y media.
A: ¿Y por la tarde?
B: A las ocho.

Nun fragen Sie sich gegenseitig, um wieviel Uhr in Spanien oder in Deutschland folgende Geschäfte öffnen oder schließen und beantworten Sie die Fragen:

- los bancos
- las tiendas de ropa (Bekleidungsgeschäfte)
- los grandes almacenes (die Kaufhäuser)
- las farmacias
- los supermercados
- el mercado
- la panadería (Bäckerei)

5. **Lernen Sie zuerst diese unregelmäßigen Verben im Präsens (Gruppenverben):**

Gruppe o → ue

acostarse		**poder**	**dormir**
me	acuesto	puedo	duermo
te	acuestas	puedes	duermes
se	acuesta	puede	duerme
nos	acostamos	podemos	dormimos
os	acostáis	podéis	dormís
se	acuestan	pueden	duermen

Gruppe e → ie

pensar	**entender**	**preferir**
pienso	entiendo	prefiero
piensas	entiendes	prefieres
piensa	entiende	prefiere
pensamos	entendemos	preferimos
pensáis	entendéis	preferís
piensan	entienden	prefieren

Dann stellen Sie sich gegenseitig Fragen mit folgenden Verben und beantworten Sie diese:

acostarse	zu Bett gehen	volver	zurückkommen
dormir	schlafen	encontrar(se)	(sich) treffen , sich fühlen
pensar	denken, vorhaben	querer	wollen, lieben (Personen)
preferir	vorziehen	cerrar	zumachen
entender	verstehen	sentir(se)	(sich) fühlen, bedauern

Beispiel: Schüler 1: ¿Cuántas horas duermes normalmente?
Schüler 2: Normalmente duermo ocho horas.

Andere unregelmäßige Verben sind:

hacer (machen):	hago, haces, hace, hacemos, hacéis, hacen
tener (haben):	tengo, tienes, tiene, tenemos, tenéis, tienen
decir (sagen):	digo, dices, dice, decimos, decís, dicen
saber (wissen, können):	sé, sabes, sabe, sabemos, sabéis, saben
dar (geben):	doy, das, da, damos, dais, dan
poner (setzen, legen, stellen):	pongo, pones, pone, ponemos, ponéis, ponen
venir (kommen):	vengo, vienes, viene, venimos, venís, vienen
traer (bringen):	traigo, traes, trae, traemos, traéis, traen

Schreiben Sie einige Sätze zur Übung dieser Verben.

Beispiele: Hoy no hago nada.
¿Hacemos los ejercicios juntos?
Tengo tres hermanos.

1. ______________________________
2. ______________________________
3. ______________________________
4. ______________________________
5. ______________________________
6. ______________________________
7. ______________________________
8. ______________________________

6. **Lesen Sie folgende Sätze zur Übung der verschiedenen Bedeutungen des Verbs „pensar“:**

¿(En) qué piensas?	(An) was denkst du?
No pienso (en) nada.	Ich denke (an) nichts.
Pienso siempre en ella.	Ich denke immer an sie.
Pienso que David no viene hoy.	Ich meine, daß David heute nicht kommt.
¿Qué piensas de/sobre Raquel.	Was ist deine Meinung über Raquel?
¿Qué piensas hacer en verano?	Was hast im Sommer vor?
Pienso ir a Perú.	Ich habe vor, nach Perú zu fahren.
¿Qué piensas hacer el sábado?	Was hast du am Samstag vor?
Pienso ir a bailar.	Ich habe vor, tanzen zu gehen.
¿Piensas decirle eso?	Hast du vor, ihr/ihm so etwas zu sagen?
Sí, pienso decírselo.	Ja, ich gedenke, es ihr/ihm zu sagen.
Siempre piensa mal.	Er/sie ist immer mißtrauisch/nimmt das Schlechteste an.

Jetzt schreiben Sie einige Sätze mit dem Verb „pensar“.

1. ____________________
2. ____________________
3. ____________________
4. ____________________
5. ____________________
6. ____________________
7. ____________________
8. ____________________

7. **Stellen Sie sich gegenseitig folgende Fragen und beantworten Sie diese:**

1. ¿A qué hora te levantas normalmente?
2. ¿Qué desayunas generalmente?
3. ¿A qué hora sales (salir – ausgehen) de casa?
4. ¿Trabajas o estudias?
5. ¿Vas a trabajar/estudiar en coche o en autobús?
6. ¿Cuánto tiempo tardas en llegar a tu trabajo/escuela/universidad?
7. ¿A qué hora empiezas a trabajar/empiezan las clases?
8. ¿A qué hora vuelves a casa?
9. ¿Dónde comes?
10. ¿Qué haces generalmente por la tarde?
11. ¿A qué hora te acuestas?
12. ¿Cuántas horas duermes normalmente?

8. **Lesen Sie folgenden Dialog:**

A: ¿A qué hora empieza la clase de español?
B: La clase empieza a las cinco.
A: ¿A qué hora termina?
B: Termina a las siete.

Jetzt spielen Sie zu zweit das Gespräch mit ihren eigenen Angaben.

9. **Bilden Sie Sätze nach dem folgenden Beispiel (Wiederholung der Possessivpronomen; Grammatik im Lehrbuch, Lektion 11):**

Este libro no es mío, sino (de él).
Este libro no es mío, sino (sondern) suyo.

1. Ese coche no es tuyo, sino (de nosotros).
2. Este reloj (Uhr) no es suyo, sino (de mí).
3. Esta casa no es nuestra, sino (de vosotros).
4. Esta bicicleta no es mía, sino (de ella).
5. Esta mesa no es nuestra, sino (de ellos).

10. **Setzen Sie „muy“ oder „mucho“ ein (Grammatik im Lehrbuch, Lektion 9):**

1. ¿Estás contenta? Sí, ...
2. Julio bebe .... cerveza.
3. Rodolfo es .... atractivo.
4. Tengo .... calor.
5. En primavera llueve ....
6. Me gusta .... Marta.
7. Este vino es .... caro.
8. Hace .... frío.
9. Hace .... buen tiempo.
10. Es .... tarde.

11. **Versuchen Sie, diese Sätze auf spanisch zu sagen oder zu schreiben:**

1. An was denkst du? Ich denke an dich.
2. Es tut mir leid.
3. Ich schlafe immer sehr schlecht.
4. Wann fangen Sie zu arbeiten an? Ich fange um 8 Uhr an.
5. Hast du vor, das Auto zu kaufen?
6. Ich weiß es noch nicht.
7. Ich fühle mich nicht gut. Darf ich nach Hause gehen?
8. Was wollen Sie? Ich will nichts.
9. Ich ziehe es vor, die Ferien am Meer zu verbringen.
10. Emillio kann nicht schlafen, weil er an Rosario denkt.

12. **Ergänzen Sie die Präpositionen:**

1. Creo que .... invierno voy .... ir .... Sierra Nevada .... esquiar.
2. Sierra Nevada está .... el sur .... España.
3. Si tengo bastante dinero voy .... ir .... avión.
4. Me parece que voy .... pensar mucho .... ti.
5. Ahora estamos .... el mes .... octubre.

13. **Hörverständnisübung – Ejercicio de comprensión auditiva**

Hören Sie zuerst die Kassette „1 plus“ zweimal; danach beantworten Sie, mündlich oder schriftlich, einige Fragen zum Text:

1. ¿Dónde está situada Lima?
2. ¿Cómo es la costa de Perú?
3. ¿Dónde se encuentran las montañas andinas en Perú?
4. ¿Quién es Francisco Pizarro?
5. ¿En qué año se funda Lima?
6. ¿Qué porcentaje de la población es de origen indígena en Lima?
7. ¿Es Lima una ciudad moderna?

1. **Hören Sie die Kassette 1 zum Lehrbuch (Seite B, „Las Navidades") zweimal (einmal mit geöffnetem und einmal mit geschlossenem Lehrbuch); lesen Sie dann den Text mehrmals, schließen Sie die Bücher und beantworten Sie folgende Fragen zum Text:**

   1. ¿Dónde están Juan y Peter?
   2. ¿Qué van a beber?
   3. ¿Qué va a hacer Peter en Navidades?
   4. ¿Cómo se celebra el día de Nochebuena en España?
   5. ¿Qué día se hacen los regalos en España?
   6. ¿Quién creen los niños que traen los regalos?
   7. ¿Qué tradiciones son típicas del día de Nochevieja en España?
   8. ¿Conoces un villancico español?
   9. ¿Hay diferencias con los villancicos alemanes?
   10. ¿Por qué crees que los villancicos españoles son muy alegres y con mucho ruido?

2. **Hören Sie noch einmal den Text; danach versuchen Sie, ohne Hilfe des Lehrbuches die fehlenden Wörter zu ergänzen:**

Juan y Peter .... en un bar. No quedan mesas libres y se .... en unos taburetes que .... delante de la barra.

Camarero: ¿Qué vais a tomar?

Juan: Para .... un cortado, por favor

Peter: Yo .... una caña.

Juan: ¿Vas a ir en Navidades .... Alemania?

Peter: No, no .... bastante dinero. Es la primera .... que no voy a .... las Navidades en mi casa. ¿Cómo se .... las Navidades en España?

Juan: El día de Nochebuena es muy familiar, pero es muy .... Se come y se .... muchísimo. También se cantan villancicos, pero no hay .... como en Alemania. Los regalos se hacen el día 6 de enero. Los niños ponen sus .... el día 5 por la noche en la terraza y creen que los Reyes Magos .... los regalos. El día 31 se llama Nochevieja y una .... típica española es tomar doce .... a las doce de la noche y .... con churros a las seis de la mañana, después de bailar toda la noche. Si ...., puedes pasar las Navidades con mi familia y conmigo y así ves .... se celebran.

Peter: Muchas gracias por la .... Estar solo en Navidades es muy ....

3. **Hören Sie die Kassette 1 zum Lehrbuch weiter (einmal mit geöffnetem und einmal mit geschlossenem Lehrbuch); lesen Sie dann den Text mehrmals, schließen Sie die Bücher und beantworten Sie folgende Fragen zum Text:**

   1. ¿Cómo ha pasado las vacaciones Juan?
   2. ¿Qué ha hecho Pilar en Navidades?
   3. ¿Cómo se lo ha pasado Pilar?

Jetzt fragen Sie sich gegenseitig, wie Sie Ihren letzten Urlaub verbracht haben.

4. **Hören Sie die Kassette 1 zum Lehrbuch (Seite B, „Diálogo 1“) zweimal (einmal mit geöffnetem und einmal mit geschlossenem Lehrbuch); lesen Sie dann den Text mehrmals, schließen Sie die Bücher und beantworten Sie folgende Fragen:**

   1. ¿Qué ha hecho Pilar hoy?
   2. ¿Qué ha hecho Ud. hoy?
   3. ¿Qué has hecho este año?
   4. ¿Qué has hecho esta semana?
   5. ¿Qué has hecho este mes?
   6. ¿Qué has hecho el último fin de semana?
   7. ¿Qué has hecho este semestre?

5. **Hören Sie die Kassette weiter („Diálogo 2“ – einmal mit geöffnetem und einmal mit geschlossenem Lehrbuch); lesen Sie dann den Text mehrmals, schließen Sie die Bücher und beantworten Sie folgende Fragen zum Text:**

   1. ¿Dónde ha estado Teresa esta tarde?
   2. ¿Qué película ha visto?
   3. ¿Le ha gustado?
   4. ¿Qué ha hecho Juan?
   5. ¿Cómo se lo ha pasado Juan en la fiesta?

6. **Hören Sie jetzt „Diálogo 3“ (einmal mit geöffnetem und einmal mit geschlossenem Lehrbuch); lesen Sie dann den Text mehrmals, schließen Sie die Bücher und versuchen Sie, diesen Dialog mit anderen Varianten („en verano, en primavera, en otoño“) frei zu spielen.**

7. **Hören Sie schließlich „Diálogo 4“ (einmal mit geöffnetem und einmal mit geschlossenem Lehrbuch); lesen Sie dann den Text mehrmals, schließen Sie die Bücher und beantworten Sie folgende Fragen zum Text:**

   1. ¿A quién ha invitado Pedro a comer?
   2. ¿Qué comida ha preparado Pedro?
   3. ¿Por qué no han podido ir a comer Carmen y su amigo?
   4. ¿Van a cenar juntos?

8. **Erzählen Sie, wie Sie Weihnachten bei ihrer Familie feiern und vergleichen Sie die Unterschiede mit dem Weihnachtsfest in Spanien.**

9. **Stellen Sie sich gegenseitig folgende Fragen und beantworten Sie diese frei. Sie können die Fragen bejahen oder verneinen, wie Sie wollen.**

   Beispiele: ¿Ha viajado Ud. alguna vez en avión?
   No, no he viajado nunca en avión. / Sí, he viajado varias veces en avión.

   ¿Dónde has pasado tus últimas vacaciones? He estado en ...

   1. ¿Ha llovido hoy?
   2. ¿Ha hecho frío hoy?
   3. ¿Has trabajado mucho hoy?
   4. ¿Has visto a tus padres hoy?
   5. ¿Has escrito alguna carta esta semana?
   6. ¿Has visto la televisión esta semana?
   7. ¿Qué programa te ha gustado más?
   8. ¿Cuándo has ido al cine la última vez?
   9. ¿Qué película has visto? ¿Te ha gustado?
   10. ¿Has recibido muchas cartas este mes?
   11. ¿Has visto hoy a tu jefe?
   12. ¿Qué has hecho esta mañana?
   13. ¿Has hecho deporte esta semana?
   14. ¿Ha nevado este invierno?
   15. ¿Has escuchado las noticias hoy?
   16. ¿Cuál ha sido la más interesante / importante?

10. **Beantworten Sie folgende Fragen nach dem Beispiel:**

¿Por qué no ha venido Luis a la fiesta? / tener que quedarse en casa
Porque ha tenido que quedarse en casa para ayudar a su madre.

1. ¿Por qué no has ido a la playa esta mañana? / hacer mal tiempo
2. ¿Por qué te han hecho tantos regalos? / ser mi cumpleaños esta semana
3. ¿Por qué no me has visitado esta tarde? / tener que trabajar
4. ¿Por qué se ha ido Marcos? / cansarse de esperar
5. ¿Ha llegado Inés? / sí, volver hace un cuarto de hora
6. ¿Has hecho los deberes? / no poder hacerlos todos
7. ¿Has salido hoy? / no, quedarse en casa
8. ¿Por qué no me has llamado? / estar ocupado (beschäftig)
9. ¿Por qué no me has escrito? / perder (verlieren) tu dirección
10. ¿Por qué no has ido a la universidad esta mañana? / quedarse dormido (verschlafen haben).

11. **Setzen Sie die richtigen Verbformen (Perfekt) ein:**

1. Mis padres .... (volver) muy contentos de su viaje por Europa.
2. Lo .... (hacer, él) para ayudarnos.
3. Lo .... (decir, ellos) para molestarnos (stören).
4. Esto .... (ser, impersonal) maravilloso.
5. Todavía no nos .... (escribir, ella).
6. No la .... (ver, ella) desde ayer.
7. ¿Todavía no .... (acostarse, vosotros)?
8. ¿Ya .... (abrir) las tiendas?
9. ¿Quién .... (poner) la mesa hoy?
10. ¿Quién .... (romper) esta copa?

12. **Hörverständnisübung – Ejercicio de comprensión auditiva**

Hören Sie zuerst die Kassette „1 plus" zweimal; danach beantworten Sie, mündlich oder schriftlich, einige Fragen zum Text:

1. ¿Cuándo terminan las Navidades en España?
2. ¿Qué día reciben regalos los niños españoles en Navidades?
3. ¿Quién trae los regalos a los niños?
4. ¿Qué hacen los niños para pedir sus regalos a los Reyes Magos?
5. ¿Cuándo se celebran las cabalgatas (Umzug) de Reyes en España?
6. ¿Cuál es el origen del árbol de Navidad?
7. ¿Es corriente poner un árbol de Navidad en España?
8. ¿Desde cuándo es un hecho popular?
9. ¿Qué es un nacimiento (Krippe)?
10. ¿En Alemania también se ponen nacimientos?

1. **Hören Sie die Kassette 1 zum Lehrbuch (Seite B, „Una llamada telefónica") zweimal (einmal mit geöffnetem und einmal mit geschlossenem Lehrbuch); lesen Sie dann den Text mehrmals, schließen die Bücher und beantworten Sie folgende Fragen zum Text:**

   1. ¿Quién llama a Pilar?
   2. ¿Quién contesta el teléfono?
   3. ¿Qué se dice en España cuando se contesta el teléfono?
   4. ¿Sobre qué hablan Juan y Pilar?
   5. ¿Por qué dan Peter y Karl una fiesta de despedida?
   6. ¿Les ha gustado a Peter y a Karl vivir en España?
   7. ¿Han invitado Peter y Karl a Pilar a ir a Alemania en verano?
   8. ¿Han invitado también a Juan?

2. **Ergänzen Sie die fehlenden Wörter:**

madre de Pilar: ¡Dígame!

Juan: ¿ .... Pilar, por favor?

madre: ¿De parte de ....?

Juan: De Juan.

madre: Un momento, por favor. Pilar, es para ....

Pilar: ¿Sí?

Juan: ¡Hola, Pilar! .... Juan ¿Has .... ya con Peter y Karl?

Pilar: Sí, ... he visto esta mañana en la Universidad y me han .... que dan una fiesta de despedida el sábado porque la semana próxima .... a Alemania. También me .... invitado a ir a su casa en verano.

Juan: A mí también .... han ...., pero el viaje es muy caro y no sé .... voy a poder ir. ¿Y tú?

Pilar: No lo sé .... ¿Crees que les .... vivir aquí? Me ha parecido que tienen muchas .... de volver a Alemania.

Juan: Después de vivir aquí 8 meses es lógico, pero .... me han dicho que ha .... una experiencia muy interesante para ellos y que han .... español. Han .... muchos lugares y han .... a mucha gente.

Pilar: Juan, tengo .... terminar porque mi madre me está .... para comer. ¿Nos vemos el sábado en la fiesta?

Juan: Si quieres te voy a .... a las 7 h.

Pilar: Me .... muy bien. ¡Hasta el sábado!

Juan: ¡Adiós!

3. **Bilden Sie Sätze nach dem weiter unten folgenden Beispiel.**

	hacer deporte	leer	ver T.V.	bailar	escuchar música
Elvira	sí	sí	no	no	sí
yo	sí	no	no	sí	no
Raúl y Luis	sí	no	sí	no	sí
José y yo	no	sí	no	sí	sí
vosotros	no	no	sí	no	sí
mis padres	no	sí	sí	no	no
tú	sí	no	sí	sí	no

Beispiel: A Elvira le gusta hacer deporte, leer y escuchar música; no le gusta ver la televisión. Tampoco le gusta bailar.

Beachten Sie bitte das (redundante) Personalpronomen („a mí me ...").

1. A mí ....
2. A Raúl y a Luis ....
3. A José y a mí ....
4. A vosotros ....
5. A mis padres ....
6. A ti ....

4. **Lesen Sie folgende Sätze:**

1. ¿Qué te/le gusta más, el té o el café? Me gusta más el café (que el té).
2. ¿Qué prefieres, el vino o la cerveza? Prefiero el vino (a la cerveza).
3. ¿Qué prefiere usted, la música clásica o la moderna? Me da lo mismo, no tengo preferencias.

Beachten Sie bitte: prefiero = me gusta más

Beachten Sie auch, daß nach „preferir", wenn nötig, die Präposition **„a"** folgt:

Prefiero el vino **a** la cerveza.

Jetzt stellen Sie sich gegenseitig Fragen mit „preferir" oder „gustar más", abwechselnd, per Du oder per Sie, und beantworten Sie diese:

el mar – la montaña
nadar – esquiar
el cine – la televisión
el tabaco negro – el tabaco rubio
cocinar – comer en un restaurante
quedarse en casa – salir
leer – escuchar música
bailar – hacer deporte

5. **Benutzen Sie „preferir“ anstatt „gustar“.**

Beispiel: A mí me gusta más el café que el té. → Prefiero el café al té.

1. ¿A ti te gusta más el tabaco negro que el rubio?
2. A mis padres les gusta más la música clásica que la moderna.
3. A mi hermano le gusta más el mar que la montaña.
4. A Rubén le gusta más la comida italiana que la española.
5. A Emilia le gustan más los pintores modernos que los clásicos.

Jetzt benutzen Sie „gustar más“ anstatt „preferir“.

Beispiel: Nosotros preferimos esquiar. → A nosotros nos gusta más esquiar.

1. Ellos prefieren la natación.
2. Adela prefiere la comida china.
3. ¿Tú prefieres ir en coche o en avión?
4. ¿Preferís pasear por la ciudad o por el bosque (Wald)?
5. Raquel prefiere los chicos morenos (dunkelhaarig).

6. **Ergänzen Sie die verbundenen Personalpronomen (Grammatik im Lehrbuch).**

Beispiel: A mí .... gusta viajar. → A mí me gusta viajar.

1. A nosotros .... gusta pasar las vacaciones en España.
2. A mi amiga no .... gusta el fútbol.
3. ¿A vosotros .... gustan los toros?
4. ¿A ti no .... gusta Picasso?
5. A él no .... gustan las mujeres rubias.
6. A ella no .... gustan los hombres machistas.
7. ¿A Ud. .... gusta el mar?
8. ¿A Uds. .... gustan estos cuadros?

7. **Lesen Sie zuerst folgenden Text:**

A mí me gusta escuchar música clásica, leer un buen libro y hacer deporte. Mi deporte favorito es el baloncesto. A mi amiga no le gusta la música clásica. Ella prefiere ir a bailar. Le gusta bailar samba, salsa o música africana. Yo no sé bailar y no me gusta absolutamente nada bailar. Siempre tenemos problemas por eso. Yo prefiero quedarme en casa y ella siempre quiere ir a bailar. A mi amiga le gusta jugar al tenis. A veces jugamos juntos, pero a mí me gusta más jugar al baloncesto o al fútbol. A mis padres no les gusta hacer nada los fines de semana. Se pasan todo el fin de semana delante de la "caja tonta" (televisión). No comprendo cómo les puede gustar estar diez horas diarias viendo la tele. Como (weil) en la televisión española no hay muchos programas buenos, ellos alquilan vídeos y hay sábados que ven cuatro películas, una detrás de otra.

Jetzt schreiben Sie, was Sie und/oder Ihre Freunde oder Familie gern tun.

8. **Lesen Sie folgende Beispiele:**

A mí me gusta bailar.
A mí también. / A mí no.

A mí no me gusta trabajar.
A mí tampoco. / A mí sí.

Dann bilden Sie ähnliche Beispiele zu zweit oder zu dritt. Wählen Sie, wenn Sie möchten, zwischen folgenden Verben:

- hacer deporte
- estudiar
- viajar
- levantarse temprano / tarde
- comer en un buen restaurante
- salir de noche
- ir a una corrida de toros
- ir a ver un partido de fútbol
- ir al cine / al teatro / a un concierto
- esquiar
- bailar
- ir a la sauna
- cocinar

9. **Lesen Sie folgendes Telefongespräch:**

Víctor: ¡Dígame!
Rubén: ¿Está Rosa, por favor?
Víctor: ¿De parte de quién?
Víctor: De Rubén. Soy un compañero de clase.
Rubén: Un momento, por favor. Tengo que mirar si mi hermana está en su habitación. No sé si ha salido. Rosa, te llaman por teléfono.
Rosa: ¿Quién es?
Víctor: Un compañero tuyo de clase, pero no he entendido muy bien el nombre.
Rosa: ¿Diga?
Rubén: ¡Hola, Rosa! Soy Rubén. Te llamo para invitarte el sábado a una fiesta de cumpleaños que damos en mi casa.
Rosa: ¿Es tu cumpleaños?
Rubén: No, es el cumpleaños de mi hermana. ¿Tienes ganas de venir?
Rosa: Sí, claro. ¿Tengo que llevar algo o ayudaros a preparar la comida?
Rubén: Si tienes tiempo, puedes venir a las cinco para ayudarnos un poco. Si quieres te voy a buscar a las cuatro y media a tu casa.
Pilar: Me parece muy bien. ¡Hasta el sábado!
Juan: ¡Adiós!

Versuchen Sie dann, ein anderes Telefongespräch zu schreiben oder spielen Sie im Unterricht ein Telefongespräch. Laden Sie jemanden ein:

- a una fiesta
- a ir al cine / al teatro / a un concierto
- a visitar un museo / una exposición (Ausstellung)
- a comer / cenar en su casa o en un restaurante
- a ir a bailar

10. **Bilden Sie einige Sätze mit folgenden Adverbien:**

aquí	hier	allí/ahí	dort
muchas veces	oft	a veces	manchmal
siempre	immer	nunca	nie
todavía (no)	noch (nicht)	ya	schon
ya no	nicht mehr	también	auch
tampoco	auch nicht	pronto	bald
tarde	spät	temprano	früh
ahora	jetzt	sólo	nur
quizá(s)	vielleicht	bastante	ziemlich
apenas	kaum	casi	fast
demasiado	zu viel, zu (+ Adjektiv)		

Beispiele: Aquí hace frío. Voy muchas veces a bailar.
Ya no puedo más. Yo no sé tampoco jugar al tenis.

1. ______________________________
2. ______________________________
3. ______________________________
4. ______________________________
5. ______________________________
6. ______________________________
7. ______________________________
8. ______________________________
9. ______________________________
10. ______________________________

11. **Setzen Sie die Verben in den Klammern im Perfekt ein (Grammatik im Lehrbuch, Lektion 13):**

1. ¿Qué .... (decir) el presidente en el discurso de hoy?
2. Todavía no me .... (escribir) mi madre.
3. Hoy .... (ir, yo) al médico. Me .... (recetar – verschreiben) unas medicinas muy caras y ya me las .... (tomar).
4. Esa película ya la .... (ver).
5. Hoy .... (ponerse) muy nerviosa en el examen.
6. Diego todavía no .... (volver).
7. El Sr. Saavedra .... (morirse) esta mañana.
8. ¿Quién .... (abrir) la ventana? Hace mucho frío.
9. Esta semana .... (hacer, nosotros) una excursión.
10. ¿Quién .... (romper) este vaso?

12. **Versuchen Sie, diese Sätze auf spanisch zu sagen oder zu schreiben:**

1. Heute habe ich viel gearbeitet.
2. Ich bin spät nach Hause gekommen.
3. Am Abend bin ich zu Hause geblieben.
4. Ich habe eine Übersetzung gemacht.
5. Dann habe ich einen Spaziergang gemacht.
6. Dann bin ich zurück nach Hause gekommen.
7. Danach habe ich Radio gehört.
8. Um zwölf Uhr bin ich ins Bett gegangen.

13. **Lesen Sie:**

2.558 dólares, 7.555 pesetas, 6.515 francos, 8.305 marcos, 5.721 libras,

Carlos I, Felipe III, Alfonso X, Enrique VIII, Luis XV, Carlos IV

14. **Hörverständnisübung – Ejercicio de comprensión auditiva**

Hören Sie zuerst zweimal die Kassette „1 plus“ und beantworten Sie danach folgende Fragen:

1. ¿Dónde viven Rebeca y Jesús?
2. ¿De qué se conocen Rebeca y Jesús?
3. ¿Jesús conoce ya Barcelona o es la primera vez que está en la ciudad?
4. ¿Por qué está cansado Jesús cuando se encuentra con Rebeca?
5. ¿Le gusta a Jesús Barcelona?
6. ¿Qué es lo que más le gusta de la ciudad?
7. ¿Dónde le gustaría más vivir a Jesús, en Barcelona o en su pueblo?
8. ¿Qué cosas le gustan de Barcelona y qué cosas le gustan de su pueblo?

1. **Hören Sie die Kassette 1 zum Lehrbuch (Seite B, „Una carta") zweimal (einmal mit geöffnetem und einmal mit geschlossenem Lehrbuch); lesen Sie dann den Text mehrmals, schließen Sie die Bücher und beantworten Sie folgende Fragen zum Text:**

   1. ¿Dónde vive el Sr. Müller?
   2. ¿Adónde va a ir la semana próxima?
   3. ¿A quién escribe una carta?
   4. ¿Qué día llegará a Madrid?
   5. ¿Cómo irá allí?
   6. ¿A qué hora llegará el avión al aeropuerto de Barajas de Madrid?
   7. ¿Dónde vivirá en Madrid?
   8. ¿Quién ha reservado una habitación en el hotel para el Sr. Müller?
   9. ¿Qué ciudad le gustaría visitar al Sr. Müller?
   10. ¿Cómo se despide (verabschiedet) en la carta?

2. **Ergänzen Sie die fehlenden Wörter:**

El Sr. Müller vive en Colonia. La semana próxima tiene que ir a Madrid en viaje de .... Quiere aprovechar la .... para visitar a sus amigos españoles y .... escribe una carta.

Colonia, 23 de enero de 1986

Queridos amigos:

Tengo que ir unos días a Madrid por mi trabajo y he tomado unos días más de vacaciones para estar con .... y visitar los .... de Madrid. .... el día 2 de febrero. .... en avión. El avión .... al aeropuerto de Barajas a las 17:30 h. La empresa donde trabajo ya ha .... una habitación en el Hotel Victoria, que creo no está muy lejos de .... casa. Os .... nada más llegar. Un fin de semana me .... visitar Toledo. Me .... que es una ciudad muy bonita e interesante y todavía no he .... allí. ¿Os gustaría acompañarme? Me .... mucho. Un abrazo y .... a los niños. Un saludo muy .... de mi familia.

Tomas Müller.

3. **Hören Sie die Kassette 1 zum Lehrbuch (Seite B, „En el hotel") wieder zweimal; lesen Sie dann den Text mehrmals, schließen Sie die Lehrbücher und beantworten Sie folgende Fragen zum Text:**

   1. ¿Qué tipo de habitación ha reservado el Sr. Müller?
   2. ¿Cuántos días va quedarse en el hotel?
   3. ¿Quiere la habitación con media pensión o con pensión completa?
   4. ¿Qué quiere visitar en Madrid?
   5. ¿En qué piso está la habitación?
   6. ¿Dónde está el ascensor?
   7. ¿A qué hora es el desayuno en el hotel?
   8. ¿A qué hora quiere levantarse el Sr. Müller?

4. **Lesen Sie nun den folgenden Dialog:**

En un hotel

Sra. Torre: Buenas tardes. He reservado una habitación hace unos días.
Recepcionista: ¿A nombre de quién, por favor?
Sra. Torre: A nombre de la Sra. Torre.
Recepcionista: ¿Es una habitación individual?
Sra. Torre: No, es una habitación doble con baño. Mi marido llegará mañana.
Recepcionista: Sí, señora. Hay una reserva para 7 días con pensión completa.
Sra. Torre: Nos queremos quedar una semana más, pero la segunda semana nos gustaría tener la habitación con media pensión ya que queremos visitar los alrededores. ¿Sería posible?
Recepcionista: Sí, señora. No hay ningún problema. Aquí tiene la llave de su habitación. Es la habitación número 255. Está en el segundo piso. El ascensor está al fondo a la izquierda. ¿Me puede dar su documento de identidad, por favor?
Sra. Torre: Sí, tenga.
Recepcionista: Y también tiene que rellenar esta ficha y firmar (unterschreiben) aquí.
Sra. Torre: ¿A qué hora es el desayuno, por favor?
Recepcionista: De 8 a 10.
Sra. Torre: ¿Me podría llamar mañana a las ocho y media?
Recepcionista: Con mucho gusto.

Jetzt spielen Sie ein ähnliches Gespräch mit eigenen Worten.

5. **Hören Sie die Kassette weiter (einmal mit geöffnetem und einmal mit geschlossenem Lehrbuch); lesen Sie dann den Text mehrmals, schließen Sie die Bücher und versuchen Sie eine Nacherzählung zu machen.**

6. **Lesen Sie:**

Mañana la Srta. Aragón se levantará temprano, se duchará y se vestirá. Desayunará a las ocho y a las ocho y cuarto saldrá de casa para ir a trabajar. Tomará el autobús número 15 en dirección al centro. Llegará al trabajo a las nueve menos cinco y se pondrá a trabajar a las nueve. A las dos irá a comer a un restaurante y después volverá al trabajo. Acabará de trabajar a las cinco de la tarde y se irá a casa. Allí esperará a su novio para salir. Irán a cenar a un restaurante y después irán al cine.

Jetzt schreiben oder sagen Sie, was Sie morgen oder am Wochenende machen werden (verwenden Sie bitte immer die Zukunft).

7. **Beantworten Sie mit den angebotenen Verben folgende Fragen:**

[Ein(e) Schüler(in) A stellt an den/die Schüler(in) B die erste Frage, B antwortet und stellt die zweite Frage an C, und so weiter].

1. ¿Qué hará en sus próximas vacaciones?
2. ¿Qué hará en verano?
3. ¿Qué hará el día de Nochebuena (Heilige Abend)?
4. ¿Qué hará el día de Nochevieja (Silvester)?
5. ¿Qué hará el día de su boda (Hochzeit)?
6. ¿Qué hará el día de su próximo cumpleaños?

Wählen Sie zwischen folgenden Verben:

viajar, visitar, quedarse en casa, estudiar, ver la televisión, salir al campo, pasear, bailar, comer en un buen restaurante, levantarse tarde / pronto, poner un árbol de navidad, hacer deporte, patinar, ir a la sauna, nadar, tomar el sol, ir a la playa, caminar por el bosque, leer, hacer una fiesta, no hacer nada

8. **Setzen Sie die richtigen Verbformen (Konditional) ein.**

Beispiel: En una situación así yo no .... (hacer) eso.
En una situación así yo no haría eso.

En una situación así:

1. Nosotros .... (tener) más paciencia (Geduld).
2. Yo lo .... (pensar) más.
3. Tú .... (ir) a verle, ¿no?
4. Ud. .... (hablar) con él, ¿verdad?
5. Vosotros .... (venir) a visitarnos.
6. .... (haber) que reaccionar más rápidamente.
7. Uds. .... (tener) que tener más cuidado.
8. Ellos no .... (salir).
9. Yo no .... (saber) qué hacer.
10. Yo no .... (poder) tomar una decisión.

9. **Bilden Sie Sätze nach dem Beispiel:**

Quiero **ser** médico. → Seré médico.
¿Queréis **cocinar**? → ¿Cocinaréis?

1. Ruth quiere **ser** periodista.
2. ¿Queréis **venir** con nosotros?
3. Queremos **hacerlo** juntos.
4. Quieren **volver** pronto.
5. Silvia quiere **hacer** un viaje.
6. Cristián quiere **tener** más dinero.
7. Queremos **decir** la verdad.
8. Quiero **saber** la verdad.
9. Patricia y David quieren **ir** a bailar.
10. Hoy queremos **salir**.

10. **Lesen Sie folgenden Dialog (Wiederholung von Perfekt und Personalpronomen; Grammatik im Lehrbuch, Lektion 8 und Lektion 13):**

¿Qué le ha pasado a Edith?
Ha tenido un accidente (Unfall).
¿Ya has ido al hospital a verla?
No, no la he visto todavía. / Sí, acabo de visitarla. / Sí, está mejor.

Jetzt spielen Sie das Gespräch zu zweit mit folgenden Varianten:

1. Andrés / caerse de la moto (vom Motorrad herunterfallen) / **no**
2. Marcelo / tener un accidente esquiando / **sí**
3. Magdalena / acabar de tener un hijo / **no**
4. Fernando / acabar de operarlo / **sí**
5. Eulalia / romperse una pierna (sich ein Bein brechen) / **está mejor**

11. **Lesen Sie zuerst folgenden Brief:**

Stuttgart, 23 de noviembre de 1992

Querida Claudia:

Tengo que ir unos días a Madrid por mi trabajo y he pensado aprovechar la ocasión para pasar las Navidades con mi familia y contigo y descansar un poco.

Llegaré el día 12 de diciembre. Iré en avión. El avión llegará al aeropuerto de Barajas a las 20:45 h. ¿Me podrías ir a esperar? Ya sabes que a mi padre lo acaban operar y todavía no se encuentra muy bien.

Seguramente viviré en casa de mi padre, pero si tienes ganas me gustaría viajar unos días contigo y visitar Toledo que es una ciudad que me fascina. Incluso (sogar) podríamos ir a Andalucía. En Málaga seguro que todavía hace buen tiempo, sobre todo comparado con este frío tan horrible de Alemania.

Te llamaré nada más llegar. Escríbeme rápidamente si necesitas algo de aquí.

Te recuerdo con gran cariño. Un beso y hasta pronto, Esther.

Dann versuchen Sie, einen Brief auf spanisch mit eigenen Worten zu schreiben. Fragen Sie den/die Lehrer(in), wenn Sie Hilfe brauchen.

Anredeformen beim Brief:

Querido, -a	Lieber, Liebe
Estimado, -a	Geschätzter, Geschätzte
Distinguido Sr. X: ...	Sehr geehrter Herr X ...
Muy Sr. mío:	Sehr geehrter Herr (Wenn der Name nicht bekannt ist oder nicht genannt wird)

Abschiedsformen beim Brief:

Besos y abrazos	Küsse und Umarmungen
Con todo mi cariño/amor	in Liebe (mit meiner ganzen Liebe)
Saludos (muy cordiales)	(Herzliche) Grüße
Atentamente	Hochachtungsvoll
Le saluda atentamente	Mit freundlichen Grüßen

12. **Erklären Sie den Unterschied zwischen:**

1. Me gusta bailar.	Me gustaría ir a bailar
2. En clase hay 20 alumnos.	En clase habrá 20 alumnos.
3. Claudio llega a las diez.	Claudio llegará a las diez.

13. **Imagínese (Stellen Sie sich vor) que usted es el Presidente del Gobierno de su país durante un año. ¿Qué haría Ud.?**

Wählen Sie, wenn Sie wollen, zwischen den folgenden Verben:

- dar más/menos dinero para la educación e investigación
- bajar/subir los impuestos
- invertir más/menos dinero en armas y bombas atómicas
- ayudar más/menos a los asilados políticos
- ayudar más a los países del Tercer Mundo

14. **Wenn Sie der/die Lehrer(in) im Spanisch-Unterricht wären, was würden Sie anders oder besser machen? ¿Qué haría usted?**

Wählen Sie, wenn Sie wollen, zwischen den folgenden Verben; antworten Sie im Konditional:

- explicar más/menos gramática
- hacer más/menos conversación
- hacer más/menos ejercicios
- motivar más a los alumnos
- ser más/menos exigente (anspruchsvoll/streng)
- salir después de la clase con los alumnos

15. **Was würden Sie machen, wenn Sie so viel Geld hätten, daß Sie alle Ihre Träume erfüllen könnten?**

- no trabajar más
- continuar la vida normal
- viajar
- ayudar a los pobres
- comprar un coche/una casa
- regalar algo a alguien
- crear puestos de trabajo construyendo una fábrica
- especular con la bolsa para ganar más dinero
- irse a una isla desierta (eine einsame Insel)
- invertir el dinero y vivir de los intereses (Zinsen)

16. **Lesen Sie laut, um die Zahlen zu üben:**

En Hispanoamérica hay grandes ciudades. El país que más población tiene es Méjico, con 75.567.000 habitantes. La capital de Méjico es la Ciudad de Méjico con más de 20 millones de habitantes. España tiene unos 40 millones de habitantes y Argentina tiene más de 30 millones. Colombia, a pesar de su pequeña extensión, tiene 26.526.000 habitantes y sin embargo Perú, que es mucho más grande, sólo tiene unos 22 millones; su capital, Lima, tiene más de 8 millones. Los países que menos habitantes tienen son Uruguay y Paraguay, con aproximadamente unos 3 millones.

17. **Bilden Sie Sätze nach dem folgenden Beispiel:**

He tenido que pagar la factura. → La he tenido que pagar.

1. Tendrías que visitar a Angel.
2. Podrías comprar esa casa.
3. No voy a invitar a Eulalia a mi cumpleaños.
4. Ya he escuchado las noticias.
5. No conozco tu país.
6. No puedo comprender el problema.
7. Tengo que hacer los ejercicios.
8. Acabo de ver a Julia.

18. **Ergänzen Sie die Präpositionen:**

1. ¿Vamos .... autobús o .... pie?
2. ¿Cuánto cuesta un sello .... una carta .... Inglaterra?
3. ¿Cuándo has llegado .... Madrid de Sevilla?
4. Deseo una habitación .... una semana.
5. Estamos .... 15 .... octubre .... 1992.
6. No tengo ganas .... hacer nada.

19. **Lesen Sie folgenden Dialog:**

B: ¿Adónde te gustaría ir este verano de vacaciones?
A: A mí me gustaría ir a Venezuela. ¿Y a ti?
B: A mí me gustaría más ir a Perú.

Jetzt fragen Sie sich gegenseitig, was Sie gern im Sommer/im nächsten Urlaub machen würden.

20. **Bilden Sie Sätze nach den Beispielen (Wiederholung von Perfekt; Grammatik im Lehrbuch, Lektion 13).**

Beispiele: leer – libro – tú
¿Ya has leído el/este libro?
Sí, ya lo he leído./No, no lo he leído todavía.

ducharse – Ud.
¿Ya se ha duchado Ud.?
Sí, ya me he duchado./No, no me he duchado todavía.

1. ver – esta película – Ud.
2. escribir – las cartas – José
3. poner – la mesa – tú
4. hacer – las maletas – vosotros
5. explicar – los verbos irregulares – el profesor
6. romper – la copa – tú
7. devolver – el diccionario – Ud.
8. comer – la paella – vosotros
9. traducir – el documento – la Sra. Trigueros
10. acostarse – los niños

21. **Hörverständnisübung – Ejercicio de comprensión auditiva.**

Hören Sie zuerst zweimal die Kassette „1 plus“ und beantworten Sie danach folgende Fragen über den Textinhalt:

1. ¿Adónde quiere ir Teresa?
   – al cine
   – a una fiesta
   – a bailar

2. ¿Adónde quiere ir Marcos hoy?
   – a una fiesta de cumpleaños de una amiga
   – a un restaurante
   – a una discoteca
   – a un club

3. El lugar a donde van a ir está:
   – lejos/cerca de Madrid
   – en el centro

4. ¿A qué hora quedan?
   – a las siete
   – a las ocho

5. ¿Dónde van a cenar?
   – en casa
   – en un restaurante

Wiederholung zu den Lektionen 11 bis 15 — Repaso de las Lecciones 11 – 15

1. **Setzen Sie in die Zukunft:**

1. ¿Sales con nosotros? 2. Ella dice que sí. 3. Hay una reunión (Zussamentreffen). 4. ¿Lo haces? 5. No lo saben. 6. ¿Qué quiere hacer Tania? 7. Sale a las doce. 8. Todos vienen el fin de semana. 9. Te lo digo mañana. 10. **Tiene** que hacerlo. 11. ¿Lo hacéis? 12. ¿Dónde lo ponéis?

2. **Setzen Sie ins Konditional:**

1. **¿Puedes** ir? 2. **Prefiero** quedarme en casa. 3. ¿Cuánto vale? 4. ¿**Podéis** ayudarnos? 5. ¿Cuánto le pides? 6. ¿Te **gusta** ir a Argentina? 7. ¿Sabes hacer esto? 8. Yo no se lo digo. 9. ¿Vienes a mi casa? 10. Yo vendo esa moto.

3. **Versuchen Sie, diese Sätze auf spanisch zu sagen oder zu schreiben:**

1. Ich möchte nach Spanien fahren, um Spanisch zu lernen.
2. Wissen Sie was ich tun könnte?
3. Es gibt viele Sommersprachkurse an vielen spanischen Universitäten und an vielen Privatschulen. Die Kurse sind nicht sehr teuer.
4. Wo kann ich Informationen bekommen?
5. Sie können sich in der Universität, an der Sie hier studieren, informieren oder in einem spanischen Konsulat.

4. **Setzen Sie die richtigen Verbformen (Perfekt) ein (Wiederholung von Perfekt; Grammatik im Lehrbuch, Lektion 13):**

1. ¿Ya .... (hacer, tú) ese trabajo?
2. No, todavía no lo .... (hacer).
3. ¿Ya .... (venir) los niños?
4. Sí, ya .... (volver, ellos).
5. ¿Qué les .... (decir, tú)?
6. No les .... (decir, yo) nada.
7. ¿Dónde .... (poner, tú) mi guitarra?
8. Yo no la .... (ver).
9. Sofía me .... (escribir) una carta, pero todavía no la .... (leer).
10. Este verano .... (ir, nosotros) a Turquía y .... (comprar, nosotros) muchas cosas.
11. ¿Quién .... (romper) el espejo (Spiegel)?
12. ¿Qué te .... (traer) los Reyes Magos?
13. ¿Por qué me .... (devolver, tú) mis cartas?
14. ¿Cuánto .... (pagar, Ud.) por ese coche?
15. ¿Qué .... (hacer, tú) en las vacaciones?
16. .... (estar) en Costa Rica.

5. **Versuchen Sie, diese Sätze auf spanisch zu sagen oder zu schreiben (Wiederholung von Perfekt):**

1. Wo bist du heute gewesen?
2. Heute habe ich gearbeitet.
3. Haben Sie immer hier gewohnt?
4. Haben Sie schon gegessen? Ja, ich habe gerade gegessen.
5. Luisa hat heute viel getanzt.
6. Habt ihr schon das probiert? Nein, wir haben das noch nicht probiert.
7. Heute bin ich in die Stadt (el centro) gefahren. Ich habe eine Hose (unos pantalones) gekauft.
8. Bist du in Venezuela gewesen? Ja, ich bin dieses Jahr dort gewesen.
   Das Land hat mir sehr gut gefallen.
9. Sind Sie ins Kino gegangen? Ja, ich habe einen guten Film (la película) gesehen.
   Der Film hat mir sehr gut gefallen.
10. Wo hast du deine Ferien verbracht? Ich bin in Río de Janeiro gewesen. Wie ist das Wetter gewesen?
    Es ist warm gewesen, aber es hat viel geregnet. Jetzt ist dort Winter.
11. Dieses Jahr habe ich viel Glück gehabt.
12. Hast du schon mit Rebeca gesprochen? Ja, ich habe sie angerufen.
13. Was hat sie gesagt?
14. Sie hat gesagt, daß sie sich nicht gut fühlt und daß sie heute abend nicht kommen wird.
15. Was hast du heute gemacht? Ich habe viel zu tun gehabt.

6. **Erzählen oder schreiben Sie, was Sie heute gemacht haben.**

7. **Ergänzen Sie die Präpositionen, wo es notwendig ist.**

1. Mis abuelos viven .... un pueblo cerca .... el mar.
2. Mis padres han salido .... casa .... las ocho.
3. ¿ .... dónde eres? Soy .... Ecuador.
4. Trabajo .... ocho .... cuatro.
5. Empiezo .... comprender lo que pasa.
6. Prefiero .... quedarme en casa.
7. No tengo ganas .... salir.
8. Me voy a poner .... estudiar.
9. Pienso mucho .... ti.
10. ¿............... dónde vas? Voy .... la estación.

8. **Übersetzen Sie:**

Ich habe gerade mit Yolanda gesprochen. Sie hat mir gesagt, daß sie heute Abend ein Fest macht. Es ist ein Abschiedsfest, weil sie nach Deutschland fährt. Sie hat ein Stipendium (una beca de estudios) bekommen, um in Deutschland zu studieren.

9. **Versuchen Sie, diese Sätze auf spanisch zu sagen oder zu schreiben:**

   1. Jener Laden ist sehr elegant. Mir persönlich gefällt es nicht, dort zu kaufen. Und dir? Mir schon.
   2. Welches Bild gefällt dir besser, dieses (hier)* oder jenes (dort)*? Mir gefällt keines (ninguno). Mir auch nicht.
   3. Mir persönlich gefällt es zu tanzen. Und Ihnen? Mir nicht.
   4. Uns gefällt diese Stadt. Und euch? Uns auch.
   5. Wem gehört dieser Wagen? Welcher Wagen, dieser oder jener?

   *** Bitte beachten:**

   Im Spanischen werden nach „dieses“ oder „jenes“ nie die Wörter „hier – aquí“ oder „dort – allí“ übersetzt.

10. **Bilden Sie Sätze nach dem Beispiel:**

    Me ha dado el dinero. → Me lo ha dado a mí.

    1. Me ha dejado coche.
    2. Te ha dado la bicicleta.
    3. Le ha regalado flores a ella.
    4. Le ha dado el documento de identidad al policía.
    5. Nos han regalado un libro.
    6. Os ha dado las llaves.

11. **Bilden Sie jetzt Sätze nach den Beispielen:**

    llegar – Miguel
    ¿Ha llegado Miguel?
    Sí, acaba de llegar.
    No, todavía/aún no ha llegado

    Llamar – Rebeca – tú
    ¿Has llamado a Rebeca?
    Sí, acabo de llamarla.
    No, todavía/aún no la he llamado.

    Bitte beachten Sie: todavía no = aún no (noch nicht)

    1. salir – el tren de las once
    2. vestirse – los niños
    3. marcharse – el jefe
    4. hacer los ejercicios – vosotros
    5. empezar a llover
    6. lavarse el pelo (Haar) – tú
    7. acostarse – Luis
    8. ver – mi hermana – tú
    9. volver – Paloma
    10. escuchar las noticias (Nachrichten) – Uds.
    11. escribir – Raquel
    12. leer – el periódico – tú
    13. empezar – la película
    14. terminar – el trabajo – vosotros

12. **Versuchen Sie, diese Sätze auf spanisch zu sagen oder zu schreiben (Wiederholung von Possessivpronomen; Grammatik im Lehrbuch, Lektionen 5 und 11):**

    1. Wo ist dein Buch? Meins ist im Unterricht.
    2. Wo sind meine Zigarreten? Deine sind auf dem Tisch.
    3. Wo ist euer Zimmer? Unseres ist im dritten Stock.
    4. Wo sind unsere Koffer? Eure sind im Hotel.
    5. Wo ist Ihr Hotel? Meins ist in der Cervantes-Straße.

13. **Setzen Sie die entschprechenden Possessivpronomen ein:**

1. Este coche no es .... (meines), es de .... padre.
2. Lo que es mío es también .... (deines).
3. Este jardín se parece al .... (Ihrem).
4. Déme .... dirección y .... teléfono.
5. .... (unsere) hijos son muy buenos.
6. .... (eure) amigos son muy simpáticos.
7. Tu profesión es interesante, pero la .... (mein) es fascinante.
8. Tus problemas no son los .... (meine).

14. **Fragen Sie sich gegenseitig, wie folgende Wörter auf spanisch heißen und wie man sie schreibt.**

Beispiel: – ¿Cómo se dice / llama en español „Postamt“?
– Se llama / dice "Correos"
– ¿Cómo se escribe?
– Ce, o, erre, erre, e, o, ese.

Zeitung, Zeitschrift, Kiosk, Bahnhof, Apotheke, Laden, Reisepaß, müde, krank

15. **Stellen Sie sich gegenseitig folgende Fragen und beantworten Sie diese:**

1. ¿Qué tiempo hace hoy?
2. ¿Qué tiempo ha hecho esta semana?
3. ¿Qué tiempo ha hecho este verano / invierno / otoño ...?
4. ¿Qué día es hoy?
5. ¿Cuál es su signo del Zodiaco?
6. ¿Lee su horóscopo (Horoskop) todos los días o de vez en cuando?
7. ¿Ha viajado a algún país hispanohablante alguna vez?
8. ¿Cuándo es su cumpleaños?
9. ¿En qué mes estamos?
10. ¿Qué mes / estación del año te gusta más?

1. **Hören Sie die Kassette 1 zum Lehrbuch (Seite B, „En un restaurante“) zweimal; lesen Sie dann den Text mehrmals, schließen Sie die Lehrbücher und ergänzen Sie die fehlenden Wörter:**

B: ¿Hay una mesa .... para dos personas?
A: Sí, señores. Al fondo, a la derecha.
B: ¿Nos puede .... la carta, por favor?
A: En ...., señor. ¿Qué desean, señores?
B: ¿Qué nos recomienda?
A: Si les gusta el pescado, les .... lenguado o merluza.
B: Muy bien, a mí .... merluza a la romana.
C: Yo .... lenguado.
A: ¿Desean una ensalada?
B: Sí, por favor una ensalada andaluza.
A: ¿Y de ....?
B: Yo .... un helado.
C: Y yo fruta del tiempo
A: ¿Y para beber?
C: Una botella de vino blanco del país.

C: ¡Que ....(Guten Apetit)!
B: ¡Gracias, ...!
C: ¡Qué buena .... la comida!
B: Sí, está muy ....

A: ¡A tu ....!
B: ¡A la tuya!

A: Camarero, ¿nos podría traer la ....?
B: ¿Todo junto?
A: No, por ....

2. **Lesen Sie zuerst die beiden folgenden Dialoge:**

Diálogo 1 (En la barra):

A: ¡Oiga, por favor! ¿Me puede poner una caña y una ración de patatas bravas?
B: En seguida, señor.
A: ¿Cuánto es?
B: Son 650 ptas.

Bitte beachten:
Der Ausdruck „me puede/podría poner ...“ wird in Spanien in den „bares“ und „tascas“ (Kneipen) an der Theke am häufigsten verwendet.

Jetzt spielen Sie zu zweit das Gespräch mit anderen Varianten. Sie bestellen an der Theke:

- una cerveza, un vaso de vino, una botella de agua mineral con gas
- una ración de calamares
- unas gambas al ajillo (Krabben in Olivenöl mit Knoblauch, Pfeffer und Petersilie gebraten)
- unas aceitunas (Oliven)
- un café, un vaso de leche
- un brandy, un anís

Diálogo 2

A: ¡Oiga, por favor! ¿Dónde están los servicios?
B: Bajando la escalera (die Treppe), a la derecha.
A: ¿Puedo llamar por teléfono?
B: Sí, claro. Al lado de los servicios hay un teléfono.
A: ¿Me puede cambiar 100 ptas. en monedas?
B: Por supuesto, señorita. ¿Quiere monedas de 25 o de 50 pesetas?
A: De 50 pesetas, por favor.
B: Tenga.

Jetzt versuchen Sie, dieses Gespräch ohne Hilfe des Buches zu spielen.

Bitte beachten:
Für die Toilette verwendet man auch außer dem Wort „servicio(s)“ die Wörter: „el lavabo“ oder „el baño“. Das spanische Wort für W.C. (vom Englischen abgeleitet) „báter“ ist nicht sehr elegant. Auch das ursprüngliche Wort „el retrete“ ist heute sehr vulgär.

3. **Spielen Sie zu zweit oder zu dritt einen Dialog im Restaurant:**

Bestellen Sie zuerst die Speisekarte.
Der Kellner fragt, was Sie trinken bzw. essen möchten.
Schauen Sie die folgende Speisekarte an und bestellen Sie etwas.
Am Ende bitten Sie um die Rechnung.

Carta de comidas y bebidas

Sopas y ensaladas	**Suppen und Salate**
sopa de mariscos	Muschelsuppe
sopa de verdura	Gemüsesuppe
gazpacho	kalte Gemüsesuppe
ensalada de lechuga	Kopfsalat
ensalada de tomate	Tomatensalat
ensalada andaluza	gemischter Salat mit Thunfisch
Huevos	**Eier**
huevos fritos con jamón	Spiegeleier mit Schinken
tortilla española	spanisches Omelett mit Kartoffeln
tortilla francesa	einfaches Omelett

Legumbres	Gemüse
espárragos	Spargel
judías verdes	grüne Bohnen
zanahorias	Karotten
patatas	Kartoffeln
Pescados y Mariscos	**Fisch und Muscheln**
lenguado	Seezunge
merluza	Seehecht
atún	Thunfisch
calamares	Tintenfische
mejillones	Miesmuscheln
gambas	Krabben/Garnelen
Carne	**Fleisch**
chuleta de cerdo	Schweinekotelett
filete de ternera	Kalbsschnitzel
solomillo de vaca	Rinderfilet
cordero asado	Lammbraten
pollo asado	Hähnchen
Postres	**Nachtisch**
flan de huevos	hausgemachter Eierpudding
fruta del tiempo	Obst nach Jahreszeit
helados variados	gemischtes Eis
queso manchego	Käse (aus „La Mancha“)
Bebidas	**Getränke**
agua mineral con/sin gas	Mineralwasser mit/ohne Kohlensäure
botellín de cerveza	eine Flasche Bier
caña	Bier vom Faß
vino blanco/tinto	Weißwein/Rotwein
jerez (dulce/seco)	Sherry (süß/ trocken)
café con leche	Kaffee mit Milch
café solo	Kaffee ohne Milch
un cortado	Kaffee mit wenig Milch

4. **Lesen Sie diese Sätze zur Gewöhnung an: „hace“, „desde hace“, „hace ... que“, „desde“ etc.**

¿Cuándo has llegado?
Hace tres horas./ Hace dos días./ Hace una semana./ Hace dos meses.

¿Desde cuándo estás aquí? Desde las cinco./ Desde ayer./ Desde mayo.
Desde hace unos días./ Desde hace un año.

¿Cuánto tiempo hace que estudias español?
Hace tres años que estudio español.
Estudio español desde hace tres años.
Llevo tres años estudiando español.
Estudio español desde 1990.
Desde que estudio español voy siempre de vacaciones a España.

5. **Ergänzen Sie mit „hace“, „desde hace“, „hace ... que“, „desde“:**

A. ¿Desde cuándo tienes este coche?

1. Tengo este coche .... dos años.
2. Lo tengo .... enero de 1.990.
3. .... dos años .... tengo el coche.

B. ¿Desde cuándo está Ud. aquí?

1. Estoy aquí .... ocho meses.
2. Estoy aquí .... el mes de marzo.
3. .... ocho meses .... estoy aquí.

Jetzt beantworten Sie folgende Fragen mit drei oder vier Möglichkeiten wie in den Beispielen in Übung 4:

C. ¿Desde cuándo estudias español?

1. ....
2. ....
3. ....
4. ....

D. ¿Desde cuándo trabajas/estudias?

1. ....
2. ....
3. ....
4. ....

E. ¿Desde cuándo vives en la ciudad que vives ahora?

1. ....
2. ....
3. ....
4. ....

F. ¿Desde cuándo hay una democracia en Alemania/España?

1. ....
2. ....
3. ....

G. **Jetzt stellen Sie sich gegenseitig diese Fragen und antworten Sie frei, so wie es Ihnen gefällt:**

1. ¿Cuánto tiempo hace que no vas al cine?
2. ¿Desde cuándo no fumas?
3. ¿Cuánto tiempo hace que no ves a tus padres?
4. ¿Desde cuándo no tienes vacaciones?
5. ¿Cuánto tiempo hace que no vas a comer a un restaurante?
6. ¿Cuánto tiempo hace que no viajas en avión?
7. ¿Desde cuándo no haces deporte?
8. ¿Cuánto tiempo hace que no vas a la sauna?

6. **Bilden Sie Sätze mit folgenden Ausdrücken:**

hace poco / hace poco tiempo	neulich
desde aquel tiempo, desde entonces	seit damals
hace algún tiempo	vor einiger Zeit
hace mucho tiempo	vor langer Zeit
desde hace mucho tiempo	seit langer Zeit
hace tiempo que ...	es ist lange her, daß ...
desde siempre	seit jeher / schon immer
desde aquí	von hier
desde lejos	von weitem
desde ahora en adelante	von nun an

Beispiele: Hace poco he estado en Roma.
Desde entonces no he vuelto a ver a Gustavo.
Hace algún tiempo que no nos vemos.
Hace tiempo que la quiero.

Und nun schreiben Sie:

1. ______________________________
2. ______________________________
3. ______________________________
4. ______________________________
5. ______________________________
6. ______________________________
7. ______________________________
8. ______________________________
9. ______________________________
10. ______________________________

7. **Setzen Sie die passenden Formen von „ser“ und „estar“ ein (Grammatik im Lehrbuch, Lektionen 3 und 16):**

1. La comida .... rica.
2. Amalia .... de vacaciones.
3. (Yo) .... medio muerto.
4. Esa familia .... muy rica.
5. El profesor .... muy orgulloso de los alumnos.
6. Se dice que los españoles .... muy orgullosos.
7. Creo que Silvia .... enamorada.
8. Magdalena siempre .... de buen humor.
9. Mi jefe .... enfadado.
10. Yo .... una desgraciada. Todo me sale mal. (Nichts gelingt mir)

8. **Beantworten Sie folgende Fragen nach dem Beispiel in der Verlaufsform (Grammatik im Lehrbuch, Lektion 10, „El gerundío“).**

Beispiel: ¿Han dado ya las noticias?
Las están dando ahora mismo.

1. ¿Has leído ya el periódico?
2. ¿Has escrito ya la carta?
3. ¿Has pedido ya la cena?
4. ¿Has pagado ya la cuenta?
5. ¿Has hecho los ejercicios?
6. ¿Has llamado a tus padres?
7. ¿Has hecho las maletas?
8. ¿Has leído el folleto (Prospekt)?

9. **Setzen Sie die richtigen Verbformen (Futur und Präsens) ein.**

Beispiel: ¿............... (saber) eso en la recepción?
Sí, seguro que lo .... (saber)

¿**Sabrán** eso en la recepción?
Sí, seguro que lo **saben.**

1. ¿............... (tener) eso en esa tienda? Sí, seguro que lo .... (tener).
2. ¿............... (conocer, ellos) a este cantante? Sí, seguro que lo .... (conocer, ellos).
3. ¿............... (conseguir, tú) hacer eso? (conseguir – schaffen) Sí, seguro que lo .... (conseguir, yo)
4. ¿............... (poder) hacer eso tú sólo? Sí, seguro que .... (poder, yo) hacerlo.
5. ¿............... (terminar) usted el trabajo? Sí, seguro que lo .... (terminar, yo).
6. ¿Nos .... (poder, ellos) dar información en la recepción? Sí, seguro que .... (poder, ellos) dársela.

10. **Lesen Sie laut, um die Zahlen zu üben:**

1. Un kilo tiene 1.000 gramos.
2. Una hectárea tiene 100 metros cuadrados.
3. Este hombre tiene 55 años.
4. Un año tiene 365 días.
5. El número de mi pasaporte es 8647593.
6. Vivo en la calle Toledo, número 115.
7. Este vestido cuesta 10.080 pesetas.
8. Hoy es el 9 de noviembre de 1992.

11. **Hörverständnisübung – Ejercicio de comprensión auditiva**

Hören Sie zuerst zweimal die Kassette „1 plus“ und beantworten Sie danach folgende Fragen über den Text:

1. ¿Cómo y dónde desayunan los españoles?
2. ¿Cuál es la principal comida del día en España?
3. ¿De qué se compone un menú español?
4. ¿Qué toman los españoles después de comer?
5. ¿Qué es la merienda?
6. ¿Meriendan igual los niños que las personas mayores (Erwachsene)?
7. ¿Qué diferencias hay entre la cena española y la cena alemana?
8. ¿Qué importancia tiene el pan en la comida española?

Vokabeln zur Hörverständnisübung:

la merienda	spanische Vesper um ca. 17 Uhr
merendar	vespern

1. **Hören Sie die Kassette 1 zum Lehrbuch (Seite B, „De tiendas") zweimal (einmal mit geöffnetem und einmal mit geschlossenem Lehrbuch); lesen Sie dann den Text mehrmals, schließen Sie die Bücher und beantworten Sie folgende Fragen zum Text:**

Preguntas sobre el diálogo 1

1. ¿Qué desea comprar la señora?
2. ¿De qué color desea el vestido?
3. ¿Qué talla tiene la señora?
4. ¿Cuántos vestidos se prueba?
5. ¿El primer vestido le queda bien?
6. ¿Qué vestido compra?
7. ¿Cuánto cuesta el vestido?

Preguntas sobre el diálogo 2

1. ¿Qué desea comprar la chica?
2. ¿De qué color desea la minifalda?
3. ¿Qué talla tiene la chica?
4. ¿Cuántas minifaldas se prueba?
5. ¿La primera falda le sienta bien?
6. ¿Qué minifalda compra?
7. ¿Cuánto cuesta la minifalda?

2. **Lesen Sie jetzt folgende Dialoge.**

Diálogo 1

A: Buenos días.
B: ¿En qué puedo servirle?
A: Desearía una camisa .
B: ¿De qué color?
A: Azul
B: ¿Qué talla tiene Ud.?
A: La 50.
B: ¿Le gusta ésta?
A: ¿Me la puedo probar?
B: Sí, por supuesto.

B: ¿Le sienta bien?
A: No, me queda un poco estrecha, además este modelo no me gusta mucho. ¿Tiene otro modelo?
B: Aquí tiene otro modelo en la talla 52.
A: ¿Es de algodón?
B: No, señor. Esta camisa es de seda natural. ¿Le queda mejor?
A: Sí, ésta me sienta maravillosamente. Me la quedo. ¿Cuánto cuesta?
B: 9.500 Ptas. Puede pagar en la caja, al fondo a la derecha.

Diálogo 2

A: Buenas tardes.
B: Ud. dirá, señorita.
A: ¿Tiene vaqueros blancos?
B: Sí, claro. Tenemos todos los modelos de última moda. ¿Qué talla necesita?
A: La 48.
B: ¿Le gustan éstos?
A: No están mal. ¿Me los puedo probar?
B: Naturalmente.

B: ¿Qué? ¿Le sientan bien?
A: No, me quedan un poco anchos. ¿Tiene otro modelo?
B: Sí, tengo otro modelo más estrecho, pero sólo queda en azul claro.
A: ¿Me los puede traer?
B: Sí, un momentito.

A: Éstos me quedan muy bien. ¿Cuánto cuestan?
B: 9.750 Ptas.
A: ¡Vale! Me los llevo.

Versuchen Sie dann, ein Gespräch beim Einkauf von Kleidung zu spielen.

Als kleine Hilfe folgen einige Vokabeln (Bekleidung und Farben), die Sie natürlich anschauen können; aber das Gespräch sollte ohne Hilfe des Textes frei und mit eigenen Ideen gespielt werden.

la ropa	**die Bekleidung**
la camisa	das Hemd
la blusa	die Bluse
el vestido (de noche)	das (Abend)kleid
la falda	der Rock
los pantalones	die Hose
los vaqueros	die Jeans
el abrigo	der Mantel
el jersey	der Pullover
la chaqueta	die Jacke
el traje	der Anzug
la corbata	die Krawatte
los calcetines	die Socken
la ropa interior	die Unterwäsche
los zapatos	die Schuhe
las sandalias	die Sandalen
el sombrero	der Hut

los colores	**die Farben**
blanco, -a	weiß
negro, -a	schwarz
amarillo, -a	gelb
rojo, -a	rot
verde	grün
azul claro/cielo	hellblau, himmelblau
azul oscuro/marino	dunkelblau
marrón	braun
gris	grau
naranja	orange
rosa	rosa
violeta	lila

los tejidos	**die Stoffarten**
el algodón	die Baumwolle
la lana	die Wolle
la seda	die Seide
la piel/ el cuero	das Leder
la fibra sintética	die Kunstfaser

Adjektive: ancho – weit; estrecho – eng; largo – lang; corto – kurz

3. **Beantworten Sie:**

¿De qué color es la ropa que llevas puesta (die du trägst)?

Beispiel: Mis pantalones son azules.
Mi camisa es ....

Jetzt fragen Sie sich gegenseitig, welche Farbe ein Kleidungsstück hat.

Beispiele: ¿De qué color es la blusa de la profesora? Es marrón.
¿De qué color son tus calcetines? (Mis calcetines) son blancos.

Danach fragen Sie sich gegenseitig, welche Farben folgende Sachen haben:

– las mesas de la clase
– la bandera (Fahne) española
– la bandera alemana
– los ojos (Augen) de un (-a) compañero (-a)/de la profesora o del profesor
– la pared (Wand)
– la pizarra (Tafel)
– el libro de español
– el bolso (die Tasche) de alguien de la clase

4. **Escriba el nombre de estas prendas de vestir (Kleidungsstücke) con el artículo correspondiente:**

1. la blusa	2.	3.	4.
5.	6.	7.	8.
9.	10.	11.	12.

5. **Lesen sie zur Übung der verschiedenen Übersetzungsmöglichkeiten von „man" zuerst diese Sätze:**

En España se hablan 4 idiomas.
Una/uno se levanta tarde el fin de semana.
Uno/una no puede saber todo./No se puede saber todo.
Dicen que va a llover.
Me han dicho que estás aprendiendo español.
Me han atendido muy bien.
Me han recomendado este hotel.
Lo han visto en la fiesta.
Hay que estudiar más.

Schreiben Sie nun andere Sätze mit eigenen Worten; verwenden Sie immer das unpersönliche „man":

1. ______
2. ______
3. ______
4. ______
5. ______
6. ______
7. ______
8. ______

6. **Versuchen Sie, diese Ausdrücke auf spanisch zu sagen oder zu schreiben:**

(Beachten Sie bitte, daß „otro" im Spanischen nur mit dem bestimmten Artikel verbunden werden kann, nicht aber mit dem unbestimmten Artikel)

1. noch einen Wein
2. eine andere Farbe
3. auf ein anderes Mal
4. noch einmal
5. das ist etwas anderes
6. in anderen (früheren) Zeiten
7. hin und her
8. weitere Einzelheiten/Details
9. anderswo
10. auf einem anderen Tisch
11. neulich
12. an einem anderen Tag
13. jemand anders
14. ein anderes Problem

7. **Lesen sie folgende Sätze und übersetzen Sie sie ins Deutsche:**

1. ¿Queda una habitación libre?
2. Ya no quedan entradas.
3. No queda otro remedio.
4. No queda otra solución.
5. El vestido me queda bien.
6. Los zapatos me quedan grandes.
7. Los pantalones me quedan estrechos/anchos.
8. La falda me queda corta/larga.
9. Este modelo sólo queda en negro.
10. Quédese con la vuelta.
11. Me quedo con esta camisa.
12. ¿En qué habéis quedado?
13. No hemos quedado en nada.
14. ¿A qué hora habéis quedado?
15. Hemos quedado a las ocho.
16. Este verano no me quedo en Madrid.
17. Hoy me he quedado en casa todo el día.
18. Este vestido sólo queda en rojo.

8. **Versuchen Sie, diese Sätze auf spanisch zu sagen oder zu schreiben:**

1. In England spricht man Englisch.
2. Man kann nicht alles wissen.
3. Man hat mir gesagt, daß dieses Restaurant gut sei [ist].
4. Man hat uns dieses Hotel empfohlen.
5. Man kauft nicht ein Auto, ohne es zu sehen.
6. Man hat uns sehr gut bedient.
7. Von hier aus kann man das Meer sehen.
8. Hier darf man nicht rauchen.
9. Man muß mehr lernen.
10. Man steht am Sonntag spät auf.

9. **Lesen Sie zuerst folgende Sätze:**

1. Me hace falta (necesito) un coche.
2. Te hacen falta (necesitas) unos zapatos.
3. Al Sr. León le hace falta (el Sr. León necesita) una secretaria.
4. A nosotros nos hace falta (nosotros necesitamos) dinero.
5. A vosotros os hace falta (vosotros necesitáis) una bicicleta.
6. A ellos les hace falta (ellos necesitan) un buen diccionario.

Beachten Sie bitte: necesitar = hacer falta (+Dativ)

Ergänzen Sie nun „necesitar" durch „hacer falta" in den folgenden Sätzen.

Beispiel: Mis hijos necesitan zapatos nuevos.
A mis hijos les hacen falta zapatos nuevos.

1. Necesito un diccionario de alemán – español.
2. Para comprar otro coche necesitamos dinero.
3. Para conducir (Auto fahren) un coche necesitas un carnet de conducir (Führerschein).
4. La Sra. Montero necesita un pasaporte (Paß).
5. Para esquiar ellos necesitan esquíes.
6. Mi hermano necesita unos libros de inglés.
7. Elena necesita un vestido nuevo.
8. Los niños necesitan unos pantalones nuevos.

10. **Fragen Sie sich gegenseitig und beantworten Sie die Fragen.**

Beispiele: pantalones – estrechos
¿Me quedan/sientan bien estos pantalones?
No, te quedan estrechos.

sombrero – bien
¿Me queda/sienta bien este sombrero?
Sí, te queda/sienta bien.

Bitte beachten Sie, daß nach dem Verb **„sentar"** nur die Adverbien **„bien"** und **„mal"** verwendet werden können. Nach dem Verb **„quedar"** können sowohl die Adverbien **„bien"** und **„mal"** als auch andere Adjektive verwendet werden (grande, pequeño, largo, ancho, corto, largo, estrecho, usw.).

1. vestido – grande
2. falda – larga
3. camisa – estrecha
4. jersey – pequeño
5. abrigo – corto
6. blusa – ancha
7. chaqueta – mal
8. bikini – bien
9. vaqueros – maravillosamente
10. corbata – fatal/horrorosa (furchtbar)

11. **Fragen Sie sich gegenseitig und beantworten Sie die Fragen.**

Beispiel: ¿Cuánto tiempo me queda para arreglarme?
(Wieviel Zeit habe ich noch, um mich fertig zu machen?)
Te queda sólo una hora.

1. afeitarse/un cuarto de hora
2. cambiarse (sich umziehen)/15 minutos
3. decidirse (sich entscheiden)/4 horas
4. ducharse/10 minutos
5. hacer las maletas (Koffer packen)/una hora

12. **Fragen Sie sich wieder gegenseitig und beantworten Sie die Fragen.**

Beispiel: ¿Le queda esta falda en azul?
No, este modelo /esta falda sólo queda en blanco.

1. pantalones – blanco – azul
2. vestido – verde – negro
3. blusa – rojo – amarillo
4. camisa – azul – blanco
5. zapatos – marrón – negro

13. **Ergänzen Sie mit „hace“, „desde hace“, „desde“, „hace...que“ (Grammatik im Lehrbuch, Lektion 16):**

1. ¿Cuándo ha empezado la clase? .... diez minutos.
2. ¿Cuándo se ha marchado la señorita Martínez? .... un momento.
3. ¿Desde cuándo vives en Alemania? .... 1974.
4. ¿Cuántos años hace que trabajas en esta empresa? Trabajo aquí .... 3 años.
5. ¿Desde cuándo está enfermo Carlos? .... el sábado.
6. ¿Desde cuándo estás casada? .... julio de 1.985.
7. ¿Desde cuándo no fumas? .... 3 años.
8. ¿Desde cuándo tienes coche? .... 2 meses.
9. ¿Cuándo ha salido el tren? .... un cuarto de hora.
10. ¿Cuánto tiempo hace que estudias español? .... dos años .... estudio español en esta escuela.

14. **Ergänzen Sie die Personalpronomen (Grammatik im Lehrbuch, Lektion 8).**

1. Esta camisa no .... tenemos en azul.
2. Esta falda me gusta. Me .... quedo.
3. Este vestido le queda muy bien. ¿Se .... lleva?
4. Estos pantalones me gustan. ¿............... compramos?
5. Me gusta el traje del escaparate. ¿Me .... puedo probar?

15. **Hörverständnisübung – Ejercicio de comprensión auditiva**

Hören Sie zuerst die Kassette „1 plus“ zweimal; danach beantworten Sie, mündlich oder schriftlich, einige Fragen zum Text:

1. ¿Por qué es la Rioja una comarca muy conocida en España y en el extranjero?
2. ¿A qué debe su nombre esta comarca y su vino?
3. ¿En cuántas partes se divide la comarca?
4. ¿Qué se cultiva en la Rioja Baja?
5. ¿Dónde se encuentran los inmensos viñedos de la Rioja?
6. ¿Tiene la Rioja también lugares de interés turístico?

1. **Hören Sie zuerst die Kassette 2 zum Lehrbuch (Seite A, „¡Dígame!“); lesen Sie dann den Text zu zweit. Danach, ohne Hilfe des Lehrbuches, ergänzen Sie die fehlenden Wörter:**

Juan: ¡Dígame!

Dolores: ¿Se puede .... Sara?

Juan: Creo que has marcado mal. Aquí no vive Sara. ¿Qué número has ....?

Dolores: El 58 47 90.

Juan: Mi número es el 57 47 90. Te has ....

Dolores: Lo .... mucho.

Juan: No te .... Eso le puede pasar a ....

Dolores: Gracias y perdona por la ....

Juan: De verdad que no .... Adiós

2. **Hören Sie die Kassette weiter (einmal mit geöffnetem und einmal mit geschlossenem Lehrbuch); lesen Sie dann den Text mehrmals, schließen Sie die Bücher und beantworten Sie folgende Fragen zum Text:**

1. ¿Quién llama a Juan por teléfono?
2. ¿Tiene Juan algún plan para esta tarde?
3. ¿Adónde le gustaría ir a Pilar esta tarde?
4. ¿Adónde le gustaría ir a Juan?
5. ¿A qué hora quedan?

3. **Hören oder lesen Sie den Text nochmals; versuchen Sie danach, ohne Hilfe des Buches ein Telefongespräch mit eigenen Angaben zu spielen.**

4. **Hören Sie die nun den Rest von „¡Dígame!“ (einmal mit geöffnetem und einmal mit geschlossenem Lehrbuch); lesen sie dann den Text mehrmals, schließen Sie die Bücher und ergänzen Sie jetzt die fehlenden Wörter:**

Juan: ¿Sí?

Pedro: ¡Hola, Juan! .... Pedro. El sábado hacemos una fiesta en la Facultad y Mario me .... que tú tienes muy buenos discos. ¿Nos puedes dejar ....?

Juan: Nunca dejo .... disco a ...., pero si quieres podemos grabar .... ¿Tienes .... que hacer mañana?

Pedro: No, no tengo .... que hacer.

Juan: ¿Hay .... mañana a las cuatro en tu casa?

Pedro: No, no hay ....

Juan: Estupendo. Entonces puedes venir primero a mi casa, cogemos .... discos y después vamos a tu casa para .... Mis padres tienen mañana visita, por eso es mejor si vamos a tu casa. ¿Te parece bien?

Pedro: Me .... estupendo.

Juan: Bueno, entonces hasta mañana. Ahora tengo que irme porque .... con Pilar y llego tarde.

Pedro: Hasta mañana, Juan.

Juan: ¡Hola, Pilar! ¡Qué guapa estás! ¿Qué te .... en el pelo?
Pilar: He estado esta mañana en la peluquería y me lo .... un poco.
Juan: ¿Te .... una permanente?
Pilar: Sí. ¿Te gusta?
Juan: Sí, te .... muy bien.
Pilar: Muchas gracias.
Juan: No es un cumplido. Es la verdad. Bueno, vámonos. Tengo mucha hambre. ¿Tienes un cigarrillo?
Pilar: No, ... de fumar.
Juan: ¿.............. cuándo no fumas?
Pilar: Desde .... cinco días.

5. **Lesen Sie folgende Sätze zur Übung der Indefinitpronomen und der doppelte Verneinung:**

Se ha ido sin decir nada.
No tengo nada que decir.
¿Ha llamado alguien?
No, no ha llamado nadie. / No, nadie ha llamado.
Algún día lo sabrás.
Algunos días estoy de mal humor.
Ningún día desayuno.
¿Tienes algún disco?
No tengo ningún disco. / No tengo ninguno.
Ninguno de nosotros lo sabe.
No está en ninguna parte.
No tengo ninguna esperanza. / No tengo esperanza alguna.
Ni tú ni nadie me va a convencer (überzeugen).
No te lo digo ni a ti ni a nadie.
No lo sabe ni (siquiera) él.
(No tengo) ni idea.
No ha venido ni ha llamado por teléfono. / Ni ha venido ni ha llamado por teléfono.
No dejo ningún disco a nadie.
No pregunto nunca nada a nadie.
Se ha ido sin hablar con nadie.
Lo ha hecho sin preguntar a nadie.
No dejo nunca ningún libro a nadie.

Nun schreiben Sie selbst einige Sätze:

1. ______________________________
2. ______________________________
3. ______________________________
4. ______________________________
5. ______________________________
6. ______________________________
7. ______________________________
8. ______________________________
9. ______________________________
10. ______________________________

6. **Verneinen Sie folgende Sätze.**

Beispiele: Tengo algunos amigos españoles. → No tengo ningún amigo español.
¿Hay alguien aquí? → ¿No hay nadie aquí?

1. Tengo algunos discos en casa.
2. Mi madre me pregunta algo.
3. Sé algunas palabras chinas.
4. Pedro habla algo con alguien.
5. Conozco a alguien en Berlín.
6. Tengo algo en el bolso.
7. El libro está en alguna parte (irgendwo).
8. Hay alguien dentro de mi coche.
9. Tengo algunos amigos alemanes.
10. ¿Hay alguien en casa?
11. ¿Hay algún médico de urgencia (Notarzt)?
12. Hay algunas cervezas en la nevera.

7. **Ergänzen Sie mit „algo", „nada", „alguien", „nadie", „alguno", „ninguno":**

1. ¿Tiene Ud. .... problema?
2. ¿Hay .... en la mesa? No, no hay ....
3. ¿Conoce Ud. a .... en Barcelona? No, no conozco a ....
4. ¿Hay .... cerveza en casa? No, no hay ....
5. ¿Tienes .... libro interesante? No, no tengo ....
6. ¿Hay .... ahí? No, no hay ....
7. No veo .... Está oscuro (dunkel).
8. ¿Hay .... en el jardín? Sí, hay .... niños.

8. **Jetzt stellen Sie sich gegenseitig Fragen nach den Beispielen und beantworten Sie sie diese.**

Beispiele: comer algo, tú → ¿Has comido algo?
No, no he comido nada.
visitar a sus padres, Ud. → ¿Ha visitado (Ud.) a sus padres?
No, no los he visitado.

1. encontrar a alguien, Ud.
2. visitar alguna exposición de pinturas de Dalí, vosotros
3. estar alguna vez en los Pirineos, tú
4. decir algo, Ud.
5. escribir a alguien, tú
6. llamar a alguien, vosotros
7. pedir algo para comer/beber, Uds.
8. ver alguna vez un huracán (Orcan), tú

9. **Stellen Sie sich weitere Fragen nach dem Beispiel und beantworten Sie diese (verneint).**

Beispiel: Argentina – Méjico/**Brasil**
A: ¿Qué te gustaría más, ir de vacaciones a Argentina o a Méjico?
B: No me gustaría ir **ni** a Argentina **ni** a Méjico. – Yo preferiría ir a Brasil.

Chile – Perú/**Argentina**
Ecuador – Colombia/**Uruguay**
Costa Rica – Venezuela/**República Dominicana**
Panamá – Honduras/**Jamaica**

10. **Versuchen Sie, diese Sätze auf spanisch zu sagen oder zu schreiben (Grammatik im Lehrbuch, Lektion 18; Übersetzungsmöglichkeiten von „dejar“):**

1. Lassen Sie mich vorbei?
2. Trinken Sie nicht mehr? Nein, ich habe aufgehört zu trinken.
3. Mateo hört nicht auf zu sprechen.
4. Ich habe mir einen Anzug machen lassen.
5. Laß mich in Ruhe.
6. Ich lasse dich heute nicht ausgehen. Du bist krank.
7. Kannst du mir dieses Buch ausleihen?
8. Laßt uns gehen.

11. **Ergänzen Sie mit „hace“, „desde hace“, „hace ... que“, „desde“ (Grammatik im Lehrbuch, Lektion 16):**

1. Vivo en Río de Janeiro .... cinco años.
2. Mi hermano está casado .... julio de 1991.
3. Ya .... tres años .... fumo.
4. El jefe ha salido .... un momento.
5. ¿Desde cuándo tienes coche? .... tres meses.
6. El tren ha llegado .... un cuarto de hora.
7. Conozco a Aurelio .... el lunes pasado.
8. Estudio español .... principios de este año.

12. **Versuchen Sie, diese Sätze auf spanisch zu sagen oder zu schreiben: (Grammatik im Lehrbuch, Lektion 17; Übersetzung des Wortes „man"):**

1. Man könnte glauben, daß du recht hast.
2. Man hat mir gesagt, daß du Chinesisch lernst.
3. Man kann dieses Problem nicht lösen.
4. Man kann von hier aus nichts sehen.
5. Man hat uns sehr gut bedient.
6. Man fühlt sich hier wie zu Hause.
7. Man hat mir dieses Restaurant empfohlen.
8. So kann man nicht leben.
9. Von hier aus sieht man mein Haus.
10. Man sagt, daß die „catalanes" die Deutschen von Spanien sind.

13. **Hörverständnisübung – Ejercicio de comprensión auditiva**

Hören Sie zweimal die Kassette „1 plus" und beantworten Sie danach folgende Fragen über den Text:

1. ¿Cuál es la lengua más hablada en el mundo?
2. ¿Qué lugar ocupa el español en el mundo?
3. ¿En cuántos continentes se habla español?
4. ¿Hay diferencias en el español que se habla en los diferentes países?
5. ¿Se entienden los hispanohablantes de todos los países entre sí (untereinander)?
6. ¿En qué país se encuentra el mayor número de hispanohablantes?
7. ¿Se habla español en Estados Unidos? ¿Cuántas personas lo hablan aproximadamente?
8. ¿Cuántas personas, aproximadamente, hablan español en el mundo?

1. **Hören Sie die Kassette 2 zum Lehrbuch (Seite A, „Juan viaja a Santander – En una agencia de viajes") zweimal (einmal mit geöffnetem und einmal mit geschlossenem Lehrbuch); lesen Sie dann den Text mehrmals, schließen Sie die Bücher und beantworten Sie folgende Fragen zum Text:**

   1. ¿Dónde tiene lugar el diálogo?
   2. ¿Adónde quiere ir Juan?
   3. ¿Cuántos trenes hay para Santander?
   4. ¿Qué tipo de billete compra Juan?
      – para el Talgo o para el Expreso
      – de primera/segunda clase
      – solamente de ida o de ida y vuelta
      – con o sin reserva de asiento
      – con o sin litera
   5. ¿Cuánto cuesta el billete?

2. **Hören Sie diesen Teil der Kassette noch einmal. Danach ergänzen Sie die fehlenden Wörter:**

Juan:	¿Podría decirme qué trenes .... mañana para Santander?
Empleado:	Hay un Talgo a las once de la mañana y un Expreso que sale a las nueve de la noche.
Juan:	¿A qué hora .... a Santander?
Empleado:	El Talgo llega a las seis de la tarde y el Expreso a las siete de la mañana.
Juan:	¿Y no hay .... por la noche, después de las nueve?
Empleado:	Sólamente el Correo, pero .... en todas las estaciones.
Juan:	Bueno, entonces .... el Expreso. ¿Lleva literas?
Empleado:	Sí, pero para mañana no .... ninguna litera.
Juan:	Entonces, ... dos billetes de primera clase.
Empleado:	¿Sólamente ida?
Juan:	No, ida y ....
Empleado:	¿Desea Ud. reserva de ....?
Juan:	¿Cree Ud. que es necesario?
Empleado:	Sí, es mejor. En esta época del año .... mucha gente.
Juan:	Está bien. Entonces con reserva.
Empleado:	¿Para .... quiere la vuelta?
Juan:	Para el 8 de julio.
Empleado:	Aquí tiene sus .... Son 10.500 ptas.
Juan:	Muchas gracias.

3. **Lesen Sie folgenden Dialog und versuchen Sie danach, ein Gespräch mit eigenen Worten ohne Buch zu spielen.**

En información

A: Oiga, por favor, ¿A qué hora sale el próximo tren para Sevilla?
B: Normalmente sale a las doce, pero hoy lleva media hora de retraso.
A: ¿A qué hora llega a Sevilla?
B: Llegará a las seis y media.
A: ¿Y de qué andén sale el tren?
B: Del andén número diez.
A: ¿Donde puedo comprar el billete?
B: En la ventanilla (Schalter) número cinco.
A: Muchas gracias.
B: De nada.

4. **Hören Sie die Kassette jetzt weiter („En el tren"), und zwar einmal mit geöffnetem und einmal mit geschlossenem Lehrbuch; lesen Sie dann den Text mehrmals, schließen Sie die Bücher und ergänzen Sie die fehlenden Wörter:**

A: Perdone, señor, este asiento es ....
B: ¿Tiene Ud. ....?
A: Sí, aquí .... tengo.
B: Debe de haber habido un .... porque yo tengo el mismo .... reservado. Si quiere, puede .... aquí a la derecha, este asiento está ....
A: Muchas gracias. ¿Le .... si fumo?
B: No, en .... Por ...., puede fumar.
C: Disculpe, pero este compartimento es para no .... ¿............... Ud. fumar en el pasillo?
A: Claro que sí, usted perdone.

5. **Lesen Sie zuerst den folgenden Dialog; danach versuchen Sie, zwei Personen aus dem Unterricht einander vorzustellen:**

Rosa: ¡Hola, Pepe! ¿Cómo estás?
Pepe: Muy bien, gracias, ¿y tú?
Rosa: Bien, gracias. Pepe, quiero presentarte a mi amiga Ana.
Pepe: Mucho gusto.
Rosa: Encantada. Pepe me ha hablado mucho de ti. Me alegro mucho de conocerte.

Hier haben Sie die häufigsten Formen, mit denen man jemanden vorstellt.

Te presento a mi amiga ...	Darf ich dir meine Freundin ... vorstellen?
Me alegro de conocerte.	Ich freue mich, dich kennenzulernen.
Mucho gusto (en conocerte).	Ich freue mich (dich kennenzulernen).
El gusto es mío.	Ganz meinerseits.
Encantada (-o).	Sehr angenehm.
Me alegro de haberte conocido.	Ich freue mich, dich kennengelernt zu haben.
Encantado (-a) de conocerte.	Ich freue mich, dich kennenzulernen.

6. **Lesen Sie folgende Sätze zur Übung der verschiedenen Bedeutungen von „deber“:**

Debe tener razón.	Er muß recht haben.
No debes hacerlo.	Das sollst du nicht tun.
Los niños no deben fumar.	Die Kinder dürfen nicht rauchen.
Deben de ser las once.	Es muß wohl zehn Uhr sein.
Debe de estar enfermo.	Er muß wohl krank sein.
Me debes 3000 ptas.	Du schuldest mir 3000 Peseten.
Le debo carta/visita.	Ich bin ihm eine Antwort/einen Besuch schuldig.
Te debo una explicación.	Ich bin dir eine Erklärung schuldig.
¿Qué le debo?	Was bin ich Ihnen schuldig?
Deberías comer menos.	Du solltest weniger essen.
¿A qué se debe esto?	Worauf ist das zurückzuführen?
Esto se debe a tu falta de interés.	Das ist auf dein mangelndes Interesse zurückzuführen.
Lo haré como es debido.	Ich werde es tun, wie es sich gehört.

Jetzt schreiben Sie selbst einige Sätze:

1. ____________________
2. ____________________
3. ____________________
4. ____________________
5. ____________________
6. ____________________
7. ____________________
8. ____________________

7. **Setzen Sie die unpersönliche Form.**

Beispiele: Aquí hablamos tres idiomas. → Aquí se hablan tres idiomas.
En la sauna me relajo. → En la sauna uno/- a se relaja. (relajarse – sich entspannen)

1. ¿Podemos entrar aquí?
2. Necesitamos una secretaria con conocimientos de alemán.
3. Desde aquí no vemos nada.
4. En este restaurante comemos bien.
5. En esta oficina no trabajamos mucho.
6. El domingo me levanto tarde.
7. Aquí me siento bien.
8. No puedo saber todo.

8. **Ergänzen Sie die Präpositionen (a, de, en, desde, hasta, por, para):**

(Bitte beachten Sie, daß: a + el = al; de + el = del)

1. .... julio me gusta bañarme .... la playa.
2. Hoy es el 3 .... noviembre .... 1992.
3. ¿Qué vas a hacer mañana .... la tarde?
4. Voy .... el teatro .... pie.
5. ¿............... dónde vienes? Vengo .... el cine.
6. Ana escucha .... el profesor.
7. Trabajo .... las nueve .... las cuatro de la tarde.
8. Voy de vacaciones dos veces .... el año.
9. ¿A qué hora llega el tren que va .... Córdoba?
10. ¿............... que andén sale el tren .... Madrid?
11. Podemos entrar .... este bar .... comer algo.
12. Yo no creo .... nada de lo que dices.

9. **Lesen Sie die Tabelle mit den Abfahrten und Ankünften und beantworten Sie folgende Fragen:**

Tipo de tren	**Llano**		**Tarifa**		
			Ida	**Ida y vuelta**	**Clase**
Madrid – Sevilla					
Madrid Salida	8:00	16:00	7.200 ptas.	12.500 ptas.	turista
Sevilla Llegada	10:38	18:38	10.100 ptas.	18.680 ptas.	preferente
			14.100 ptas.	26.430 ptas.	club

Tipo de tren	**Talgo**		**Tarifa**		
			Ida	**Ida y vuelta**	**Clase**
Madrid – Barcelona					
Madrid Salida	14:00	16:00	6.535 ptas.	11.500 ptas.	segunda
Barcelona Llegada	21:11	22:46	9.130 ptas.	16.020 ptas.	primera

(Horarios y tarifas de Ave – Renfe; 1993)

1. ¿Cuántos trenes hay por día de Madrid a Sevilla?
2. ¿Cómo se llama el tipo de tren?
3. ¿A qué hora sale el tren Llano de Madrid para Sevilla?
4. ¿A qué hora llega el tren Llano a Sevilla?
5. ¿Cuánto cuesta el billete de ida/ida y vuelta de Madrid a Sevilla en las diferentes clases?

Jetzt stellen Sie ähnliche Fragen mit der Strecke „Madrid – Barcelona".

10. **Versuchen Sie, diese Sätze auf spanisch zu sagen oder zu schreiben:**

1. Der Zug ist pünktlich angekommen.
2. Der Zug kommt in wenigen Minuten an.
3. Der Zug hat eine halbe Stunde Verspätung.
4. Wenn du dich nicht beeilst, wirst du den Zug verpassen.
5. Muß ich schon in den Zug einsteigen? Ja, steigen Sie bitte ein. Der Zug fährt in zwei Minuten ab.
6. Fahren Sie gern mit dem Zug? Nein, ich fliege lieber.
7. Wo muß ich umsteigen? Sie müssen in Sevilla umsteigen.
8. Entschuldigen Sie bitte, ist dieser Platz frei? Nein, er ist belegt.
9. Mein Gepäck ist verloren gegangen.
10. Von welchem Bahnsteig fährt der Zug nach Bilbao ab?

11. **Setzen Sie „quedar" oder „quedarse" ein:**

1. Hoy no quiero salir. .... en casa.
2. Tengo poco tiempo. Sólo puedo .... una hora contigo.
3. Luis no tiene dinero. No tiene más remedio que .... en casa.
4. La nevera (Kühlschrank) está vacía. No .... absolutamente nada.
5. Este modelo en su talla sólo .... en negro.
6. Me .... sólo 5.000 pesetas.

12. **Fragen Sie sich gegenseitig, wie im folgenden Beispiel, und beantworten Sie die Fragen in der Verlaufsform.**

Beispiel: Leer/el periódico
¿Has leído ya el periódico?
Sí, estoy leyéndolo.

1. escribir/a tus padres
2. arreglar/la bicicleta
3. limpiar/la cocina
4. hacer/la maleta
5. aprender/las palabras nuevas

13. **Hörverständnisübung – Ejercicio de comprensión auditiva**

Hören Sie zuerst die Kassette „1 plus" zweimal; danach beantworten Sie, mündlich oder schriftlich, einige Fragen zum Text:

1. ¿Dónde está situada Santiago de Chile?
2. ¿En qué año la fundan los españoles?
3. ¿Qué clima tiene?
4. ¿Cómo es la vida cultural de la ciudad?
5. ¿Dónde se encuentra uno de los lugares más áridos (trocken) del mundo?
6. ¿Con qué frecuencia llueve en el norte de Chile?

1. **Hören Sie die Kassette 2 zum Lehrbuch (Seite A, „¡Vivir para ver!“) zweimal (einmal mit geöffnetem und einmal mit geschlossenem Lehrbuch); lesen Sie dann den Text mehrmals, schließen Sie die Bücher und machen Sie eine Nacherzählung der Geschichte einschließlich Ihrer Meinung darüber.**

   Hören und lesen Sie weiter die Witze (einen nach dem anderen) und erzählen Sie auch diese nach.

2. **Beantworten Sie folgende Fragen:**

   1. ¿Qué piensa sobre la emancipación de la mujer? ¿En qué consiste?
   2. ¿Qué piensa sobre los chistes españoles? ¿Entiende el humor español o piensa que nuestros chistes son de mal gusto?

3. **Stellen Sie sich gegenseitig Fragen mit folgenden Verben und beantworten Sie diese.**

   Beispiele: ¿Qué me recomienda para comer?
   Le recomiendo chuletas de cordero.

   ¿A qué hora te despiertas normalmente?
   En general me despierto a las nueve.

recomendar	empfehlen	devolver	zurückgeben
despertar(se)	wecken/aufwachen	soler + Inf.	pflegen zu + Infinitiv
preferir	vorziehen	vestir(se)	(sich) anziehen
divertir(se)	sich amüsieren	despedir(se)	(sich) verabschieden
mentir	lügen	repetir	wiederholen
acordarse (de)	sich erinnern (an)	conseguir	erreichen, schaffen
jugar	spielen	elegir	(aus)wählen
doler	weh tun		

4. **Setzen Sie die richtigen Verbformen (Präsens) ein:**

   1. Esta casa .... (costar) mucho dinero.
   2. Esta tarde .... (pensar, yo) salir.
   3. Me .... (vestirse, yo) como yo quiero.
   4. Yo no .... (volver) contigo a casa.
   5. El profesor .... (repetir) la gramática.
   6. El camarero .... (servir) la comida.
   7. Ni .... (saber, yo), ni .... (querer, yo), ni .... (poder, yo) hacer eso.
   8. En enero .... (nevar) mucho.
   9. ¿Qué me .... (recomendar, Ud.)?
   10. ¿Le .... (atender) ya, señor?
   11. En las fiestas Elena siempre .... (divertirse) mucho.
   12. Yo no .... (mentir) nunca.
   13. ¿ .... (acordarse, tú) de lo que tienes que hacer?
   14. Me .... (doler) la cabeza (Kopf).
   15. ¿Qué cuadro .... (elegir, tú)? .... (elegir, yo) éste.

5. **Lesen Sie diese Sätze zur Übung des Gerundium:**

Estoy lavándome. / Me estoy lavando.
Estoy comiendo.
Los Sres. García van discutiendo por la calle.
Llevo dos años viviendo aquí.
¡Sigue leyendo!
¡Siga insistiendo!

Bilden Sie dann Antworten auf die folgenden Fragen.

Beispiele: ¿Todavía estudia español? Sí, sigo / continúo estudiando español.

¿Qué estás haciendo? Estoy estudiando.

1. ¿Todavía trabajas en la misma empresa? Sí, ...
2. ¿Todavía fumas? Sí, ...
3. ¿Hace tiempo que vives aquí? Sí, ... dos años aquí.
4. ¿Todavía la quieres? Sí, ...
5. ¿Todavía insistes en ello? Sí, ...
6. ¿Los Sres. Pérez discuten por la calle todavía? Sí, todavía .... (ir discutiendo).
7. ¿Qué estás haciendo? .... (ducharse, yo).
8. ¿Tengo que leer más? Sí, ... (seguir / continuar leyendo – imperativo).
9. ¿Qué están haciendo los niños? .... (dormir).
10. ¿Qué está haciendo Daniel? .... (vestirse).

6. **Lesen Sie den Dialog:**

A: ¿Qué te / le gustaría haber sido en la vida?
B: A mí me gustaría haber sido bailarina. ¿Y a ti / usted?
A: A mí actriz de cine.

Jetzt fragen Sie sich gegenseitig, was Sie in ihrem Leben gern gemacht hätten bzw. was Sie gern gewesen wären, per Du oder per Sie, wie Sie möchten.

Beachten Sie bitte, daß das Infinitiv Perfekt („Infinitivo compuesto") immer mit dem Verb „haber" in der Grundform und dem Partizip Perfekt gebildet wird. Das Partizip Perfekt ist immer unveränderlich.

Infinitivo	**Infinitivo compuesto**		
comer	haber	comido	gegessen haben
hacer	haber	hecho	gemacht haben
ser	haber	sido	gewesen sein
inventar	haber	inventado	erfunden haben

7. **Bilden Sie Sätze nach dem Beispiel.**

Normalmente como en casa.	Normalerweise esse ich zu Hause.
Suelo comer en casa.	Ich pflege zu Hause zu essen.

Bitte beachten Sie: **„soler + Infinitiv“** ist im Spanischen sehr gebräuchlich und bedeutet:

gewöhnlich etwas tun oder **pflegen zu (+ Infinitiv)**

1. Tomamos café después de comer.
2. Pepita se levanta generalmente a las ocho.
3. ¿Vais generalmente a esa playa?
4. ¿Venís normalmente a este restaurante?
5. Mis padres, en general, se acuestan pronto. Yo me acuesto normalmente tarde.
6. ¿Normalmente das un paseo después de comer?

8. **Lesen Sie laut, um die Zahlen zu üben:**

Las lenguas más habladas del mundo son:

1. El chino con unos 850 millones de personas.
2. El inglés con aproximadamente 380 millones.
3. El español y el ruso con más de 300 millones.
4. El árabe lo hablan 150 millones de personas.
5. El portugués 140 millones de personas.
6. El alemán y el japonés lo hablan 120 millones de personas.
7. El francés sólo lo hablan 100 millones de personas.

(Todas las cifras son aproximadas)

9. **Ergänzen Sie die Possessivpronomen (Wiederholung; Grammatik im Lehrbuch, Lektion 11).**

Beispiel: Nuestro país tiene 40 millones de habitantes. ¿Y el tuyo?
El mío tiene 60 millones.

1. Mi ciudad tiene diez teatros. ¿Y la .... ? La .... tiene sólo cinco.
2. Nuestra tienda abre a las ocho. ¿Y la .... (eure)? La .... (unsere) abre a las ocho y media.
3. Mi pueblo tiene tres cines. ¿Y el .... (ihre)? El .... tiene cinco.
4. Mi madre tiene 50 años. ¿Y la .... ? La .... tiene 48.
5. Mi cumpleaños es en octubre. ¿Y el .... ? El .... es en abril.
6. Nuestra universidad es muy vieja. ¿Y la .... (eure)? La .... es moderna.

10. **Bilden Sie die Sätze nach dem Beispiel (Wiederholung von Futur; Grammatik im Lehrbuch, Lektion 15).**

Beispiel: Mientras tu escribes la carta, yo leeré el periódico.

1. Mientras tú traduces el documento, yo .... (poner) la mesa.
2. Mientras tú preparas la comida, yo .... (arreglar) la bicicleta.
3. Mientras tú escribes a tu padre, yo .... (hacer) la comida.
4. Mientras tú estudias, yo .... (ir) de compras.
5. Mientras terminas el trabajo, yo .... (dar) un paseo.
6. Mientras tomas el aperitivo, yo .... (escribir) unas postales.
7. Mientras ves la televisión, yo .... (salir) a dar una vuelta.
8. Mientras duermes, yo .... (tener que) estudiar.

11. **Lesen Sie die Sätze zur Übung der verschiedenen Bedeutungen des Verbs „contar" und übersetzen Sie diese ins Deutsche:**

1. Ya he contado el dinero.
2. No sabe ni contar.
3. Cuéntame lo que ha pasado.
4. Me han contado/dicho que está loco.
5. ¡A quién se lo viene/va a contar!
6. Cuento con tu ayuda.
7. Contamos contigo.
8. ¿Es que yo no cuento para nada?
9. No me vengas con cuentos.
10. No me cuentes historias.
11. ¿Qué te cuentas?
12. ¡Qué me cuentas!

12. **Versuchen Sie, diese Sätze auf spanisch zu sagen oder zu schreiben (Wiederholung von Perfekt; Grammatik, Lektion 13):**

1. Hast du mit ihm gesprochen? Ja, ich habe heute morgen mit ihm telefoniert.
2. Was hat er gesagt? Er hat nichts gesagt.
3. Hast du Rebeca und Raquel zum Fest nicht eingeladen?
4. Doch, ich habe sie (Rebeca und Raquel) diese Woche angerufen und habe sie eingeladen.
5. Warum sind sie (ellas) nicht gekommen?
6. Vielleicht haben sie die Adresse (dirección) nicht gefunden.
7. Hast du Estrella gefragt, ob sie noch böse ist? Ja, ich habe sie gerade gefragt.
8. Was hat sie gesagt? Sie hat „ja" gesagt.
9. Wir haben alles, was du uns gesagt hast, getan.
10. Wo sind Sie (Plural) heute abend gewesen? Wir sind im Kino gewesen.
11. Ich habe es machen müssen.
12. Haben Sie gut geschlafen? Nein, ich habe nicht schlafen können.
13. Ich habe vergessen, dich anzurufen. Es tut mir leid.
14. Um wieviel Uhr bist du gestern abend nach Hause zurückgekommen? Ich bin um zwölf Uhr nach Hause zurückgekommen.

13. **Hörverständnisübung – Ejercicio de comprensión auditiva**

Hören Sie zuerst die Kassette „1 plus" zweimal; danach beantworten Sie, mündlich oder schriftlich, einige Fragen zum Text:

1. ¿De qué país proviene la siesta?
2. ¿Qué es la siesta?
3. ¿Por qué la costumbre de echarse la siesta está cambiando últimamente?
4. ¿Qué personas no suelen echarse la siesta hoy en día?
5. ¿Por qué es más necesaria la siesta en verano?

Wiederholung zu den Lektionen 16 bis 20 — Repaso de las lecciones 16 – 20.

1. **Übersetzen Sie:**

Ramón hat heute Geburtstag. Er will seine Freundin Ana zum Essen einladen. Sie gehen in ein kleines Restaurant im Zentrum. Der Kellner bringt (llevar) ihnen die Speisekarte. Sie essen Seezunge mit Kartoffeln und Salat. Das Essen ist sehr gut.

2. **Fragen Sie sich gegenseitig und beantworten Sie die Fragen frei:**

1. ¿Le gusta cocinar?
2. ¿Cuáles son sus comidas preferidas?
3. ¿Conoce la comida española? ¿Qué comida le gusta más, si ha probado algunas?
4. ¿Qué pintores españoles conoce? ¿Cuál le gusta más?
5. ¿Cuál es tu color preferido?
6. ¿De qué color es la ropa que llevas hoy?
7. ¿Cuánto dinero crees que gastas (gastar – ausgeben) en ropa al año?
8. ¿Te gusta ir a la moda?

3. **Setzen Sie die passende Form von „ser" oder „estar" ein:**

1. Sofía .... mi mejor (beste) amiga.
2. Esta comida .... muy rica.
3. Este señor .... muy elegante.
4. El profesor .... muy amable.
5. ¿Dónde .... la Plaza de Colón?
6. Este niño .... muy listo.
7. Las tiendas .... cerradas de una a cuatro.
8. La obra de este pintor .... muy interesante.
9. .... (nosotros) estudiantes.
10. ¿............... (vosotros) enfadados (böse)
11. Hoy Rosalia .... muy contenta.
12. Yo no .... feliz.
13. La Sra. Herrera .... de vacaciones.
14. Salvador y Samara .... casados (verheiratet).
15. .... (yo) orgullosa de mis notas en los últimos exámenes.

4. **Versuchen Sie, diese Sätze auf spanisch zu sagen oder zu schreiben:**

– Herr Ober! Bitte noch ein Glas Wein.
– Und Sie, meine Herrschaften, was trinken Sie?
– Einen Orangensaft und einen Kaffee ohne Milch.
– Möchten Sie auch etwas essen?
– Ja, eine Portion (ración) Krabben und eine „tortilla española".
– Wieviel macht alles zusammen?
– Es macht zusammen 1.715 ptas.

5. **Versuchen Sie, diese Sätze auf spanisch zu sagen oder zu schreiben:**

1. Seit wann studieren Sie hier? Seit 3 Jahren.
2. Seit wann verbringt ihr hier den Urlaub? Seit einigen Jahren.
3. Seit wann lernst du Spanisch? Seit 2 Jahren.
4. Wartest du schon lange auf sie? Seit zwanzig Minuten.
5. Seit gestern habe ich nicht mehr gegessen.
6. Seit wann kennst du ihn? Ich kenne ihn seit langer Zeit.
7. Am Sonntag frühstücke ich ich nie vor 11 Uhr.
8. Wann ist Matilde gegangen? Vor einer Stunde.
9. Hast du Cristina gesehen? Ja, ich habe sie neulich gesehen.
10. Seit wann kennst du Yolanda? Seit gestern.

6. **Stellen Sie sich folgende Fragen gegenseitig und beantworten Sie diese. Bitte beachten Sie: soler + Verb in Grundform bedeutet „gewöhnlich etwas tun“.**

Beispiele: ¿A qué hora te levantas?
Suelo levantarme a las ocho.

¿Bebes mucho?
No, no suelo beber.

1. ¿Hace buen tiempo en las Islas Canarias?
2. ¿Hace frío en invierno en Alemania?
3. ¿Fumas mucho?
4. ¿Bebes mucho vino?
5. ¿Vas muchas veces al cine?
6. ¿Vas muchas veces a la playa?
7. ¿A qué hora te acuestas?
8. ¿Ves mucho la televisión?
9. ¿Sales (salir – ausgehen) los fines de semana?
10. ¿Vas muchas veces a bailar?

7. **Übersetzen Sie:**

1. Gehört Ihnen dieses Auto? Nein, es gehört mir nicht.
2. Es ist das Auto meiner Frau.
3. Hat Ihr Haus (einen)* Garten (jardín). Ja, mein Haus hat einen hübschen Garten. Und das ihrige?
4. Das unsere hat keinen Garten.
5. Gehört Ihnen dieses Motorrad (la moto)?
6. Ja, dieses Motorrad gehört mir und jenes gehört mir auch.
7. Antonio ist ein guter Freund von mir. Ihm gehört dieses Restaurant.
8. Darf ich dir meine Freundin vorstellen? (Wörtlich zum übersetzen: Ich stelle dir meine Freundin vor).
9. Sehr erfreut.
10. Ganz meinerseits.

* das Wort in Klammern wird im Spanischen nicht übersetzt.

8. **Bilden Sie die Mehrzahl.**

Beispiel: Tú eres alta. → Vosotras sois altas.

1. Yo soy bajo.
2. Esta señora es joven.
3. La mesa es vieja.
4. La falda es bonita.
5. Tú eres simpático.
6. Su coche es negro.
7. Él es inglés.
8. Mi blusa es azul.
9. Ella es española.
10. Esta ciudad es pequeña.

9. **Versuchen Sie, diese Sätze auf spanisch zu sagen oder zu schreiben:**

1. Hast du die Hausaufgaben gemacht?
2. Nein, ich habe sie noch nicht gemacht.
3. Habt ihr den Film „Bodas de Sangre“ gesehen?
4. Ja, wir haben ihn gesehen, er hat uns sehr gut gefallen.
5. Hat dir Pablo gesagt, daß wir heute abend ein Fest geben?
6. Ja, er hat es uns gesagt.
7. Wer hat die Gläser kaputt gemacht? Ich habe sie nicht kaputt gemacht.
8. Können Sie das Fenster bitte aufmachen? Ich habe es schon aufgemacht.
9. Dein Bruder hat heute einen Brief geschrieben.
10. Er hat gesagt, daß er uns zu Weihnachten besuchen wird.

10. **Setzen Sie die passende Form von „conocer“ oder „saber“ ein:**

1. ¿............... (tú) Perú? .... (yo) donde está, pero no lo ....
2. Mi madre .... tres idiomas.
3. No soy de aquí. No .... a nadie en esta ciudad.
4. El niño ya .... a sus padres.
5. No .... (yo) el mar.
6. No .... (yo) donde está Sierra Nevada.
7. No .... (yo) qué hacer.
8. ¿............... (vosotros) a mis amigos? No, no los .... (nosotros).

11. **Setzen Sie ins Futur (Grammatik im Lehrbuch, Lektion 15):**

1. No viene a la fiesta. → No vendrá a la fiesta.
2. Me pongo a estudiar a las ocho.
3. Seguro que te lo dice.
4. Hay 200 personas en la fiesta.
5. ¿Quién **es**? **Es** Victoria.
6. ¿Vas a Costa Rica en las vacaciones?
7. Voy en Navidades.
8. ¿Cuándo vuelves?
9. Vuelvo el 10 de enero.
10. ¿Qué vas a visitar?

12. **Setzen Sie ins Konditional:**

1. Yo no digo eso.
2. ¿Me puede decir ...?
3. ¿Es Ud. tan amable de indicarme ...?
4. ¿Os **gusta** ir a una fiesta de carnaval española?
5. **Preferimos** ir a una fiesta de carnaval brasileña.
6. Este verano **podemos** ir de vacaciones a Venezuela.
7. Yo en tu lugar (Ich an deiner Stelle) pienso más eso.
8. Debes fumar menos.
9. Si te digo lo que me ha costado no te lo **crees.**
10. ¿Haces tú eso?

13. **Setzen Sie die passende Form von „este“, „esta“ usw. ein:**

1. ¿Cuánto cuesta .... camisa?
2. ¿Y .... pantalones?
3. ¿Tiene .... abrigo en la talla 42?
4. .... zapatos son muy caros.
5. .... traje te sienta muy bien.
6. Con .... vestido no puedes ir al teatro.
7. .... falda te queda larga.
8. .... chaqueta me está ancha.

14. **Übersetzen Sie (Wiederholung von „man“; Grammatik im Lehrbuch, Lektion 17):**

1. In der Schweiz spricht man vier Sprachen.
2. In Guadeloupe spricht man Französisch.
3. Man kann es nicht glauben.
4. Man hat mir gesagt, daß du krank bist.
5. Man hat uns betrogen (engañar).
6. Man hat uns dieses Hotel empfohlen.
7. Man kauft nicht ein Auto, ohne es zu sehen.
8. Man hat mich sehr gut bedient.
9. Hier kann man gut essen.
10. Hier darf man nicht rauchen.

15. **Beantworten und verneinen Sie folgende Sätze (Grammatik im Lehrbuch, Lektion 18; „El pronombre indefinido").**

Beispiel: ¿Hay algún taxi libre?
No, no hay ningún taxi libre.

1. ¿Queréis hacer algo el fin de semana?
2. ¿Conoces algún hotel bueno?
3. ¿Tienes mucha prisa?
4. ¿Has vivido siempre en esta casa?
5. ¿Se lo has dicho a alguien?
6. ¿Te queda alguna cerveza?
7. ¿Te comprende alguien?
8. ¿Tienes algo que hacer?
9. ¿Hay alguna carta para mí?
10. ¿Hay algunas personas en la fiesta?
11. ¿Hay algún asiento libre?
12. ¿Tenéis algunos amigos en esa ciudad?

16. **Versuchen Sie, diese Sätze auf spanisch zu sagen oder zu schreiben:**

1. Dieses Kleid ist mir zu eng.
2. Diese Hose ist mir zu groß.
3. Dieser Rock steht dir sehr gut.
4. Diese Schuhe sind mir zu klein.
5. Dieses Hemd ist ihm zu weit.
6. Dieser Mantel steht ihr schlecht.
7. Diese Bluse nehme/kaufe ich.
8. Behalten Sie das Wechselgeld.
9. Es bleibt nichts anderes übrig.
10. Es sind keine Eintrittskarten mehr übrig.

17. **Wie sagt man auf spanisch (Grammatik im Lehrbuch, Lektion 17; Übersetzungsmöglichkeiten von „otro"):**

1. Das ist etwas anderes.
2. Es ist ein anderes Mädchen.
3. Ich habe noch eine halbe Stunde Zeit.
4. Das wiegt (wiegen – pesar) zweieinhalb Kilo.
5. Das Kind ist eineinhalb Jahre alt.
6. Ich arbeite vormittags viereinhalb Stunden.
7. Ich habe ein anderes Problem.
8. An einem anderen Tisch ist Herr de la Torre.
9. Herr Ober, noch ein Bier, bitte.
10. Ich komme ein anderes Mal.
11. Das ist nicht Herr Lozano, es ist jemand anders.
12. Neulich habe ich Luisa getroffen.

18. **Bilden Sie die Sätze nach dem Beispiel:**

lavar/las copas

¿Has lavado ya las copas?
Sí, acabo de lavarlas.
No, las voy a lavar ahora mismo

1. ponerse/el abrigo
2. escribir/la postal
3. hacer/ejercicios
4. probarse/los pantalones

19. **Schreiben Sie das Gegenteil von folgenden Wörtern:**

tampoco, alguien, sentarse, calor, salir, temprano, vender, cerca, el primero, siempre, ninguno, aquí, nuevo, empezar, nada, acostarse.

20. **Übersetzen Sie (Grammatik im Lehrbuch, Lektion 18; Übersetzungsmöglichkeiten von „dejar"):**

1. Meine Eltern haben mich verlassen.
2. Arbeiten/Studieren Sie nicht mehr? Nein, ich habe aufgehört zu arbeiten/zu studieren.
3. Es hört nicht auf zu schneien.
4. Ich habe mir einen Anzug machen lassen.
5. Hör auf mit dem Unsinn!
6. Kannst du mir 10.000 ptas. ausleihen?
7. Hast du dir heute eine Dauerwelle (permanente) machen lassen?
8. Dein Verhalten (comportamiento) läßt viel zu wünschen übrig.

21. **Stellen Sie sich Fragen gegenseitig und beantworten Sie diese nach dem Beispiel:**

Leer/el periódico
¿Has leído ya el periódico?
Sí, estoy leyéndolo/lo estoy leyendo.

1. escribir/la carta
2. lavar/los platos
3. tomar/café
4. hacer/los deberes
5. poner/la mesa

22. **Versuchen Sie, diese Sätze auf spanisch zu sagen oder zu schreiben (Wiederholung der Personalpronomen; Grammatik im Lehrbuch, Lektion 14):**

1. Für wen ist dieses Geschenk? Für dich.
2. Mit wem gehst du heute aus?
   Mit mir oder mit deinen Eltern? Mit dir.
3. Mit ihm kann man sich nicht unterhalten.
4. Zwischen uns ist alles in Ordnung.
5. Von wem sprecht ihr? Wir sprechen über uns.
6. An wen hast du geschrieben? An ihn.
7. Ich will euch nicht mehr sehen.
8. Ich kann ihm nicht helfen.
9. Erinnerst du dich an meine Geschwister?
   Ich erinnere mich an ihn, aber nicht an sie.
10. Sie erinnern sich an jeden von euch.
11. Beweise es mir!
12. Er will es niemandem erzählen.

23. **Übersetzen Sie (Wiederholung zu den Lektionen 6 – 20):**

1. Alberto sucht die Post; er will Briefmarken kaufen.
2. Roberto arbeitet nicht; er lernt Deutsch an der Universität Madrid.
   Er hat wenig Geld. Er geht immer zu Fuß zur Universität.
3. Kennst du Picasso? Ja, er ist ein spanischer Maler des XX. Jahrhunderts. Er gefällt mit sehr.
4. Wo ist der Lehrer? Er ist schon zu Hause.
5. Welchen Beruf haben Sie? Ich bin Ingenieur (ingeniero). Ich habe eine gute Arbeit und verdiene gut.
6. Du tanzt sehr gut. Ich kann nicht tanzen.
7. Ich weiß nicht, wo du wohnst. Schreibe mir bitte deine Adresse (dirección) auf.
8. Meine Freundin spricht Spanisch.
9. England ist eine Insel. Mein Freund kommt aus England. Er spricht sehr gut Deutsch und Spanisch.
10. Die Spanier sprechen sehr schnell.
11. Diego liest die Zeitung jeden Tag.
12. Welche Zigaretten rauchen Sie? Ich rauche nicht mehr. Ich habe neulich aufgehört zu rauchen.
13. Sara fragt den Lehrer, ob er die Grammatik wiederholen kann.

14. Willst du mein Fahrrad kaufen?
15. Warum antwortest du nicht, wenn (cuando) ich dich frage?
16. Ich verstehe diese Frage nicht.
17. Wo willst du diesen Sommer deinen Urlaub verbringen?
18. Wem gehört das Auto vor dem Tabakladen? Es gehört mir.
19. Er sagt, daß er nicht arbeiten geht, weil er krank ist.
20. Ich sage dir, daß er recht hat.
21. Heute habe ich keine Zeit, weil ich mit Silvia ins Kino gehe; aber vielleicht kann ich dich morgen besuchen.
22. Was macht Cristina in Barcelona? Sie besucht ihre Freundin Claudia.
23. Wissen Sie, um wieviel Uhr der Zug aus Madrid ankommt? Er kommt um 17.00 Uhr an.
24. Die Schüler schreiben ein Diktat. Sie machen wenig Fehler.
25. Ich kenne diesen Maler nicht. Ist er bekannt? Ja, er ist sehr berühmt.

1. **Hören Sie die Kassette 2 zum Lehrbuch (Seite A, „¡Date prisa! – En casa de Juan y Teresa") zweimal (einmal mit geöffnetem und einmal mit geschlossenem Lehrbuch); lesen Sie dann den Text mehrmals, schließen Sie die Bücher und beantworten Sie folgende Fragen zum Text:**

   1. ¿Qué está haciendo Teresa?
   2. ¿Quién despierta a Teresa?
   3. ¿Qué hora es?
   4. ¿Por qué tiene que darse prisa Teresa?
   5. ¿Con quién va a viajar Teresa?
   6. ¿A qué hora sale el avión?
   7. ¿Qué vestido se va a poner Teresa para el viaje?
   8. ¿Cómo van a ir Teresa y Marcos al aeropuerto?

2. **Hören oder lesen Sie diesen Teil noch einmal, schließen Sie die Lehrbücher und ergänzen Sie die fehlenden Wörter:**

Juan: ¿Todavía estás ....? .... una hora que ha sonado el despertador. ¡Venga, ... ya y ....!

Teresa: ¿Qué hora es?

Juan: Ya son casi las once.

Teresa: ¿Es tan tarde ya? Anda, ... bueno y .... el desayuno.

Juan: Bueno, pero .... prisa. Marcos ha llamado por teléfono .... un rato y ha dicho que viene a .... a las doce. El avión .... a las tres y tenéis que estar dos horas .... en el aeropuerto.

Teresa: Juan, no sé que ponerme. ¿Qué vestido me ....?

Juan: .... el vestido azul. Te .... muy bien.

Teresa: ¿Nos llevas al aeropuerto?

Juan: ¿No os .... el hermano de Marcos?

Teresa: No, ha .... que no tiene tiempo.

Juan: Bueno, entonces .... llevo yo.

Teresa: Muchas gracias. No sé qué .... sin ti.

3. **Hören Sie die Kassette weiter („En el aeropuerto"), wieder einmal mit geöffnetem und einmal mit geschlossenem Lehrbuch; lesen Sie dann den Text mehrmals, schließen Sie die Bücher und beantworten Sie folgende Fragen zum Text:**

   1. ¿A qué ciudad van Teresa y Marcos?
   2. ¿Con qué compañía aérea viajan?
   3. ¿Dónde tienen que facturar el equipaje?
   4. ¿A qué hora tienen que embarcar?
   5. ¿Qué tienen que hacer los pasajeros antes de embarcar?

4. **Lesen Sie jetzt folgenden Text zu zweit und versuchen Sie dann, das Gespräch mit eigenen Varianten zu spielen.**

En el aeropuerto

Raquel: ¿Dónde tengo que entregar el equipaje, por favor?

Información: Enséñeme sus billetes, por favor. A ver, para el vuelo de Iberia 654 con destino a Río tiene que facturar el equipaje en la ventanilla número seis.

Raquel: Muchísimas gracias.

Azafata: Déme sus billetes, por favor, y ponga las maletas en la báscula.

Raquel: ¿A qué hora hay que embarcar?

Azafata: Lo anunciarán por el altavoz dentro de unos minutos.

Altavoz: ¡Atención, por favor! Señores pasajeros del vuelo de Iberia 654 con destino a Río de Janeiro pasen por el control de pasaportes y diríjanse a la puerta de embarque número quince.

5. **Bilden Sie Sätze nach dem Beispiel:**

¿Compro el coche?
Sí, cómpralo.

1. ¿Preparo el desayuno?
2. ¿Te cuento lo que ha pasado?
3. ¿Hago las maletas?
4. ¿Lavo los vasos?
5. ¿Subo el equipaje a la habitación?
6. ¿Leo el periódico?
7. ¿Pongo la radio?
8. ¿Saco la ropa de la maleta?
9. ¿Me visto?
10. ¿Me levanto?

6. **Schauen Sie die erste Illustration im Lehrbuch zu „¡Date prisa!" an.**

Entre las maletas hay un hombre camuflado (getarnt) de maleta.

1. ¿De qué país piensa que puede ser ese hombre?

- de Inglaterra
- de Francia
- de Escocia
- de Alemania
- de España

Explique por qué piensa Ud. eso.

- por la ropa que lleva
- porque no quiere pagar un billete ya que los habitantes de ese país tienen fama de ahorradores (sparsam) o tacaños (geizig)

2. ¿Qué pueblos tienen fama de ahorradores e incluso de tacaños (geizig)?

- los franceses
- los italianos
- los escoceses
- los andaluces
- los suabios (Schwaben)
- los gallegos

3. ¿De qué pueblo se afirma (behaupten) que han podido heredar (erben) esta característica?

- de los iberos
- de los celtas
- de los romanos
- de los griegos

4. ¿Qué características comunes tienen Escocia y Galicia en la música folklórica y a qué se debe?

- ambas regiones tienen música folklórica con gaita (Dudelsack), debido a la influencia celta
- ambas regiones tienen música folklórica con guitarra, debido a la influencia árabe.

7. **Versuchen Sie, diese Sätze auf spanisch zu sagen oder zu schreiben (Imperativ):**

   1. Mach eine Reise.
   2. Komm bitte bald nach Hause.
   3. Erzählen Sie mir etwas von ihrem Land.
   4. Wenden Sie sich an den Informationschalter.
   5. Bleiben Sie hier, bitte.
   6. Gehen Sie schnell zum Bahnhof, sonst werden Sie den Zug verpassen.
   7. Deck bitte den Tisch.
   8. Sag mir bitte die Wahrheit.
   9. Hab bitte Geduld.
   10. Verlaß (salir) das Zimmer, bitte.

8. **Lesen Sie dieses Rezept:**

   Receta de la sangría

   Mezclar un litro de vino tinto, un vaso de gaseosa (Sprudel), dos copitas de jerez o de coñac. Echar dos limones, dos naranjas y dos melocotones (Pfirsiche) cortados en trocitos (in kleinen Stücken geschnitten) y azúcar a gusto. Preparar todo dos horas antes y servir muy frío.

   Schreiben Sie dann das Rezept und setzen Sie die Verben in den Imperativ:

   Mezcle ....

9. **Bilden Sie Sätze nach dem Beispiel (Wiederholung von Imperativ und Konditional; Grammatik im Lehrbuch, Lektionen 15 und 21):**

   comprar el coche – no tener dinero
   ¡Compra el coche!
   Lo compraría, pero no tengo dinero.

   1. hacer la traducción – no tener tiempo
   2. enviar un regalo a Sofía – no tener su dirección
   3. acompañar a tus invitados – tener mucho trabajo
   4. devolver los libros – no poder ir ahora a la biblioteca
   5. ir a visitar a tus padres – tener que estudiar

10. **Stellen Sie sich gegenseitig folgende Fragen und beantworten Sie diese frei (Wiederholung von Futur; Grammatik im Lehrbuch, Lektion 15).**

    Beispiel: ¿Qué harás si mañana hace buen tiempo?
    Iré a pasear.

    1. ¿Qué harás en las vacaciones de Navidad?
    2. ¿Qué harás el próximo fin de semana?
    3. ¿Qué harás si te toca un millón de marcos en la lotería? (tocar la lotería – im Lotto gewinnen)
    4. ¿Qué hará Ud. si mañana hace sol?
    5. ¿Qué hará Ud. en verano?

11. **Versuchen Sie, diese Sätze auf spanisch zu sagen oder zu schreiben:**

1. Stehen Sie auf und kleiden Sie sich an.
2. Mach bitte heute das Essen, ich fühle mich nicht gut.
3. Stellen Sie bitte die Gläser auf den Tisch.
4. Ziehe bitte heute das blaue Kleid an, es gefällt mir sehr gut.
5. Sagen Sie mir die Wahrheit (la verdad).
6. Beeilen Sie sich, der Zug fährt in wenigen Minuten ab.
7. Lies dieses Buch. Es ist sehr gut. Ich empfehle es dir.
8. Erklären Sie uns die Grammatik noch einmal.
9. Laßt uns gehen.
10. Komm hierher!

12. **Setzen Sie die passende Form von „alguno, ninguno, alguien, nadie“ ein (Grammatik im Lehrbuch, Lektion 18):**

1. .... lo debe de saber.
2. .... personas son muy antipáticas.
3. Eso no lo puede creer ....
4. .... días me acuesto muy tarde.
5. ¿Ha llamado ....? No ha llamado ....
6. ¿ .... de vosotros sabe la respuesta? No, no la sabe .... de nosotros.

13. **Hörverständnisübung – Ejercicio de comprensión auditiva**

Hören Sie zuerst die Kassette „1 plus“ zweimal; danach beantworten Sie, mündlich oder schriftlich, einige Fragen zum Text:

1. ¿Cuál es el parque nacional más grande de Venezuela?
2. ¿Qué extensión tiene?
3. ¿Dónde está situado?
4. ¿Cuáles son los dos saltos de agua (Wasserfall) más altos del mundo?
5. ¿Qué es un Tepuy?
6. ¿Por qué es el Parque Nacional „Canaima“ una de las áreas más importantes de Venezuela y de todo el continente americano?

Vokabel zur Hörverständnisübung:

el cerro großer Hügel, Anhöhe

1. **Hören Sie die Kassette 2 zum Lehrbuch (Seite A, „¿Qué hiciste el fin de semana?") zweimal (einmal mit geöffnetem und einmal mit geschlossenem Lehrbuch); lesen Sie dann den Text mehrmals, schließen Sie die Bücher und beantworten Sie folgende Fragen zum Text:**

   1. ¿Qué hizo Teresa el sábado?
   2. ¿En qué fiesta de cumpleaños estuvo Teresa el domingo?
   3. ¿Se lo pasó bien en la fiesta?
   4. ¿Qué hizo Marcos el sábado y el domingo?
   5. ¿A qué hora se acostó Marcos el domingo?
   6. ¿Tiene Marcos ganas de salir esta tarde?

2. **Hören Sie die Kassette weiter („Diálogos") und wiederholen Sie dies; lesen Sie dann den Text im Lehrbuch mehrmals. Jetzt lesen Sie folgende Dialoge:**

Diálogo 1

A: ¿A qué hora te levantaste ayer?
B: Me levanté a las nueve y media.
A: ¿Qué desayunaste?
B: Desayuné en un bar. Tomé chocolate con churros.
A: ¿Dónde comiste?
B: Cociné en casa con unos amigos.
A: ¿Qué preparasteis?
B: Cordero asado y ensalada.
A: ¿Qué hiciste por la tarde?
B: Por la tarde salí con mis amigos. Fuimos a una discoteca.
A: ¿A qué hora te acostaste?
B: Me acosté a las tres de la madrugada.

Diálogo 2

A: ¿A qué hora se levantó usted ayer?
B: Me levanté a las diez.
A: ¿Qué hizo usted todo el día?
B: Limpié la casa, lavé la ropa, preparé la comida y por la tarde fui al cine.
A: ¿Qué película vio?
B: Vi la última película de Carlos Saura.
A: ¿Le gustó?
B: Sí, me gustó mucho.
A: ¿A qué hora se acostó?
B: Me acosté a las doce.

Jetzt stellen Sie sich gegenseitig Fragen im „Indefinido", per Du oder per Sie, wie Sie möchten, mit den folgenden Verben. Antworten Sie frei (die Antworten müssen nicht der Wirklichkeit entsprechen).

levantarse – desayunar – trabajar – estudiar español – cocinar – comer – hacer – salir – estar – ir al cine – visitar a amigos – cenar – acostarse

3. **Lesen Sie folgende Beispiele und beachten Sie den Unterschied zwischen Perfekt und „Indefinido".**

¿Qué has hecho hoy?	Was hast du heute gemacht?
¿Qué hiciste ayer?	Was machtest du gestern?
Esta semana no he trabajado.	Diese Woche habe ich nicht gearbeitet.
La semana pasada trabajé mucho.	Letzte Woche arbeitete ich viel.
Siempre he fumado mucho.	Ich habe immer viel geraucht.
Anoche fumé muchísimo.	Gestern abend rauchte ich sehr viel.
Ya hemos comido.	Wir haben schon gegessen.
El domingo comí en casa de Juan.	Am Sonntag aß ich bei Juan.

Jetzt setzen Sie die richtige Form der Vergangenheit (Perfekt oder „Indefinido") ein:

1. ¿Qué tiempo .... (hacer) ayer?
2. ¿Te .... (comprar, tú) un coche nuevo este año?
3. ¿................ (ver, tú) a mi hermano ayer?
4. Esta mañana .... (ver, yo) a Emilio.
5. ¿............... (estar, Ud.) alguna vez en Brasil?
6. El año pasado .... (estar, yo) en Río de Janeiro.
7. ¿............... (salir) ya Luis?
8. ¿Adónde .... (ir, tú) de vacaciones el verano pasado?
9. Esta mañana .... (ir, nosotros) de compras.
10. Anoche en la fiesta de cumpleaños de Rosa .... (pasárselo, yo) muy bien.

4. **Schreiben oder erzählen Sie, was Sie diese Woche und diesen Monat gemacht haben.**

5. **Lesen Sie den gestrigen Tagesablauf von Jacinto:**

Ayer, sábado, Jacinto se levantó temprano. Desayunó un poco en casa y después fue a visitar a sus padres. Llegó a las diez a casa de sus padres. Fue de compras con su madre. Compraron comida para todo el fin de semana y también unos pantalones para él.

A mediodía Jacinto comió con toda la familia. Después de comer fueron a pasear. Por la tarde salió con sus amigos. Primero fueron a un restaurante a cenar, después fueron al cine a ver una película nueva y luego estuvieron en un Pub tomando unas copas. Se acostó a las dos de la madrugada.

Jetzt schreiben oder erzählen Sie Ihren gestrigen Tagesablauf.

Dann erzählen Sie, was Roberto und Adela gestern machten (im „Indefinido"). Bilden Sie die Sätze frei.

levantarse temprano, desayunar rápidamente, ir al aeropuerto, tomar un taxi, llegar al aeropuerto, facturar el equipaje, embarcar, gustar (el viaje), llegar a Sevilla a mediodía, llegar al hotel a las dos, reservar una habitación para dos días; por la tarde visitar a unos amigos, alegrarse mucho de verlos; cenar con los amigos en un restaurante, escoger platos nacionales; al día siguiente informarse en una oficina de turismo de los lugares turísticos más interesantes, visitar algunos de esos lugares, quedarse muy impresionados, gustarles más "La Giralda"; cenar en casa de sus amigos; después de cenar ir a un "tablao" (kleines Flamencotheater), volver al hotel a las tres de la madrugada.

6. **Setzen Sie die richtigen Verbformen im „Indefinido“ ein:**

1. ¿Dónde .... (estar, tú) ayer?
2. Ayer .... (quedarse, yo) en casa.
3. ¿Por qué no .... (ir, tú) ayer a la escuela?
4. Porque .... (estar, yo) enfermo y .... (quedarse, yo) en cama.
5. Ayer Alberto .... (llegar) tarde a trabajar. El jefe .... (enfadarse) mucho.
6. Anoche los niños .... (volver) muy tarde a casa.
7. Ayer los alumnos no .... (hacer) los deberes.
8. El sábado .... (levantarse, yo) temprano e .... (hacer) un poco de gimnasia.
9. La semana pasada .... (llover) mucho.
10. En diciembre .... (nevar) mucho.

7. **Bilden Sie Sätze nach dem Beispiel (Wiederholung von Imperativ und Perfekt):**

estudiar, tú / la lección
¡Estudia la lección!
Ya la he estudiado.

1. saludar, ustedes / profesor
2. visitar, usted / el museo Picasso
3. leer, tú / este libro
4. abrir, usted / la carta
5. poner, tú / la mesa
6. invitar, tú / Felipe
7. hacer, usted / los ejercicios
8. aprender, vosotros / las palabras

8. **Versuchen Sie, diese Sätze auf spanisch zu sagen oder zu schreiben (Wiederholung von Lektion 19):**

1. Ich möchte eine Fahrkarte nach Torrevieja, hin und zurück.
2. Um wieviel Uhr fährt der Zug ab? Er fährt um 22.45 h.
3. Um wieviel Uhr kommt der Zug an? Er kommt um 7.15 h.
4. Muß man umsteigen?
5. Ja, Sie müssen in Alicante umsteigen.
6. Ist der Zug schon abgefahren?
7. Der Zug fährt in wenigen Minuten ab.
8. Sie müssen sich beeilen.
9. Der Zug kommt pünktlich an.
10. Wir steigen in den Zug ein und setzen uns.

9. **Hörverständnisübung – Ejercicio de comprensión auditiva**

Hören Sie zuerst die Kassette „1 plus“ zweimal; danach beantworten Sie, mündlich oder schriftlich, einige Fragen zum Text:

1. ¿Qué profesión tiene Raúl Herrera?
2. ¿Viaja con frecuencia?
3. ¿Dónde estuvo el mes pasado?
4. ¿Cuánto tiempo pasó allí en Venezuela?
5. ¿Qué tiempo hizo en Venezuela?
6. ¿Qué ciudades visitó en Venezuela?
7. ¿Qué es lo que más le gustó del país?
8. ¿Qué país visitó después?
9. ¿Por qué las Islas Galápagos son interesantísimas?
10. ¿Cuándo regresó Raúl de su viaje?

23 Ejercicios

1. **Hören Sie die Kassette 2 zum Lehrbuch (Seite A, „Encuentros“ – Diálogos 1 bis 7) zweimal (einmal mit geöffnetem und einmal mit geschlossenem Lehrbuch, jeden Dialog einzeln); lesen Sie dann den Text mehrmals, schließen Sie die Bücher und ergänzen Sie die fehlenden Wörter.**

Diálogo 1

A: ¿Cuándo has .... de tu viaje a Andalucía?

B: .... ayer.

A: ¿Estuviste en Granada?

B: Claro. .... tres días allí. .... La Alhambra, el Generalife y el Sacromonte. Me .... mucho. También estuve en Ronda, Sevilla, Jerez de la Frontera y algunos pueblos de la famosa ruta de los pueblos blancos.

A: ¿.............. en Córdoba también?

B: No, no pude ir, no .... tiempo.

A: ¿.............. a un tablao flamenco?

B: Sí, estuve en un tablao en Sevilla

A: ¿Te ....?

B: Sí, me gustó mucho.

Diálogo 2

A: ¿Qué hiciste ayer?

B: .... al cine.

A: ¿Qué película viste?

B: .... una película de Carlos Saura.

A: ¿Qué te ....?

B: No me .... mucho. La otra película de Saura que .... (nosotros) el mes pasado me .... más interesante.

Diálogo 3

A: ¿Dónde estuvisteis en las vacaciones de verano?

B: .... a unos amigos en Santander. Se alegraron mucho de vernos.

A: ¿.............. (vosotros) a la playa?

B: No, fuimos a los Picos de Europa. Nos .... mucho escalar.

A: ¿Os lo pasasteis bien?

B: Sí, nos lo .... muy bien.

Diálogo 4

A: ¿Qué .... ayer? Te estuve esperando dos horas en mi casa. ¿Dónde te metiste? ¿Por qué no ....?

B: Te llamé a las diez y no .... nadie.

A: Esas no son horas de llamar un domingo. A esas horas estoy ....

B: ¡No me digas! Yo me .... el domingo a las ocho.

A: ¡Madre mía! ¿Qué .... tan pronto?

B: Me duché, desayuné y a las diez me .... al Rastro.

A: ¿Compraste algo?

B: Sí, ... un cuadro para mi hermana. Es su cumpleaños la semana próxima.

A: ¿Cuánto pagaste por el cuadro?

B: .... 5.000 pesetas.

Diálogo 5

A: ¡Hola, Manolo! ¿Leíste ayer el periódico?

B: No, no lo ....

A: ¿Y .... las noticias en la televisión?

B: No, no las vi tampoco. ¿Por qué? ¿.............. algo importante?

A: Sí, ayer .... un terremoto en Irán y .... 400.000 personas. Pero, ¿qué hiciste ayer?

B: Ayer no .... nada en todo el día. .... todo el día durmiendo.

Diálogo 6

A: ¿Qué tiempo hizo la semana pasada en Madrid?

B: .... mucho frío y llovió, pero, afortunadamente, no .... Hace dos semanas nevó mucho y .... un accidente con la moto.

A: ¿Se .... usted de la moto?

B: Si, me caí, pero, por suerte, no me .... nada.

A: ¡Menos mal!

Diálogo 7

A: ¡Qué sorpresa, Ricardo! ¡Cuánto tiempo sin verte! ¿De dónde .... ?

B: De esquiar.

A: ¿Te lo has .... bien?

B: No, muy mal. No te puedes imaginar la mala suerte que he ....

A: ¿Por qué? ¿Qué te ha pasado?

B: Primero me .... la cámara fotográfica y 20.000 ptas. Después .... un accidente esquiando. Y por si fuera poco, ayer por la noche el tren .... con dos horas de retraso. Sin darme cuenta me .... en primera clase y cuando llegó el revisor .... que pagar 4.000 ptas de diferencia.

A: ¡Madre mía! A veces es mejor no .... de vacaciones.

2. **Lesen Sie jetzt zuerst folgende Dialoge:**

Diálogo 1

A: ¿Dónde estuviste en las vacaciones de verano?
B: Estuve en Galicia.
A: ¿Te gustó?
B: Sí, muchísimo. Primero visité Santiago de Compostela. Es una ciudad magnífica. Después fui a La Coruña y recorrí todas las Rías Bajas.
A: ¿Fuiste a la playa?
B: Sí, claro. Hay unas playas maravillosas y además tuve suerte porque hizo buen tiempo y no llovió ningún día.
A: ¿Te lo pasaste bien?
B: Sí, me lo pasé muy bien y pienso volver otro año.

Stellen Sie sich gegenseitig ähnliche Fragen und antworten Sie mit ihren eigenen Angaben.

Diálogo 2

A: ¿Qué hiciste el sábado?
B: Por la mañana fui de compras y después arreglé un poco la casa y cociné. Por la tarde estudié un poco y después fui al cine.
A: ¿Qué película viste?
B: Vi una película de Carlos Saura.
A: ¿Qué te pareció?
B: No me gustó mucho. La otra película de Saura que vimos el mes pasado me pareció más interesante.

Fragen Sie sich dann gegenseitig, was Sie gestern oder am Wochenende gemacht haben. Benutzen Sie das „Indefinido" und antworten Sie mit eigenen Varianten.

Diálogo 3

A: ¿Qué tiempo hizo la semana pasada en Madrid?
B: Hizo mucho frío y llovió, pero, afortunadamente, no nevó.
A: ¿Y en Murcia?
B: En Murcia hizo buen tiempo, hizo sol pero no pude bañarme en la playa.

Stellen Sie sich nun Fragen, wie das Wetter gestern oder letzte Woche war.

3. **Schreiben Sie Sätze im „Indefinido" in der 1. Person Singular mit den folgenden Verben. Beachten Sie bitte die orthographischen Veränderungen (Grammatik im Lehrbuch, Lektion 23).**

buscar, sacar, hacer, cruzar, empezar, llegar, pagar, acercarse, rogar, cruzar, organizar

Beispiel: Ayer busqué mi reloj, pero no lo encontré.

1. ______________________________
2. ______________________________
3. ______________________________
4. ______________________________

5. ______________________________

6. ______________________________

7. ______________________________

8. ______________________________

9. ______________________________

10. ______________________________

Schreiben Sie Sätze im Imperativ in der Höflichkeitsform („Sie") mit folgenden Verben:

dirigirse, seguir, escoger, elegir, recoger

1. Diríjase a la puerta de embarque número cinco.
2. ______________________________
3. ______________________________
4. ______________________________
5. ______________________________

Schreiben Sie Sätze im „Indefinido" in der 3. Person Singular mit folgenden Verben:

leer, oír, caerse

1. ______________________________
2. ______________________________
3. ______________________________

4. **Erzählen Sie aus Ihrem Leben. Benutzen Sie das „Indefinido". Wählen Sie, wenn Sie möchten, zwischen folgenden Verben:**

nacer (zur Welt kommen), pasar los primeros años de su vida en ... , ingresar en la escuela a los ... años, estudiar, aprender idiomas, terminar la escuela en el año ... , aprender un oficio, ingresar en la universidad, terminar los estudios, empezar a trabajar, (no) casarse

5. **Stellen Sie sich gegenseitig Fragen mit folgenden Verben und beantworten Sie diese nach den Beispielen. Benutzen Sie bitte das „Indefinido". Der Zeitpunkt bzw. der Zeitraum muß abgeschlossen sein (ayer, el lunes, las vacaciones).**

Beispiele: ¿A qué hora te levantaste / se levantó Ud. ayer / el sábado?
Me levanté a las ocho y media.

¿Qué hizo en las últimas vacaciones?
Fui a ... / Estuve en ... / Visité ...

levantarse, ducharse, desayunar, salir de casa, ir a trabajar, tomar (medio de transporte), comer, volver a casa, cocinar, visitar, ver la T.V., pasar la noche, leer, ir a bailar, ir al cine, gustar, hacer, acostarse

Kombinieren Sie die Verben mit dem passenden Ausdruck:

a qué hora, cuándo, adónde, qué, cuánto tiempo, cómo, a quién

6. **Lesen Sie:**

Hoy he tenido que hacer un viaje. No he podido dormir bien. Me he levantado temprano, me he duchado y me he vestido. He terminado de preparar las maletas, después he pedido (pedir – bestellen) un taxi. El taxi ha tardado más de quince minutos en llegar. He llegado al aeropuerto en el último momento. He subido al avión y he dormido todo el tiempo hasta llegar a Munich.

En Munich he tenido que resolver unos negocios. Por la tarde he visitado la ciudad y he cenado en un restaurante típico bávaro. He vuelto al hotel y me he acostado a las once y media.

Jetzt erzählen oder schreiben Sie diese kleine Geschichte „eine Woche später".

La semana pasada tuve ....

7. **Bilden Sie Sätze nach dem Beispiel:**

¿Has comprado ya el coche? Sí, lo compré ayer.

- hacer los ejercicios
- devolver el diccionario a la biblioteca
- escribir el artículo sobre Perú
- ver al Sr. Velázquez
- visitar a Rogelio
- leer el documento
- limpiar la casa
- preparar la clase
- pagar la factura
- encontrar un apartamento

8. **Setzen Sie die Verben in den Klammern im „Indefinido" ein:**

1. El año pasado .... (preferir, él) no ir de vacaciones.
2. Dora nunca .... (creer) en los políticos.
3. El terremoto (Erdbeben) .... (destruir) una parte de la ciudad.
4. La señora Bautista .... (oír) las noticias.
5. Ayer .... (caer) muchas hojas (Blätter) de los árboles.
6. Tres presos (Gefangene) .... (huír) de la cárcel (Gefängnis).
7. Nora .... (decir) la verdad.
8. Vosotros .... (venir) el sábado muy tarde a casa.
9. Ayer .... (hacer) mucho frío.
10. Diana .... (poner) un telegrama ayer a sus padres.
11. Gaudí .... (construir) la Sagrada Familia.
12. Nosotros no .... (poder) terminar el trabajo a tiempo.
13. Ayer .... (llegar, yo) tarde a la oficina.
14. El lunes .... (sacar, yo) 200 marcos del banco y hoy no tengo ya dinero.
15. El fin de semana .... (organizar, yo) una fiesta.

9. **Schauen Sie die Illustration im Lehrbuch zu „Encuentros“ (unter Diálogo 4) an und beantworten Sie folgende Fragen:**

1. ¿Dónde le parece que sucede la escena?
   – en el Rastro de Madrid
   – en Ibiza
   – en Montmartre, en París
2. ¿A quién pinta el pintor?
   – a la chica morena (dunkelhaarig)
   – a la chica rubia (blond)
3. ¿Por qué cree Ud. que pinta a la chica rubia y no a la morena, que es la que está posando (die als Modell steht) en ese momento?
   – porque la chica rubia le gusta más al pintor
   – para llamar la atención de los transeúntes con una finalidad publicitaria
4. ¿Tiene Ud. humor y encuentra esta ilustración graciosa o le parece una falta de tacto o una cuestión de mal gusto?
5. ¿Qué haría Ud. en el caso de ser la chica morena?
6. ¿Cree Ud. que esta situación puede ocurrir en la realidad?
7. ¿Qué piensa en general sobre los retratos?
8. ¿Se ha retratado Ud. alguna vez o le gustaría retratarse?

10. **Beantworten Sie folgende Fragen im Futur nach dem Beispiel (Wiederholung des Futur; Grammatik im Lehrbuch, Lektion 15):**

¿Vamos a tener buen tiempo mañana?
Sí, creo que mañana tendremos buen tiempo.

1. ¿Vamos a hacer una excursión mañana?
2. ¿Vamos a ir a un cabaret esta noche?
3. ¿Vamos a ver esta película hoy?
4. ¿Vamos a hacer el viaje el fin de semana?
5. ¿Vamos a salir el sábado?
6. ¿Vamos a bañarnos mañana en la playa?
7. ¿Va a hacer sol mañana?
8. ¿Va a nevar mañana?
9. ¿Va a llover mañana?
10. ¿Vamos a llegar a tiempo?

11. **Bilden Sie unpersönliche Sätze mit „uno“ bzw. „una“.**

Beispiel: En una situación así uno/una se siente mal.

– llegar a cansarse
– aburrirse (sich langweilen)
– enfadarse
– no poder hacer nada
– quedar mal
– ponerse enfermo (-a)
– volverse loco (-a)
– perder la paciencia
– llegar a enamorarse
– ofenderse (beleidigen)
– pensar mal
– sentirse bien

12. **Lesen Sie laut zur Übung der verschiedenen Bedeutungen von „parecer" – scheinen; aussehen als ob; (dazu) meinen; finden; recht sein:**

¿Qué te parece?	Was meinst du dazu?
Me parece bien/mal.	Es ist mir recht/nicht recht.
Me parece que no viene.	Es scheint mir, daß er/sie nicht kommt.
Me ha parecido que ...	Es schien mir, daß ...
Me pareció que ...	Es schien mir, daß ...
Si te parece ...	Wenn du meinst/wenn es dir recht ist ...
¿No te parece muy caro?	Ist dir das nicht zu teuer?
La película no me pareció muy interesante.	Ich fand den Film nicht sehr interessant.
Al parecer...	Anscheinend ...
A mi parecer ...	Meiner Meinung nach ...
Parece otra.	Sie scheint eine andere zu sein.
Se parecen como dos gotas de agua.	Sie ähneln sich wie ein Ei dem anderen. (wörtlich: wie 2 Wassertropfen)

Nun schreiben Sie einige vollständige Sätze mit „parecer":

1. ______________________________
2. ______________________________
3. ______________________________
4. ______________________________
5. ______________________________
6. ______________________________
7. ______________________________
8. ______________________________

13. **Versuchen Sie, diese Sätze auf spanisch zu sagen oder zu schreiben:**

1. Es geschah vor drei Jahren.
2. Sie heirateten vor einigen Monaten.
3. Ich lernte sie (weiblich) vor zehn Monaten kennen.
4. Seit damals habe ich sie nicht mehr gesehen.
5. Vor langer Zeit lernte ich Englisch.
6. Vor drei Wochen besuchte mich Aurelio.
7. Seit jenem Tag habe ich ihn nicht mehr besucht.
8. Neulich habe ich ihren Bruder getroffen.

14. **Hörverständnisübung – Ejercicio de comprensión auditiva**

Hören Sie zuerst die Kassette „1 plus" zweimal; danach beantworten Sie, mündlich oder schriftlich, einige Fragen zum Text:

1. ¿A quién debe su nombre Colombia?
2. ¿Cuál es la capital de Colombia?
3. ¿Dónde está situada Colombia?
4. ¿Cuántas personas trabajan en la agricultura?
5. ¿Se cultiva todo el campo?
6. ¿Cuál es el producto principal que Colombia produce y exporta?
7. ¿Dónde se produce el café?
8. ¿Quién gana la mayor parte del dinero en la exportación?

1. **Hören Sie die Kassette 2 zum Lehrbuch (Seite A, „En la consulta del médico“) zweimal (einmal mit geöffnetem und einmal mit geschlossenem Lehrbuch); lesen Sie dann den Text mehrmals, schließen Sie die Bücher und beantworten Sie folgende Fragen zum Text:**

   1. ¿Quién va a la consulta del médico?
   2. ¿Cómo se siente Don Enrique?
   3. ¿Qué le duele a Don Enrique?
   4. ¿Tiene fiebre Don Enrique?
   5. ¿Fuma y bebe alcohol Don Enrique?
   6. ¿Qué enfermedades ha habido en la familia de Don Enrique?
   7. ¿Tiene Don Enrique problemas amorosos o familiares?
   8. ¿Practica Don Enrique deportes?
   9. ¿Por qué va Don Enrique a la consulta del médico?
   10. ¿Qué le dice el médico a Don Enrique?

2. **Hören oder lesen Sie noch einmal diesen Teil, schließen Sie die Bücher und ergänzen Sie die fehlenden Wörter:**

Médico:	Buenas tardes, Don Enrique. ¿Cómo está Ud.?
Paciente:	No muy bien. Me .... mal. No .... dormir y no tengo apetito.
Médico:	¿Le .... la cabeza o la garganta?
Paciente:	No, doctor.
Médico:	¿................. fiebre?
Paciente:	Creo que no.
Médico:	¿Qué enfermedades ha .... en su familia?
Paciente:	Ninguna. Mi abuelo .... a los 94 años. Mi padre .... hasta los 88 y mi madre ya tiene 90. Y yo también quiero .... a esa edad.
Médico:	¿Fuma Ud.?
Paciente:	No, ... he fumado.
Médico:	¿Bebe alcohol?
Paciente:	.... una gota.
Médico:	¿Tiene problemas amorosos o familiares?
Paciente:	No, tampoco. Estoy .... y no tengo novia.
Médico:	¿.............. deportes?
Paciente:	No, es demasiado peligroso.
Médico:	Mire, no comprendo en .... por qué quiere vivir hasta los 90 años.

3. **Lesen Sie:**

Médico: Buenas tardes, Don Antonio. ¿Cómo está Ud.?
Paciente: No muy bien. Me siento mal.
Médico: ¿Le duele la cabeza o la garganta?
Paciente: No, doctor. Me duele el estómago.
Médico: ¿Fuma Ud.?
Paciente: Sí, fumo mucho porque estoy muy nervioso.
Médico: ¿Bebe alcohol?
Paciente: Tomo como mínimo cuatro cervezas al día y los días que salgo por la noche unas siete u ocho.
Médico: ¿Tiene problemas familiares?
Paciente: Mi mujer se ha divorciado de mí y esto me ha afectado mucho.
Médico: ¿Practica deportes?
Paciente: No, no tengo mucho tiempo.
Médico: Mire, lo primero que tiene que hacer es dejar de fumar y beber, además le vendría muy bien hacer deporte. Y usted todavía es joven y puede encontrar todavía otra mujer. Anímese y no se preocupe. Le voy a recetar unas medicinas homeopáticas para los nervios y vuelva la semana próxima.

Jetzt spielen Sie zu zweit einen Dialog beim Arzt mit etwas Fantasie. Als Hilfe hier einige wichtige Körperteile:

El cuerpo humano

la cabeza	der Kopf
el brazo	der Arm
la pierna	das Bein
la rodilla	das Knie
la espalda	der Rücken
la garganta	die Kehle, der Hals
los dientes	die Zähne
las muelas	die Backenzähne
el corazón	das Herz
el riñón	die Niere
el hígado	die Leber
el pulmón	die Lungen
el estómago	der Magen
la barriga	der Bauch

4. **Lesen Sie folgende Sprichwörter und versuchen Sie, die Bedeutung mit einem Beispiel oder mit anderen Worten auf spanisch zu erklären:**

1. Ojos que no ven, corazón que no siente.
2. A caballo regalado no le mires el diente.
3. En boca cerrada no entran moscas.
4. Se me hace la boca agua.
5. Estoy hasta las narices.
6. Son uña y carne.
7. Cuesta un ojo de la cara.
8. Tiene más ojos que barriga.
9. Tiene cara de pocos amigos.

5. **Lesen Sie folgende Sätze zur Übung der verschiedenen Bedeutungen von „werden“ und fragen Sie Ihren/Ihre Lehrer(in) nach den Worten oder Konstruktionen, die Sie nicht verstehen. Einige Übersetzungsmöglichkeiten von „werden“ finden Sie im Lehrbuch, Grammatik, Lektion 24:**

La Torre Eiffel se ha convertido en un símbolo de orgullo de París.
Siempre me pongo muy triste cuando pienso en las injusticias que suceden en este mundo.
Rosa se ha puesto muy nerviosa antes de los exámenes.
Me he puesto enfermo de los nervios, del estrés que tengo.
Hombre, no te pongas furioso. La cosa no es para tanto.
Mi amigo, desde que se ha hecho famoso, se ha vuelto muy orgulloso.
Me he vuelto loco haciendo este ejercicio.

Belén quiere ser bióloga.
Ruth está estudiando para azafata (Stewardeß).
Olga se ha hecho química.
¿Cuántos años cumples/has cumplido? Cumplo/He cumplido 80 años.
Yo también quiero llegar a los 80 años.
Empieza a mejorar/empeorar el tiempo.
Empieza a hacer frío/calor.
Empieza a amanecer/oscurecer.
¿Qué ha sido de tu vida?
He envejecido diez años haciendo este libro.

Versuchen Sie nun, folgende Sätze auf spanisch zu schreiben:

1. Madrid ist eine internationale Stadt geworden.
2. Ich will Tänzerin (bailarina) werden.
3. Es wird kalt.
4. Julio ist verrückt geworden. Er hat aufgehört zu studieren.
5. Es wird bald Sommer.
6. Es ist spät geworden.
7. Wie alt werden Sie? Ich werde morgen 55. Ich möchte nicht sehr alt werden.
8. Jorge ist sehr traurig geworden, weil seine Freundin ihn verlassen hat.
9. Was ist aus deinem Bruder geworden?
10. Enrique ist krank geworden.

6. **Schreiben Sie zu der Illustration die Namen der Körperteile:**

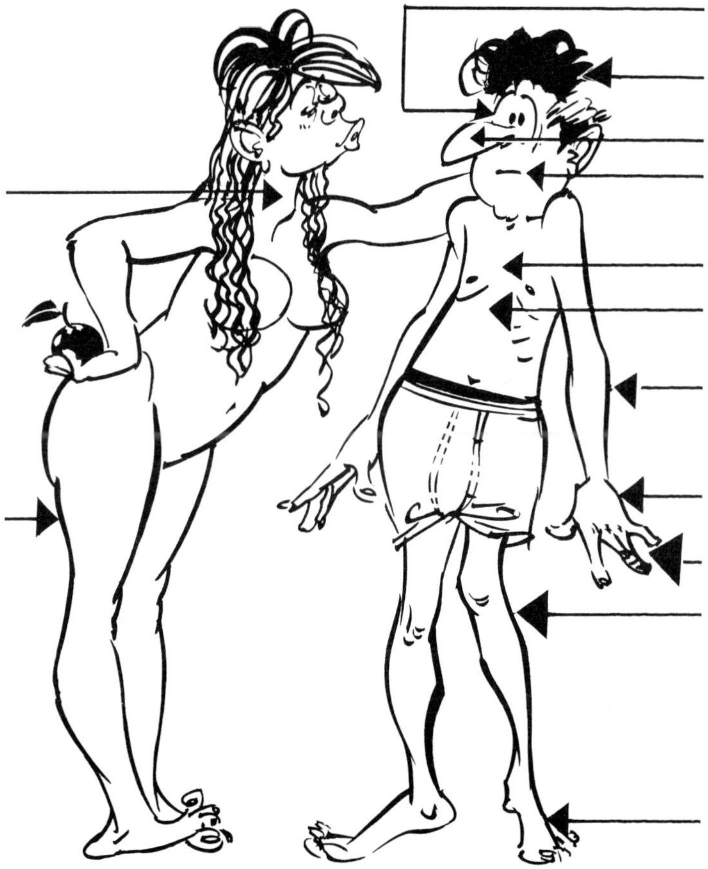

7. **Setzen Sie die richtigen Verformen im „Indefinido" ein (Grammatik im Lehrbuch, Lektion 23; „Indefinido"):**

1. Cervantes .... (nacer) en 1547 y .... (morir) en 1616.
2. Mis padres .... (llegar) el pasado lunes de vacaciones. Yo .... (llegar) ayer.
3. Mis padres .... (casarse) muy jóvenes.
4. Ayer cuando yo .... (salir) de la escuela, ... (encontrarse, yo) a mi tía.
5. Ayer .... (llover) mucho. No .... (salir, yo) de casa. .... (quedarse) en casa.
6. La semana pasada .... (nevar) mucho y mi novio .... (tener) un accidente. .... (caerse, él) de la moto.
7. La semana pasada no .... (poder, yo) ir a trabajar.
8. ¿Qué te .... (decir) Jorge cuando se lo .... (contar, tú)? No me .... (decir, él) nada.

8. **Versuchen Sie, folgende Sätze auf spanisch zu schreiben.**

Bitte beachten: Benutzen Sie das „Indefinido" auch, wenn auf deutsch die Verben im Perfekt stehen.

1. Gestern war ich den ganzen Tag in der Universität.
2. Am vormittag habe ich drei Vorlesungen (clases) gehabt.
3. Um eins habe ich zu Mittag gegessen.
4. Nach dem Essen bin ich in die Bibliothek gegangen.
5. Ich habe einige Bücher zurückgegeben (devolver).
6. Ich bin um fünf nach Hause zurückgegangen.
7. Ich habe zuerst gekocht und dann zu Abend gegessen.
8. Nach dem Abendessen habe ich eine Übersetzung gemacht.
9. Im Februar habe ich eine Woche bei meinen Eltern verbracht.
10. Den ersten Tag habe ich viel geschlafen.
11. Am Sonntag habe ich einen Ausflug gemacht.
12. Nachmittags bin ich ins Kino gegangen.
13. Ich habe einen sehr interessanten Film gesehen.
14. Einmal war ich auf einem Fest.
15. Ich habe mich gut amüsiert.

9. **Setzen Sie die richtige Form der Vergangenheit ein (Perfekt oder „Indefinido"; Grammatik im Lehrbuch, Lektion 22):**

1. Ayer no .... (hacer, yo) nada.
2. Esta mañana la secretaria .... (escribir) muchas cartas.
3. El verano pasado no .... (poder, yo) ir de vacaciones.
4. Me acuesto siempre tarde. Anoche .... (acostarse, yo) pronto.
5. Como siempre a las dos. Ahora son las tres y todavía no .... (comer, yo)
6. ¿Queréis comer? No, gracias. Ya .... (comer, nosotros)
7. Siempre me .... (gustar, a mí) bailar.
8. Siempre .... (fumar, yo) mucho.
9. El domingo pasado no .... (tener, yo) tiempo de visitar a mis padres.

10. Este verano Paco .... (estar) de vacaciones en Venezuela.
11. Anoche mi madre .... (dormir) mal.
12. Ayer Aurelio .... (sentirse) mal.
13. Él .... (preferir) ir a trabajar hoy aunque todavía no está bien.
14. La semana pasada no .... (poder, yo) ir a trabajar.
15. En Brasil el pueblo .... (elegir) un mal presidente.

10. **Übersetzen Sie (Wiederholung von „hace, desde hace, desde“; Grammatik im Lehrbuch, Lektion 16):**

1. Ich lernte meine Freundin vor einem Jahr kennen.
2. Ich bin seit Dezember mit ihr befreundet.
3. Vor zwei Wochen haben wir (uns) gestritten (discutir/pelearse).
4. Seit damals kann ich nicht gut schlafen und bin sehr traurig.
5. Neulich habe ich sie angerufen.
6. Sie ist seit einigen Tage nicht (mehr) böse, aber sie hat sich nicht getraut (atreverse), mich anzurufen.
7. Seit wir uns kennen haben wir uns immer sehr gut verstanden.
8. Sie ist Spanierin und wohnt seit 10 Jahren in Deutschland.

11. **Hörverständnisübung – Ejercicio de comprensión auditiva**

Hören Sie zuerst die Kassette „1 plus“ zweimal; danach beantworten Sie, mündlich oder schriftlich, einige Fragen zum Text:

1. ¿Cuántos habitantes tiene Buenos Aires?
2. ¿Cómo es la población de Buenos Aires?
3. ¿Cómo se le llama a la gente de Buenos Aires?
4. ¿Qué significa “porteño”?
5. ¿Cómo es la vida cultural en Buenos Aires?
6. ¿Cuál es uno de los más famosos teatros del mundo?
7. ¿Cuál es la avenida más ancha del mundo?
8. ¿Conoce Ud. Buenos Aires o alguna ciudad de Argentina? Hable sobre ella.

1. **Hören Sie die Kassette 2 zum Lehrbuch (Seite A, „Galicia; Situación geográfica – Emigración") zweimal (einmal mit geöffnetem und einmal mit geschlossenem Lehrbuch); lesen Sie dann den Text mehrmals, schließen Sie die Bücher und beantworten Sie folgende Fragen zum Text:**

   1. ¿Dónde está situada Galicia?
   2. ¿Cuáles son las consecuencias de la superpoblación de Galicia?
   3. ¿Cuántos idiomas se hablan en Galicia?
   4. ¿Es el gallego una lengua románica?
   5. ¿En qué siglo llegaron los celtas a España y de dónde vinieron?
   6. ¿Tiene el gallego influencia celta?
   7. ¿Cómo es el clima y el paisaje de Galicia?
   8. ¿Cuándo empezaron a emigrar los gallegos y a qué países o regiones de España fueron?
   9. ¿Cuál es el país de Hispanoamérica que más gallegos tiene?
   10. ¿Cuál es el país de Europa que más emigrantes gallegos tiene?

2. **Hören Sie die Kassette nun weiter („Ciudades principales"), wieder einmal mit geöffnetem und einmal mit geschlossenem Lehrbuch; lesen Sie dann den Text mehrmals, schließen Sie die Bücher und beantworten Sie folgende Fragen:**

   1. Haga un resumen de la leyenda que dio nombre a Santiago de Compostela.
   2. ¿Qué es el camino de Santiago?
   3. ¿Por qué se convirtió Santiago en un lugar de peregrinación tan importante?
   4. ¿Cuál es el origen del nombre "Santiago de Compostela"?

3. **Hören Sie die Kassette weiter („Economía regional – Folklore"), einmal mit geöffnetem und einmal mit geschlossenem Lehrbuch; lesen Sie dann den Text mehrmals, schließen Sie die Bücher und beantworten Sie folgende Fragen zum Text:**

   1. ¿En qué se basa la economía de Galicia?
   2. ¿Qué productos cultiva Galicia?
   3. ¿Por qué es tan baja la productividad agrícola?
   4. ¿Cómo se podría aumentar la productividad agrícola?
   5. ¿Tiene Galicia mucho turismo y de dónde procede?
   6. ¿Tiene el folklore gallego influencia celta?

4. **Ergänzen Sie die fehlenden Wörter:**

   Situación geográfica – Población – Idiomas

   Galicia está situada en el .... de la Península Ibérica. Galicia .... siempre una región muy poblada. Las consecuencias de esta superpoblación .... la emigración y el minifundismo.

   En Galicia se .... dos idiomas: el gallego y el castellano. En el siglo VII antes de Cristo .... a España los celtas, procedentes del sur de Alemania. Se instalaron preferentemente en Galicia y Portugal. Los romanos .... el territorio llamado Gallaecia hacia el año 19 antes de Cristo. El latín con el sustrato celta fue el origen de la lengua gallega y de la portuguesa.
   Después de la independencia de Portugal en el siglo XV, el gallego recibe cada vez más .... del castellano y .... como lengua escrita hasta el siglo XIX.

Emigración

Desde el siglo XVIII la emigración es algo normal en Galicia a .... de la superpoblación y de la .... de trabajo. Unos .... a otras regiones de España, otros a América del Sur. En Argentina, por ejemplo, viven más de 600.000 gallegos. Finalmente, entre 1960 y 1970, los emigrantes gallegos .... a Alemania, Suiza, Francia y Holanda.

Economía regional

La economía de Galicia .... en la agricultura, la ganadería y la pesca. La conserva y la exportación de pescado a otras regiones de España y al extranjero son las .... industrias de Galicia.

Los agricultores gallegos .... campos pequeños (minifundios). Las parcelas son numerosas, muy pequeñas y .... unas de otras. La explotación y la .... son muy difíciles y por ello se .... una reforma agraria para .... la productividad.

5. **Bilden Sie Sätze nach dem Beispiel (Nebensatzverkürzungen mit Infinitiv; Grammatik im Lehrbuch, Lektion 25):**

Cuando salí del hotel, encontré a un amigo.
Al salir del hotel, encontré a un amigo.

1. Esto te pasa **porque eres** demasiado tonto (dumm).
2. **Cuando lo ví**, me alegré mucho.
3. **Cuando entré**, me asusté (asustarse – sich erschrecken).
4. **Cuando volví** a casa, tomé un baño.
5. Felipe II eligió Madrid como capital de España **porque está sltuada** en el centro.
6. En el año 813 dos campesinos descubrieron el cuerpo de Santiago **cuando vieron** un destello de luz.

6. **Stellen Sie sich gegenseitig folgende Fragen und beantworten Sie diese:**

1. ¿Cuánto tiempo hace que vives en esta ciudad?
2. ¿Cuánto tiempo hace que estudias español?
3. ¿Cuánto tiempo hace que terminaste tus estudios?
4. ¿Cuánto tiempo hace que estás trabajando/estudiando?
5. ¿Cuánto tiempo hace que no vas de vacaciones?
6. ¿Cuánto tiempo hace que no vas al cine?
7. ¿Cuánto tiempo hace que estuviste enfermo la última vez?
8. ¿Cuánto tiempo hace que no has estado en España?

7. **Setzen Sie die richtigen Verbformen im „Indefinido“ ein:**

1. ¿Cómo .... (dormir) Ud. anoche? Yo .... bien, pero mi madre .... muy mal.
2. ¿Qué .... (pedir) ellos de postre? Hortensia .... un flan y los niños .... un helado.
3. ¿Qué les .... (servir, ellos) en la fiesta anoche? Nos .... langostinos y muchos aperitivos.
4. Ayer hubo un accidente, ¿no? Sí, y .... (morir) mucha gente.
5. ¿Hasta qué hora .... (seguir, Uds.) hablando? .... (seguir, nosotros) hablando hasta las dos de la madrugada.
6. ¿Cuándo se .... (construir) la “Torre de Madrid”? Se .... en 1954.

8. **Bilden Sie Sätze nach dem Beispiel:**

¿Por qué no le diste el dinero a Olga? (no verla)
No se lo di porque no la vi.

¿Por qué no viniste ayer a la fiesta? (estar enferma)
No fui porque estuve enferma.

1. ¿Por qué no me trajiste los discos? (no poder)
2. ¿Por qué no les mandaste las cartas? (no tener tiempo)
3. ¿Por qué no te compró tu padre el coche? (no querer)
4. ¿Por qué no os dio Guadalupe el dinero a vosotros? (no venir a casa)
5. ¿Por qué no fuiste ayer a la universidad? (ir al médico)
6. ¿Por qué no hubo clase ayer? (ser fiesta)

9. **Setzen Sie die richtigen Verbformen vom „Indefinido“ ein:**

1. La catedral de Santiago se .... (construir) en granito.
2. Santiago .... (ser) el tercer lugar de peregrinación en la Edad Media.
3. Anoche mi madre .... (dormir) mal.
4. Ayer Julia .... (sentirse) mal.
5. Ella .... (preferir) ir a trabajar.
6. La semana pasada no .... (poder, yo) ir a trabajar.
7. Ayer .... (andar, yo) todo el día por el bosque.
8. Eugenio .... (seguir) estudiando Medicina, después del accidente.

10. **Lesen Sie:**

1/2 2/3 1/3 3/4 1/4 4/5 1/5

11. **Wie sagen Sie auf spanisch?**

eine halbe Stunde, ein halbes Kilo, anderthalb Jahre, zweieinhalb Stunden, ein Viertel Kilo, ein Drittel der Bevölkerung, drei Viertel Stunden, 1/4 Jahr, 3/4 Jahr

12. **Lesen Sie laut:**

Más del 90% de los españoles son católicos.
Le cobramos un interés del 12%.
Le concedemos un 10% de descuento.
Galicia produce el 36% del centeno de la producción total de España.
De los gallegos que emigraron al extranjero: el 43% fue a Alemania, el 38% a Suiza y el 9% a Francia.

13. **Lesen Sie folgende Ausdrücke und sagen Sie, was sie auf deutsch bedeuten:**

1. Me da lo mismo.
2. Creo que sí.
3. ¡Imagínate!
4. En cualquier caso.
5. Por supuesto/descontado.
6. Precisamente ahora.
7. Me parece que no.
8. Claro que sí.
9. De ningún modo.
10. !(De eso) ni hablar!
11. Por si acaso.
12. ¡Por fin!

14. **Versuchen Sie, diese Sätze auf spanisch zu sagen oder zu schreiben:**

1. Man hat mir gesagt, daß sie (Plural) sehr reich sind.
2. Man sagte mir, daß dieses Restaurant gut sei.
3. Wie sagt man das auf spanisch?
4. Wie schreibt man das auf englisch?
5. Man kann sich hier erholen.
6. Man braucht viel Zeit und Geduld, um ein Buch zu schreiben.
7. Man muß dieses Problem lösen.
8. Man hat uns gut beraten (aconsejar).

15. **Hörverständnisübung – Ejercicio de comprensión auditiva**

Hören Sie zuerst die Kassette „1 plus“ zweimal; danach beantworten Sie, mündlich oder schriftlich, einige Fragen zum Text:

1. ¿Cuál es uno de los fenómenos más extraordinarios del Occidente Medieval?
2. ¿Cómo se creó la ciudad de Santiago de Compostela?
3. ¿Cuáles fueron los primeros lugares de peregrinación en la Edad Media?
4. ¿En qué siglo aparece la primera guía destinada a los peregrinos jacobeos?
5. ¿Durante qué épocas se mantuvo el camino de Santiago con vitalidad?
6. ¿Qué ofrecen las numerosas ciudades del camino de Santiago a los peregrinos?

Vokabeln zur Hörverständnisübung:

el sepulcro	das Grab
la guía	der Fremdenführer
el peregrino	der Pilger
el alojamiento	die Unterkunft
mantenerse	erhalten bleiben

21 – 25 Ejercicios de Repaso

Wiederholung zu den Lektionen 21 bis 25 — Repaso de las lecciones 21 – 25

1. **Setzen Sie folgende Sätze ins „Indefinido“:**

1. ¿Vendes el coche?
2. Vamos a Uruguay.
3. Daniel y Rosario están en el teatro.
4. ¿Adónde vais?
5. Felipe se acuesta a las doce.
6. ¿A qué hora se levanta Ud.?
7. Salvador hace los ejercicios.
8. ¿Habláis con tus padres?
9. Ceno en un restaurante muy bueno.
10. Estoy en París.

2. **Versuchen Sie, diese Sätze auf spanisch zu sagen oder zu schreiben:**

1. Letztes Wochenende fuhr ich mit dem Auto zu meinen Freunden nach Rom.
2. Ich kam um 11 Uhr an.
3. Ich stand am Samstag um 7 Uhr auf.
4. Ich frühstückte mit meinen Freunden.
5. Wir gingen danach in die Stadt.
6. Wir besuchten die wichtigsten Monumente.
7. Mittags aßen wir alle zusammen.
8. Nach dem Essen gingen wir spazieren.
9. Ich verbrachte drei Tage in Rom.
10. Die Stadt und die Leute gefielen mir sehr.

3. **Verneinen Sie die folgenden Sätze.**

Beispiele: ¿Comes algo? → ¿No comes nada?
Tengo algunos discos. → No tengo ningún disco.

1. ¿Hay alguien aquí?
2. Compré algunos regalos.
3. Conozco a algunas de tus amigas.
4. Siempre voy a pasear después de comer.
5. Encontré a unos amigos en la calle.
6. Hay algunas cervezas en la nevera (Kühlschrank).
7. ¿Bebes algo?
8. Tengo algunos amigos.
9. ¿Hay algún problema?
10. Desayuno siempre en casa.

4. **Versuchen Sie, diese Sätze auf spanisch zu sagen oder zu schreiben, (Wiederholung von Futur; Grammatik im Lehrbuch, Lektion 15):**

1. Wann wirst du Juan Marcos besuchen? Ich werde ihn nächste Woche besuchen.
2. Wann wirst du aufhören zu tanzen? Ich werde gleich aufhören.
3. Wann werden Sie mehr Zeit haben? Nach Weihnachten werde ich mehr Zeit haben.
4. Wann werdet ihr zu uns kommen? Wir werden euch am Samstag besuchen.
5. Wann werden Sie uns eine Antwort geben? Heute noch.
6. Wann werden Sie mit dem Buch fertig? Ich werde es vor dem Sommer beenden.

5. **Bilden Sie Sätze nach dem Beispiel (Imperativ; Grammatik im Lehrbuch, Lektion 21):**

¿Pongo la mesa? Sí, **ponla.**

1. ¿Te ayudo?
2. ¿Vendo la bicicleta?
3. ¿Te lo digo?
4. ¿Te lo cuento?
5. ¿Hago una paella?
6. ¿Preparo la comida?
7. ¿Te doy el libro?
8. ¿Te lo demuestro?

6. **Versuchen Sie, diese Sätze auf spanisch zu sagen oder zu schreiben (Wiederholung von „vor" und „seit"; Grammatik im Lehrbuch, Lektion 16):**

1. Seit wann bist du hier? Ich bin erst seit Mittwoch hier.
2. Ich habe sie seit dem letzten Wochenende nicht mehr gesehen.
3. Seit wann warten Sie? Seit einer 3/4 Stunde.
4. Ist Herr Cajal noch im Urlaub? Nein, er ist gestern zurückgekommen.
5. Seit wann sind Sie hier? Seit 3 Uhr. Ich warte schon seit 2 Stunden.
6. Wie lange ist es her, daß wir uns nicht mehr gesehen haben? Es ist sehr lange her. Ich glaube seit Januar letzten Jahres.
7. Vor einigen Wochen fuhr ich nach Madrid.
8. Seit wann bist du in Spanien? Seit vier Wochen.
9. Milagros ist seit 6 Wochen nicht mehr bei mir gewesen.
10. Wir lernten uns vor drei Jahren in Perú kennen.
11. Nach einem Jahr kam sie nach Deutschland um zu studieren.
12. Ich lerne Spanisch seit vier Jahren.

7. **Lesen Sie:**

1. el 12. 5. 1492; 2. el 21. 6. 1992; 3. el 23. 8. 1554; 4. el 28. 7. 1617; 5. el 11. 3. 1755

8. **Übersetzen Sie; benutzen Sie das „Indefinido", wo es im Spanischen nötig ist, auch wenn im Deutschen Perfekt steht:**

1. Wo hast du deinen Urlaub verbracht? Ich bin in der Türkei gewesen.
2. Wie war das Wetter? Es war sehr warm.
3. War Víctor auch mit dir?
4. Nein, er konnte nicht kommen.
5. Was hast du dort besucht?
6. Ich war in Side und von dort habe ich einige Ausflüge (la excursión) gemacht.
7. Hat dir das Land gefallen?
8. Ja, es hat mir alles sehr gut gefallen.
9. Wann bist du zurückgekommen?
10. Ich kam letztes Wochenende an.

9. **Stellen Sie sich gegenseitig folgende Fragen und beantworten Sie diese frei:**

1. ¿Cuándo comenzaste a estudiar español?
2. ¿Qué hiciste el último fin de semana?
3. ¿Dónde pasaste las últimas vacaciones? ¿Te lo pasaste bien?
4. ¿Cuándo fuiste al cine la última vez? ¿Qué película viste? ¿Te gustó?
5. ¿Qué tiempo hizo la semana pasada?
6. ¿Viste ayer la televisión? ¿Qué programa viste?
7. ¿Leíste ayer el periódico? ¿Qué noticia te pareció más interesante?
8. ¿Qué hiciste en las últimas Navidades?

10. **Beschreiben Sie den gestrigen Tagesablauf von Diana (Grammatik im Lehrbuch, Lektion 22):**

aufstehen 8.30
duschen 8.35
frühstücken 8.45
ins Büro gehen 9.00
arbeiten 9.30 – 13.00
essen 14.00
Kaffee trinken 15.00
wieder anfangen zu arbeiten 16.00
nach Hause zurück gehen 19.00
abendessen 21.00
tanzen gehen 22.30
ins Bett gehen 3.30 morgens

Beispiel: Ayer Diana se levantó a las ocho y media, después a las ....

Nun schreiben Sie auch Ihren Tageasblauf von gestern oder Samstag.

11. **Setzen Sie die richtige Form der Vergangenheit ein (Perfekt oder „Indefinido"):**

1. Juan Marcos no viene. Todavía no ....
2. Hoy pago la cuenta yo. Ayer .... tú.
3. No me lo dice. Hasta ahora no ....
4. Rogelio come mucho. Siempre ....
5. Hago la cama. Ayer no ....
6. Hoy llego tarde. La semana pasada .... temprano.
7. Hablamos con él. Precisamente hoy ....
8. Hoy hace frío y llueve. Ayer ....
9. Rosa no vuelve. Todavía no ....
10. Me encuentro a Felipe. Hace poco ....

12. **Setzen Sie die Verben folgender Sätze ins „Indefinido" (Verben mit orthographischen Veränderungen; Grammatik im Lehrbuch, Lektion 23):**

1. Saco los cigarrillos del bolso.
2. Le entrego (abgeben) las llaves.
3. Me acerco a la barra.
4. Organizo una fiesta.
5. Cruzo la plaza.
6. Busco mis gafas (Brille).
7. Pago la cuenta
8. Llego antes de la hora.
9. Empiezo a trabajar a las ocho.
10. Explico la lección.

13. **Übersetzen Sie (Imperativ; Grammatik im Lehrbuch, Lektion 21):**

1. Beeil dich!
2. Setzen Sie sich.
3. Kommen Sie morgen wieder.
4. Geben sie es mir.
5. Komm her, bitte!
6. Sag ihr, daß ich sie später zurückrufe.
7. Gib mir deine Adresse, bitte.
8. Sag ihm, was passiert ist.

14. **Stellen Sie sich gegenseitig folgende Fragen und beantworten Sie diese frei:**

1. ¿Juegas (jugar – spielen) a la lotería?
2. ¿Te ha tocado la lotería alguna vez? (tocar la lotería – im Lotto gewinnen)
3. ¿Qué piensas sobre la propina (Trinkgeld)?
4. ¿Te gusta comprar en las rebajas (Schlußverkauf)?
5. ¿A qué edad quieres jubilarte (pensionieren)?
6. ¿Qué aficciones (Hobbys) tienes?
7. ¿Qué te gusta hacer en las vacaciones / en tu tiempo libre?
8. ¿Cuál es tu pintor preferido?
9. ¿Cuál es tu actor / actriz (Schauspieler / in) de cine preferido / -a?
10. ¿Qué piensas sobre la guerra del Golfo y sobre la de Yugoslavia?
11. ¿Qué lección estamos estudiando?
12. ¿Estás estudiando otro idioma?
13. ¿Desde cuándo estás estudiando español?
14. ¿Que tiempo hace hoy?
15. ¿Qué tiempo ha hecho este mes?
16. ¿Qué vas a hacer después de la clase?
17. ¿Qué te gusta más el mar o la montaña?
18. ¿Que te gusta más el vino o la cerveza?

15. **Sagen Sie das Gegenteil von:**

1. Estoy abriendo la ventana.
2. Alejandro y Gerardo están saliendo.
3. La niña se está acostando.
4. Estamos llegando.
5. Está poniéndose el abrigo.
6. Estáis subiendo al tren.

16. **Bilden Sie die unpersönlichen Formen.**

Beispiel: Hablan de Picasso como el genio del siglo XX.
Se habla de Picasso como el genio del siglo XX.

1. Compran muebles usados.
2. Reparamos automóviles de todas las marcas.
3. Vendemos pisos.
4. Hacemos traducciones en todos los idiomas.
5. Necesitamos una secretaria con conocimientos de español.
6. Alquilan* coches los fines de semana.

*alquilar	(ver)mieten
*alquilar coches	Autos vermieten

17. **Ergänzen Sie die Präpositionen (a + el = al):**

1. Siéntate .... mi lado.
2. Volveré .... las ocho.
3. ¿Te gusta viajar .... noche?
4. ¿Habéis visto .... el amigo .... mi hermana?
5. Esto no sirve .... nada.
6. Tú no cuentas .... nada.
7. Voy .... Paris .... viaje .... negocios.
8. Déjame .... paz.
9. Tenemos clase .... español tres días .... la semana.
10. Ven .... casa .... tomar una copa.

18. **Ergänzen Sie die passenden Formen von „ser" und „estar":**

1. Claudia .... enamorada.
2. Mira, el que .... en esta foto .... yo de pequeño.
3. Últimamente .... de moda la minifalda.
4. Eso que me dices .... formidable.
5. El café .... muy caliente.
6. Ese señor .... alto y rubio (blond).
7. Esa persona de la que .... hablando .... en el hospital.
8. .... tarde. .... de noche.
9. Jacinto .... muy alegre, pero hoy .... muy triste.
10. Lucrecio .... dormido desde hace tres horas.

19. **Setzen Sie die Verben ins „Indefinido" (Grammatik im Lehrbuch, Lektion 25):**

1. ¿.............. (traer, tú) lo que me prometiste?
2. Ellos .... (construir) la casa en cuatro meses.
3. Felipe .... (caerse) de la moto.
4. Rafael .... (conducir) ayer como un loco.
5. ¿Qué te .... (decir) tu padre cuando le .... (contar, tú) eso?
6. Los alumnos .... (leer) la lección en voz alta.
7. Ayer .... (ir, yo) a la universidad en bicicleta.
8. ¿A qué hora .... (venir, vosotros)?
9. Nosotros .... (llegar) a las doce porque no pudimos salir antes del trabajo.
10. Ayer .... (poner) la mesa mi hermano.
11. El verano pasado Víctor .... (preferir) no ir de vacaciones y pintar la casa.
12. Él nunca la .... (querer), él .... (casarse) por dinero.
13. Los soldados .... (huir – fliehen).
14. Ayer .... (caerse) muchas hojas (Blätter) de los árboles.
15. Hace dos semanas los accionistas .... (elegir – wählen) un nuevo presidente.
16. El bombardeo .... (destruir – zerstören) la ciudad de Guernica.

20. **Ergänzen Sie „muy“; „mucho/-a“; „bien“; „bueno/-a“:**

1. La paella sabe ....
2. Este flan está ....
3. Hoy no estoy ....
4. Eso está .... bien, pero me cuesta .... trabajo creerlo.
5. La película fue bastante ....
6. No me encuentro ...., me duele .... la cabeza.
7. Tengo .... hambre y sed.
8. Claudia habla muy .... español, inglés y francés. Sabe .... idiomas.
9. Tengo .... problemas.
10. Aquí se está ....
11. Ignacio conduce muy ....
12. Jorge baila ....
13. La clase de español es muy ....
14. Es una .... persona, pero habla ....
15. ¡Qué .... está la comida!

21. **Lesen Sie die folgende Anekdote und machen Sie eine Nacherzählung:**

Un hombre viejo fue al médico. El médico le examinó y dijo: “Ud. debe tomar vacaciones. Debe acostarse temprano, debe hacer mucho ejercicio, no debe comer demasiado, y no debe beber alcohol. Y no debe fumar más de cinco cigarrillos diarios.”

Un mes después el buen hombre volvió al médico y dijo: “Sus consejos han sido muy buenos, doctor. Tomé vacaciones. Fui a dormir temprano, hice mucho ejercicio, no comí demasiado y no bebí alcohol. El único problema ha sido el referente a los cigarrillos. Es difícil empezar a fumar a mi edad”.

1. **Hören Sie die Kassette 2 zum Lehrbuch (Seite A, „El sereno") zweimal (einmal mit geöffnetem und einmal mit geschlossenem Lehrbuch); lesen Sie dann den Text mehrmals, schließen Sie die Bücher und beantworten Sie folgende Fragen zum Text:**

   1. ¿Quién creó el puesto de vigilante nocturno y en qué siglo?
   2. ¿Qué función tenían los vigilantes nocturnos en el siglo XIX?
   3. ¿Por qué recibieron el nombre de serenos los vigilantes nocturnos?
   4. ¿Por qué cree Ud. que los serenos dejaron de anunciar el tiempo y las horas?
   5. ¿De qué vivían los serenos?
   6. ¿Cómo llamaban los vecinos a los serenos cuando llegaban tarde a casa?
   7. ¿Quién les daba la licencia de armas, la pistola y el uniforme?
   8. ¿En qué año desaparecieron los serenos y por qué?
   9. ¿Desde cuándo hay de nuevo vigilantes nocturnos?
   10. ¿Qué funciones tienen hoy en día los vigilantes nocturnos?
   11. ¿Qué personas reciben propinas?
   12. ¿Qué piensas sobre las propinas?
   13. ¿Por qué piensas que ha aumentado la criminalidad en España en los últimos años?

2. **Hören oder lesen Sie die Lektion noch einmal, schließen Sie wieder die Bücher und ergänzen Sie die fehlenden Wörter:**

   El rey Carlos IV .... el puesto de vigilante nocturno en el año 1791. La función de los vigilantes nocturnos en el siglo XIX .... abrir y cerrar los portales de las casas, ... el barrio y .... las horas y el tiempo.

   Después de algún tiempo, estos vigilantes nocturnos .... el nombre de „serenos" (heiter), ya que esta palabra era la que más .... cuando anunciaban el tiempo. Después de algunos años .... de anunciar el tiempo y las horas, pero continuaron vigilando el barrio y abriendo los portales a los que .... a su casa después de las diez de la noche y no tenían llaves. Los ciudadanos .... a los serenos dando unas palmadas.

   Los serenos no .... sueldo fijo, ni seguro médico, ni jubilación. Vivían de las propinas que les .... los vecinos cuando olvidaban sus llaves. El Ayuntamiento les .... la licencia de armas, la pistola y el uniforme. El puesto de serenos pasaba de padres a hijos.

   Esta situación laboral sin sueldo, ni seguros sociales .... sin ningún cambio hasta el año 1974.

3. **Lesen Sie folgende Sätze zur Übung des Imperfekt:**

   Cuando iba a Stuttgart, me encontré con un amigo.
   Mientras hablábamos, se acercaron unos amigos.
   Cuando estaba comiendo, sonó el teléfono.
   Antes iba casi siempre en coche a trabajar.
   Antes acostumbraba a dar un paseo después de cenar.
   Antes solía acostarme a las once.
   Cuando era pequeña iba a la escuela a pie.
   Rosa llevaba ayer en la fiesta un vestido muy bonito.
   El hotel donde pasé las últimas vacaciones era bueno.
   Tenía muchas habitaciones pero era tranquilo.

El chico que conocí en las vacaciones era muy simpático. Era rubio y tenía los ojos verdes.
Eran las 3 de la madrugada. Era tarde. Era de noche.
Mientras yo estudiaba, mi amigo estaba mirando la televisión.
Matilde dijo que iba a España.
Un señor en la calle me preguntó qué hora era.
Una señora me preguntó dónde había una farmacia.

4. **Beantworten Sie folgende Fragen:**

Cuando eras pequeño (-a) ...

1. ¿Dónde vivías?
2. ¿Cómo era tu casa?
3. ¿Cuántas habitaciones tenía?
4. ¿Qué idioma hablabas en casa?
5. ¿A qué escuela ibas de pequeño (-a)? ¿Te acuerdas de tus maestros? Describe cómo era tu profesor preferido.
6. ¿Cómo ibas a la escuela? ¿Qué hacías después de la escuela?
7. ¿Te gustaba ir a la escuela? ¿Cuántas horas de clase tenías al día?
9. ¿A qué hora te levantabas cuando ibas a la escuela?
10. ¿Qué te gustaba hacer los fines de semana?
11. ¿Qué te gustaba comer?
12. ¿Veías a tus abuelos muchas veces?
13. ¿Adónde ibas de vacaciones de pequeño (-a)?
14. ¿Qué te gustaba hacer en las vacaciones?

5. **Stellen Sie sich vor, daß Sie die Tochter von Frau Lara sind. Gestern sind Sie ausgegangen; heute spricht ihre Mutter mit Ihnen und stellt einige Fragen. Beantworten Sie die Fragen der Mutter, als wären Sie die Tochter. Wiederholen Sie immer die Verben in der Antwort.**

Madre: Clara, anoche nuestros vecinos te vieron en la Plaza Mayor con unos amigos.

Beispiel: Madre: ¿Qué estabais haciendo? / estar charlando (plaudern)
Clara: Estábamos charlando.

1. ¿Qué hora era? / once
2. ¿De dónde veníais? / cine
3. ¿Adónde ibais? / discoteca
4. ¿De qué hablabais? / película
5. ¿Os gustó la película? / no gustar mucho
6. ¿Quién era el chico rubio? / mi novio
7. ¿Quién era la chica morena? / la hermana de mi novio
8. ¿A qué hora llegaste a casa? / tres de la madrugada

6. **Setzen Sie die Verben in Fettdruck ins Imperfekt:**

Los serenos **trabajan** de noche. Su función **es** vigilar el barrio, anunciar las horas y el tiempo y abrir los portales. Después de unos años los serenos solamente **vigilan** el barrio y **abren** la puertas a los que **olvidan** sus llaves. Los ciudadanos **llaman** a los serenos dando unas palmadas.

Los serenos **conocen** muy bien la vida de los vecinos. Cuando **hace** mucho frío **entran** en un bar a tomar un café. **Trabajan** sin seguros. Su vida **es** muy dura. **Ganan** muy poco dinero ya que **viven** sólo de propinas. Nadie les **da** más de 5 ptas. de propina en los años sesenta. El puesto de sereno **pasa** de padres a hijos. Los jóvenes de los años setenta no **quieren** trabajar de serenos. La inseguridad laboral **es** muy grande y las ganancias **son** muy pequeñas.

7. **Setzen Sie die Verben in den Klammern in der passenden Form der Vergangenheit ein (Imperfekt oder „Indefinido“):**

1. Carlos I .... (ser) rey de España y V de Alemania. El .... (ser) nieto de los Reyes Católicos. Su madre .... (llamarse) Doña Juana y su padre .... (llamarse) Felipe. Carlos I, cuando .... (llegar) a España, no .... (hablar) español. .... (nacer) en Gante (Bélgica) el 24 de febrero de 1500. .... (educarse) en Flandes.
2. Mi primer marido .... (ser) francés, pero .... (tener) una casa en Marbella y por eso .... (conocerse, nosotros) allí. A mi marido le .... (gustar) mucho vivir en Marbella, pero a mí no. .... (vivir, nosotros) algún tiempo juntos en Marbella y después .... (separarse, nosotros).
3. El señor Vázquez .... (levantarse) todas las mañanas temprano, ... (preparar) el desayuno para toda la familia y .... (irse) a trabajar. Su mujer .... (llevar) los niños al colegio. El señor Vázquez .... (volver) a casa todas las tardes a las seis. Los niños todavía no .... (estar) en casa porque .... (tener) clase de guitarra hasta las siete.
4. Cuando yo .... (ser) niña, ... (pensar) que la vida .... (ser) muy fácil y que no .... (haber) problemas.
5. Antes Yolanda .... (soler) pasear por el parque por las tardes. Siempre .... (encontrar) a muchas personas que .... (hacer) deporte. Algunas veces .... (hablar) con ellas.
6. Cleopatra .... (ser) una faraona de Egipto. Se dice que .... (bañarse) en leche porque .... (querer) tener la piel suave.
7. Rosalía me .... (llamar) ayer cuando .... (estar, yo) estudiando. Le .... (decir) que no .... (tener, yo) tiempo para hablar y le .... (preguntar) si .... (ser) algo urgente.
8. Rosalía me .... (decir) que .... (ir, ella) a pasar el fin de semana en París y me .... (preguntar) si .... (tener ganas, yo) de ir con ella. Le .... (decir) que no ...... (poder) porque yo .... (tener) que estudiar mucho porque .... (ser) la época de los exámenes. Le .... (dar las gracias) por la invitación y me .... (poner) de nuevo a estudiar.

8. **Beachten Sie bitte, daß einige Verben im Spanischen verschiedene Bedeutung haben, je nachdem ob sie im Imperfekt oder „Indefinido“ stehen.**

conocer — kennen, kennenlernen

Indefinido: conocí — ich lernte kennen
Imperfecto: conocía — ich kannte

saber — wissen, können

Indefinido: supe — ich erfuhr („erfahren“ wird aber meistens mit „enterarse (de)“ übersetzt)
Imperfecto: sabía — ich wußte

tener — haben

Indefinido: tuve — ich bekam, ich hatte
Imperfecto: tenía — ich hatte

ir — gehen, fahren

Indefinido: fui — ich fuhr, ging
Imperfecto: iba — ich war unterwegs

Unter Berücksichtigung dieser Regeln versuchen Sie, folgende Sätze auf spanisch zu schreiben oder zu sagen:

1. Ich wußte das nicht.Es tut mir sehr leid.
2. Ich fuhr gestern um fünf Uhr nach Hause.
3. Als ich gestern nach Hause ging, traf ich Virginia.
4. Ich kannte diesen Maler schon.
5. Ich habe meinen Freund in Spanien kennengelernt.
6. Ich bekam ein Kind.
7. Ich ging nicht hinein, weil ich Angst (miedo) hatte.
8. Gestern hatte ich keine Zeit; deswegen konnte ich nicht zu dir nach Hause kommen.
9. Ich wußte, daß diese Verben sehr schwer sind; deswegen habe ich diese Übung gemacht.
10. Ich erfuhr was geschah durch meine Eltern.

9. **Vergleichen Sie alle Verbzeiten, die Sie kennen:**

antes	**ayer**	**ahora**	**esta semana**	**el año próximo**	**quizá**
hablaba	hablé	hablo	he hablado	hablaré	hablaría

Bilden Sie mit folgenden Verben einen Satz in allen diesen Zeiten:

ser, estar, ir, escribir, tener, hacer, empezar, decir, poder, salir

Beispiel:

Antes iba a trabajar en autobús. Ahora voy en coche.
Ayer fui a visitar a unos amigos.
Esta semana he ido una vez al cine.
Mañana voy a ir al centro a comprar.
En verano iré a Perú.
Con un millón de marcos no iría nunca más a trabajar.

Jede(r) Schüler(in) soll ein Verb wählen und einige Sätze in allen diesen Zeiten schreiben. Danach soll jede(r) Schüler(in) die Sätze laut lesen.

10. **Bilden Sie Sätze nach dem Beispiel (Wiederholung von Konditional; Grammatik im Lehrbuch, Lektion 15).**

Beispiel: Julio va a Granada en coche. → Yo no iría.
Patricia no podrá hacerlo. → Yo sí podría hacerlo.

1. Elisa no podrá terminar el trabajo.
2. ¿No invitas a Jaime?
3. Ellos se van a casar después de conocerse tres meses.
4. Tomas demasiados medicamentos.
5. Te preocupas por cosas sin importancia.
6. Luisa y Rafael se van a separar por una tontería.
7. Van a hacer un viaje muy peligroso.
8. Ella no tiene paciencia.
9. Marta está esperando desde hace una hora.
10. Belén no quiere estudiar.

11. **Setzen Sie die passenden Verbformen im Imperativ ein (Grammatik im Lehrbuch, Lektion 21).**

Beispiel: .... (encender, tú) la luz. Enciende la luz.

1. .... (despertarme, tú) a las ocho.
2. .... (recomendarme, usted) algo para comer.
3. .... (cerrar, ustedes) la ventana.
4. .... (jugar, tú) con los niños.
5. .... (probar, ustedes) este vino.
6. .... (reconocer, usted) que está equivocado.
7. .... (tener en cuenta, tú) que la situación es difícil.
8. .... (acordarte, tú) de traerme los discos.
9. .... (poner, tú) la radio.
10. .... (tener, usted) paciencia.
11. .... (salir, vosotros) de casa antes de las diez.
12. .... (ir, tú) a la escuela temprano.

12. **Stellen Sie sich gegenseitig folgende Fragen und beantworten Sie diese frei (Wiederholung von Perfekt und „Indefinido"; Grammatik im Lehrbuch, Lektion 22).**

Beispiel: ¿Has estado alguna vez en Roma?
Sí, estuve hace dos años. / No, no he estado nunca.

1. ¿Ha hablado Ud. alguna vez con el alcalde (Bürgermeister) de su ciudad?
2. ¿Ha visto Ud. alguna corrida de toros (Stierkampf)?
3. ¿A qué hora ha empezado la clase de español?
4. ¿Ha estado Ud. alguna vez en España?
5. ¿Cuántas horas durmió Ud. anoche?
6. ¿Ha tenido Ud. algún accidente (Unfall)?
7. ¿Ha tenido Ud. siempre suerte (Glück) en la vida?
8. ¿Ha leído algún libro de un autor español o sudamericano? Si ha leído alguno diga si le gustó.
9. ¿Dónde nació Ud.?
10. ¿Qué tiempo hizo ayer / el último verano?

13. **Hörverständnisübung – Ejercicio de comprensión auditiva**

Hören Sie zuerst die Kassette „1 plus“ zweimal; danach beantworten Sie, mündlich oder schriftlich, einige Fragen zum Text:

1. ¿Cuál es la capital de Venezuela?
2. ¿Cómo es la capital?
3. ¿Quién fundó (fundar – gründen) la capital? ¿En qué año?
4. ¿Quién es Simón Bolivar?
5. ¿Dónde nació Simón Bolivar?
6. ¿Cuál es el origen del nombre “Venezuela”?

1. **Hören Sie die Kassette 2 zum Lehrbuch (Seite B, Anfang von „Picasso – Su vida y obra") zweimal (einmal mit geöffnetem und einmal mit geschlossenem Lehrbuch); lesen Sie dann den Text mehrmals, schließen Sie die Bücher und beantworten Sie folgende Fragen zum Text:**

   1. ¿Dónde nació y vivió Picasso?
   2. ¿Le gusta a usted Picasso? ¿Qué periodo le gusta más?
   3. ¿Por qué se caracteriza el periodo azul?
   4. ¿Y el periodo rosa?
   5. ¿Qué es el cubismo?
   6. ¿Cuál fue el primer cuadro cubista que pintó Picasso?
   7. ¿Cree que este cuadro tuvo éxito en aquel tiempo?
   8. ¿Le gusta a usted el cuadro "Las señoritas de Avignon"?
   9. ¿Le gusta a usted el cubismo?
   10. ¿Cree que Picasso fue un genio?

2. **Hören Sie die Kassette nun weiter (Text über „el cuadro Guernica"); lesen Sie dann diesen Teil mehrmals, schließen Sie wieder die Lehrbücher und beantworten Sie folgende Fragen zum Text:**

   1. ¿Cuándo pintó Picasso el cuadro "Guernica"?
   2. ¿Qué es Guernica?
   3. ¿Por qué bombardearon los nazis Guernica?
   4. ¿Cuáles fueron las consecuencias del bombardeo?
   5. ¿Qué piensa usted sobre el cuadro "Guernica"?
   6. ¿Quién encargó a Picasso pintar un cuadro para la Exposición Universal de París?
   7. Explique el motivo del cuadro.
   8. ¿Dónde estuvo el cuadro después de la Exposición de París?
   9. ¿Por qué el "Guernica" nunca estuvo en España hasta el año 1981?
   10. Explique las polémicas que hubo sobre el lugar donde debería estar el "Guernica"?
   11. ¿Dónde cree usted que debería estar el cuadro?
   12. ¿Ha estado usted en el Museo Picasso de Barcelona o ha visto exposiciones de sus cuadros en otras ciudades?

3. **Hören Sie die Kassette weiter („Una carta al Rey de España"); lesen Sie dann den Brief mehrmals, schließen Sie die Lehrbücher und beantworten Sie folgende Fragen zum Text:**

   1. ¿Quién escribió una carta al Rey de España y en qué año?
   2. ¿Cuántos años tenía el señor que escribió la carta?
   3. ¿De dónde era?
   4. ¿Qué le escribía en la carta?
   5. ¿Por qué los vascos querían tener "El Guernica" en su país?

4. **Ergänzen Sie die fehlenden Wörter:**

Pablo Ruiz Picasso .... en Málaga en 1881. Su padre .... también pintor y su maestro hasta los 13 años.

En 1895 Picasso y su familia se .... a vivir a Barcelona. En 1896 Picasso .... a Madrid y estudió en el Museo del Prado a los grandes maestros clásicos.

En 1900 .... por primera vez París, el centro artístico y cultural de Europa. En esa época .... el periodo azul, que se caracteriza por escenas tristes en tonos azulados.

Después de continuos viajes entre París y Barcelona .... a vivir en París. En 1905 empieza el periodo rosa, ... por los cuadros de arlequines.

En 1907 pintó el primer cuadro cubista: Las señoritas de Avignon, donde se .... la geometrización de la figura humana.

En 1937 .... el famoso cuadro Guernica. Guernica es una ciudad pequeña en el País Vasco. Los nazis alemanes .... la ciudad en la guerra civil española por deseo de Franco, que intentó .... de esta forma a los guerrilleros y demostrar que los nazis le .... hasta el fin. Los nazis probaron nuevos métodos de bombardeo que luego .... en la Segunda Guerra Mundial.

En Guernica, en el momento del bombardeo, sólo .... ancianos, mujeres y niños. En pocos minutos la ciudad .... en llamas. El bombardeo .... unas tres horas. Las víctimas .... 1.654 muertos y 889 heridos, aproximadamente el 30 % de la población.

Picasso .... en el monumental cuadro Guernica la tragedia y el dolor que sufrieron los habitantes de Guernica, ... de la brutalidad y egoísmo de los políticos.

El Guernica, ... por el Gobierno de la República al pintor malagueño en 1937 para decorar el pabellón español de la Exposición Universal de París, nunca .... en España hasta el 10 de septiembre de 1981. Hasta esta fecha estuvo en el Museo de Arte Moderno de Nueva York, ... al deseo de Picasso de sólo .... el cuadro a una "España democrática".

Las polémicas sobre el lugar donde .... estar el cuadro en España fueron enormes. Los vascos .... tener el cuadro en Guernica ya que .... el motivo del cuadro; los andaluces, en Málaga que .... la ciudad natal del pintor; los catalanes, en Barcelona porque Picasso .... en Barcelona y allí se .... el Museo Picasso. Finalmente el cuadro está en Madrid en el Museo Nacional Reina Sofía. Durante el primer año fueron a .... el cuadro un millón de personas.

Picasso .... la máxima figura del arte del siglo XX. Trabajó sin .... hasta su muerte en 1973.

5. **Setzen Sie die richtigen Verbformen („Indefinido") ein:**

(Nacer, yo) .... en Madrid en 1960. (Entrar) .... en la escuela en 1966. A los diez años (comenzar) .... el bachillerato en un colegio particular. Siete años más tarde (matricularse) .... en la Universidad Complutense de Madrid. En 1983 (licenciarse) .... en Medicina. Después (solicitar) .... una beca (Stipendium) para hacer la tesis doctoral en Alemania. Desde hace cinco años trabajo en un hospìtal en Madrid.

Jetzt schreiben oder erzählen Sie Ihren Lebenslauf (curriculum vitae).

6. **Vergleichen Sie die Übersetzung (*) des originalen Briefes von Juan José Gerrikabeitia (Original in Baskischer Sprache im Lehrbuch) mit dem Inhalt des gekürzten Briefes (**) in indirekter Rede.**

(*) Carta original, traducida del „vasco“

Su Majestad:
Un amigo me ha dicho, que el cuadro que pintó Picasso lo **van a llevar** a Madrid. Nosotros los vascos, no **podemos** aceptar eso. Nosotros **fuimos** quienes perdimos a nuestros hijos, nuestras mujeres o nuestros padres. Perdimos también las casas, los ganados. Todo. Entonces, ¿por qué van a llevar a Madrid la pintura de Guernica? Por nosotros pintó Picasso ese cuadro, por lo tanto no **es** sólo una pintura, sino que **contiene** nuestros muertos, nuestras lágrimas, nuestra sangre. Por eso, Majestad, con la fuerza que me dan mis noventa y un años, le pido como hombre bueno y justo, que dicen que es, que nos traigan la pintura de Picasso a Guernica.

Gracias de todo corazón. Agur.
(Juan José Gerrikabeitia)

(Aus: Interviu, 1981)

(**)
Anmerkung: Eine Kürzung ist erforderlich gewesen, da sonst einige Verben der indirekten Reden im Konjunktiv stünden.

Carta resumida y adaptada en estilo indirecto

En el año 1981 Juan José Gerrikabeitia, un vasco de 91 años de edad, escribió esta carta al rey de España, donde le decía que **iban a llevar** el cuadro "Guernica" a Madrid y que los vascos no **podían** aceptar eso, ya que ellos **fueron** el motivo del cuadro.

En la carta también ponía que "El Guernica" no **era** sólo una pintura, sino que **contenía** los muertos de Guernica y que por eso el cuadro debería estar en el País Vasco y no en Madrid.

Vergleichen Sie die Verben (in Fettdruck) beider Texte und sagen Sie, welche Zeiten sich verändert haben und warum.

7. **Lesen Sie folgende Beispiele zur Übung der indirekten Rede:**

Direkte Rede	**Indirekte Rede**
Trabajo en un banco.	Dice/ha dicho/dirá que trabajaba en un banco. Dijo/decía/había dicho que trabajaba en un banco.
He hecho una paella.	Dice que ha hecho una paella. Dijo que había hecho una paella.
Iré a Venezuela.	Dice que irá a Venezuela. Dijo que iría a venezuela.
Fui al cine ayer/el año pasado.	Dice que fue al cine. Dijo que fue al cine ayer. Dijo que había ido al cine el año pasado.
Había muchas personas.	Dice que había muchas personas. Dijo que había muchas personas.
Me gustaría ir a Perú.	Dice que le gustaría ir a Perú. Dijo que le gustaría ir a Perú.

Bitte beachten Sie:

Ir a + Infinitiv (nahe Zukunft)

Voy a ir a Costa Rica. → Dice que va a ir a Costa Rica.

Jetzt bilden Sie Sätze in indirekter Rede nach diesem Beispiel:

Direkte Rede	**Indirekte Rede**
1. Trabajo en una escuela.	Dice que ...
2. Voy a comer.	Dijo que ...
3. He comprado un coche.	Dijo que ...
4. Iré a Perú en verano.	Dijo que ...
5. Fui a Londres el año pasado.	Dijo que ...
6. El mes pasado estuve enfermo.	Dijo que ...
7. Me gustaría hacer un viaje.	Ha dicho que ...
8. Antes fumaba mucho.	Dijo que ...

8. **Bilden Sie Sätze nach dem Beispiel (Wiederholung von Imperfekt; Grammatik im Lehrbuch, Lektion 26):**

Los niños nadan en la piscina. / **playa**
Los niños **antes nadaban** en la playa.

1. Ahora soy profesora. / **alumna**
2. Rosario come legumbres. / **carne**
3. Sebastián estudia poco. / **mucho**
4. Ahora siempre llego tarde. / **temprano**
5. La gente viaja en avión. / **tren**
6. Leonor usa pantalones. / **falda**
7. Ahora voy de vacaciones a Italia. / **España**
8. Sofía va últimamente al cine. / **teatro**

9. **Setzen Sie die passenden Verbformen von Imperfekt oder „Indefinido“ ein:**

Rubén .... (estar) atravesando la calle cuando .... (pasar) un coche a gran velocidad y lo .... (atropellar). Un señor que .... (ver) el accidente, ... (llamar) al médico de emergencia. Rubén .... (tener) muchas heridas en el cuerpo y la doctora se las .... (vendar – binden). Después lo .... (llevar, ellos) a la sala de rayos X y le .... (hacer, ellos) una radiografía. Por suerte, Rubén no .... (tener) ninguna fractura (Knochenbruch). .... (ser) las cuatro de la madrugada cuando Rubén .... (salir) del hospital. Lo .... (ir) a buscar su padre. Su madre .... (estar) muy preocupada.

10. **Setzen Sie die Verben in den Klammern in der richtigen Formen der Vergangenheit (Perfekt, Imperfekt oder „Indefinido") ein:**

1. Esta mañana Yolanda .... (estar) aquí a eso de las once.
2. Nosotras ya .... (saber) que Conchita no .... (ir) a venir.
3. Hoy .... (encontrarse, yo) al chico que me .... (presentar, tú) el último fin de semana en la fiesta.
4. El chico que .... (llamar) por teléfono hace un momento .... (ser) Joaquín.
5. ¿.............. (recibir, tú) ya las noticias que tanto .... (esperar)?
6. Tus amigos nos .... (decir) hace un rato que no .... (poder) venir hoy a la fiesta.
7. ¿Qué te .... (pasar), niño? ¿Por qué .... (llorar, tú) tanto antes?
8. A mediodía Germán y yo .... (pasar) por tu casa y no .... (estar, tú).
9. Miguel me .... (llamar) ayer cuando .... (estar, yo) preparando la comida.
10. Miguel me .... (decir) que ....(querer, él) ir a bailar y me .... (preguntar) si .... (querer, yo) ir con él. Le .... (decir) que no porque yo no .... (tener) tiempo ya que .... (tener) que estudiar.

11. **Was bedeuten folgende Ausdrücke auf deutsch?**

1. ¡No me digas!
2. ¡Qué suerte!
3. ¡Qué mala suerte!
4. Por desgracia. / Desgraciadamente.
5. ¡Qué bien!
6. ¡Qué horror!
7. ¡Qué aburrido!
8. ¡Qué sorpresa!

12. **Lesen Sie laut, um die Zahlen zu üben:**

1. Antonio Machado nació en España en 1875 y murió en 1939.
2. Gabriel García Márquez nació en 1928.
3. Pablo Neruda nació en Chile en 1904 y murió en 1973.
4. Miguel Angel Asturias, de Guatemala, nació en 1899 y murió en 1974.
5. Federico García Lorca nació en Granada en 1898 y murió en 1936.
6. Mario Vargas Llosa, peruano, nació en 1936.
7. Miguel de Cervantes nació en Alcalá de Henares en 1547 y murió en 1616.
8. Julio Cortázar, argentino, nació en 1914 y murió en 1984.

13. **Versuchen Sie, diese Sätze auf spanisch zu schreiben:**

Picasso wurde 1881 in Málaga geboren. Sein Vater war auch Maler. Er lebte zuerst in Málaga, dann in Barcelona und zuletzt in Paris. Er malte das berühmte Bild „Guernica" im Jahre 1937. Guernica ist eine kleine Stadt im Baskenland. Ungefähr 30 % der Bevölkerung dieser Stadt starb bei der Bombardierung. Das Bild „Guernica" stellt die Tragödie eines Volkes dar.

14. **Schreiben Sie das Gegenteil von folgenden Wörtern:**

acostarse, vender, venir, estar sano (gesund), salir, bajar, desnudarse, quitarse (ropa), responder, ninguno, alguien, tampoco, siempre, sentarse, después, tarde, empezar, alto, estrecho, corto, llevar, cerrar, hacer frío, divertirse, sacar, aquí, algo, la primera vez

15. **Lesen Sie:**

1.584 marcos; 1.893 pesetas; 505 dólares; las 1.001 noches; 1 1/2 kilo; 238 kilómetros; 2 1/2 litros; 1,5 metros; el siglo XVIII; el siglo V; Alfonso XII; Felipe II

16. **Hörverständnisübung – Ejercicio de comprensión auditiva**

Hören Sie zuerst die Kassette „1 plus" zweimal; danach beantworten Sie, mündlich oder schriftlich, einige Fragen zum Text:

1. ¿Qué representa la ciudad Guernica para los vascos?
2. ¿Por qué se ha inmortalizado el nombre "Guernica"?
3. ¿Qué describió el padre Onaindaia sobre el bombardeo de Guernica?
4. ¿Quién bombardeó la ciudad?
5. ¿Qué dijo Picasso sobre el cuadro que él mismo pintó?

17. **Kommentieren Sie das Bild „Guernica" von Picasso.**

– lo que se ve en el cuadro
– lo que significa este cuadro para el mundo
– lo que representa este cuadro para Ud.

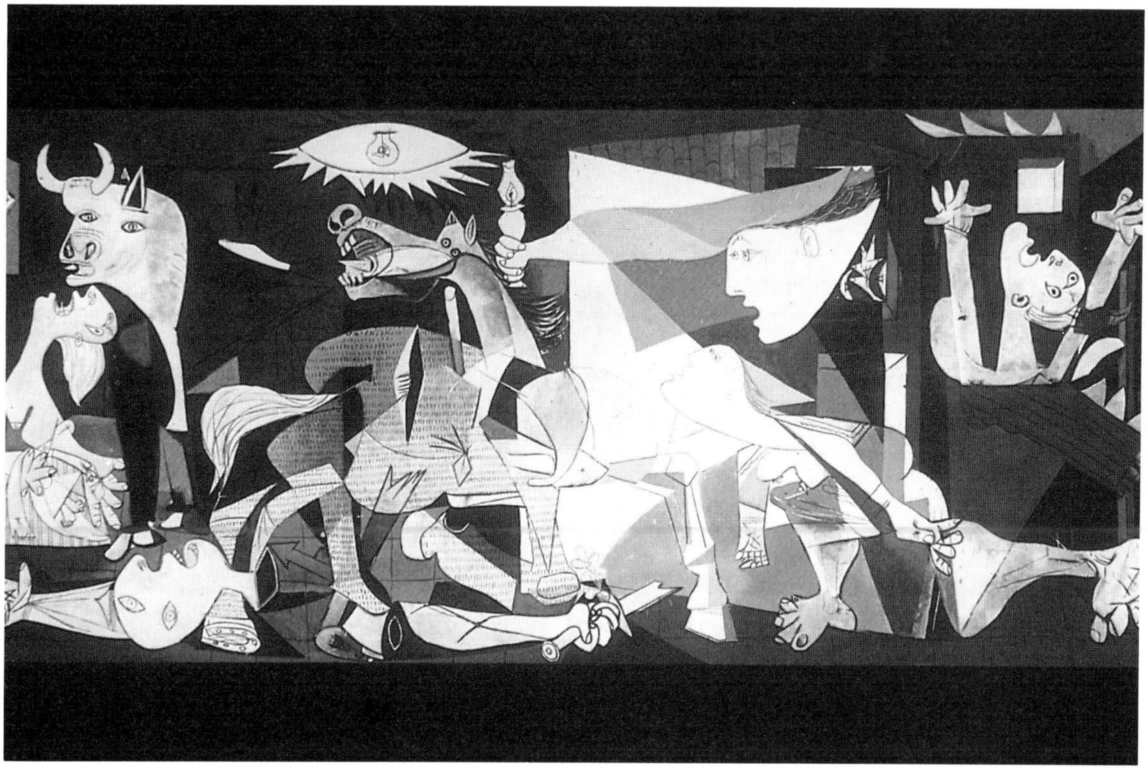

Guernica (Picasso)

1. **Hören Sie die Kassette 2 zum Lehrbuch (Seite B, „Madrid – El centro de España") zweimal (einmal mit geöffnetem und einmal mit geschlossenem Lehrbuch); lesen Sie dann den Text mehrmals, schließen Sie die Bücher und beantworten Sie folgende Fragen zum Text:**

   1. ¿Es Madrid una ciudad moderna o antigua?
   2. ¿Quién eligió Madrid como capital de España y en qué año?
   3. ¿Cuántos habitantes tiene Madrid?
   4. ¿Cómo es la parte antigua de Madrid?
   5. ¿Cuándo se construyó la Torre de Madrid?
   6. ¿A qué se debe la gran contaminación atmosférica de Madrid?
   7. ¿Cuáles son los monumentos más importantes de Madrid?
   8. ¿Hay muchos parques en Madrid?

2. **Hören Sie die Kassette weiter („Turismo – Ciudades importantes"), wieder einmal mit geöffnetem und einmal mit geschlossenem Lehrbuch; lesen Sie dann den Text mehrmals, schließen Sie die Bücher und beantworten Sie folgende Fragen zum Text:**

   1. ¿Tiene el turismo de Madrid una importancia económica considerable para el centro del país? ¿Por qué?
   2. ¿Qué productos agrícolas se cultivan en el centro de España?
   3. ¿Cómo es la productividad agrícola del centro de España?
   4. ¿Por qué está muy despoblado el centro de España?
   5. ¿Cómo es el clima en el centro de España?
   6. ¿Cuáles son las ciudades de mayor interés turístico y cultural del centro de España?
   7. ¿Conoce Ud. Madrid o alguna ciudad del centro de España, como Toledo, Cuenca, Segovia o Avila? Si conoce alguna, hable sobre ella.

3. **Hören oder lesen Sie noch einmal die Lektion, schließen Sie die Bücher und ergänzen Sie die fehlenden Wörter:**

Madrid es una ciudad relativamente moderna. El rey Felipe II la .... como capital de España en el año 1561 .... situada en el centro del país. Madrid tiene actualmente casi 4 millones de .... y una extensión de 531 km². En la parte antigua de la ciudad hay .... muy pintorescos. Las casas son pequeñas y las calles .... con tascas, mesones y bares típicos donde .... comer las más variadas tapas. En el centro de Madrid, en la Plaza de España, hay también casas muy modernas y .... como la "Torre de Madrid" de 124 metros de ...., que se .... a construir en 1954. Durante algunos años la Torre de Madrid .... el rascacielos .... alto .... Europa y los madrileños .... muy orgullosos de ello.

La contaminación atmosférica en Madrid es .... debido al tráfico intenso y a las industrias de los .... de la ciudad. En Madrid hay principalmente "turistas de paso" que sólo .... unas horas o unos días. A pesar de ...., el número de turistas es tan grande que el turismo tiene una importancia económica .... para el centro del país.

4. **Lesen Sie folgende Sätze zur Übung des Komparativ:**

Leonor es más simpática que Yolanda.
Claudia es la más simpática de todas mis amigas.
Isabel es simpatiquísima.
Gregorio es menos inteligente que Matilde.
Tengo más/menos de cien mil marcos.
Trabajo tanto como tú.
Tengo más libros de los que puedo leer.
Camarón de la Isla ha sido uno de los mejores "cantaores" de flamenco.
Paco de Lucía es el mejor guitarrista de flamenco.
Brasil es el país más grande/mayor de Latinoamérica.
Carlota es la peor amiga que tengo.
Mi hermano mayor tiene 36 años.
Es una persona mayor.
Mi hija ya es mayor de edad.
Pepita es menor de edad.
Pedro habla alemán mejor/peor que tú.
Este periódico es el que más me gusta leer.
Lo que más me gustaría es ir de vacaciones.
Enrique es el que más/menos trabaja.
Esto es lo que más/menos me interesa.
José trabaja a lo sumo tres horas al día.
Lo más/lo máximo que trabaja José son tres horas al día.

Ergänzen sie nun mit „más ... que"; „menos ... que"; „mejor"; „peor"; „tan"; „tanto":

1. El río Tajo es .... largo que el Ebro.
2. Un Mercedes es .... caro que un Fiat.
3. Londres es .... grande (größer) que París.
4. Hoy ha hecho .... frío como ayer.
5. Hoy he tenido .... trabajo que ayer. Estoy muy cansada.
6. Elena estudia .... como Sara.
7. Mi piso tiene .... habitaciones como el tuyo.
8. Yo soy .... alta como mi hermana.
9. Mi coche es .... rápido como el suyo.
10. Las fresas me gustan mucho. Es la fruta que .... me gusta.
11. Mercedes parece muy joven. Seguro que tiene .... de 30 años.
12. Este vestido es .... caro como el otro.
13. Este es el museo .... interesante que yo conozco.
14. Jorge es el .... amigo que tengo. Le quiero mucho.
15. Este hotel es malísimo. Es el .... hotel que conozco.

5. **Ergänzen Sie die fehlenden Wörter mit „tan“; „tanto(s)“; „tanta(s)“:**

1. Tengo .... discos como tú.
2. Tengo .... prisa, que no puedo quedarme más.
3. Gana .... poco dinero, que no le llega para vivir.
4. Aquí hace .... calor como en mi país.
5. Esta casa cuesta un millón de marcos. ¡ ....(so viel!)!
6. No me han hecho .... regalos como a ti.
7. Este café está .... caliente, que no lo puedo tomar.
8. Con este frío .... terrible no tengo ganas de salir.
9. En la fiesta había .... personas que no se podía bailar.
10. Esto no es para ....

6. **Versuchen Sie, diese Sätze auf spanisch zu sagen oder zu schreiben:**

1. Brasilien und Argentinien sind die größten Länder von Lateinamerika. Mexico hat mehr Einwohner als Argentinien.
2. Spanien ist eines der gebirgigsten Länder Europas. Der „Mulhacén“ in der Sierra Nevada ist der höchste Berg der Halbinsel, aber der „Teide“ auf Teneriffa ist noch höher. Der Mount Everest ist der höchste Berg der Erde.
3. Gerardo ist (derjenige), der am besten Englisch von uns spricht.
4. Dieses Restaurant ist das beste der Stadt, und es ist sogar (incluso) billiger als andere, die viel schlechter sind.
5. Ist dieses Hotel besser? Nein, es ist schlechter.
6. Ich habe mehr Geld, als ich dachte.
7. Am liebsten würde ich jetzt nach Brasilien fahren.
8. Meine ältere Schwester heißt Estrella und mein jüngster Bruder Marcos.

7. **Beantworten Sie im Imperfekt:**

¿Qué hacía en las últimas vacaciones?

Wählen Sie, wenn Sie möchten, zwischen folgenden Verben.

- levantarse tarde
- dormir mucho
- ir de compras
- ir a la playa
- correr (laufen) en la playa
- tomar el sol
- bañarse
- hacer excursiones
- visitar monumentos/museos/lugares de interés turístico
- visitar a amigos
- hacer deporte
- ir en bicicleta
- comer en un buen restaurante
- ir a bailar

8. **Bilden Sie Sätze nach dem Beispiel:**

   Ahora **tengo** un coche BMW.
   Antes **tenía** un VW.
   Nunca **he tenido** un Porsche.
   Ayer **tuve** mi primer accidente.

   Jede(r) Schüler(in) bildet mit einem der folgenden Verben vier Sätze in verschiedenen Zeiten (Präsens, Imperfekt, Perfekt und „Indefinido"):

   levantarse, trabajar, desayunar, estar, venir, despertarse, hacer deporte, ir, comer, bailar, cocinar, comprar

9. **Setzen Sie die Verben in Klammern in der passenden Form der Vergangenheit ein (Grammatik im Lehrbuch, Lektionen 22 und 26):**

   1. .... (ser) la una y media de la tarde cuando Asunción .... (llegar) al hospital. La cabeza le .... (doler) mucho y .... (tener) una pierna rota. El médico .... (venir) en seguida y le .... (poner) una inyección. Asunción le .... (decir) al médico que le .... (doler) mucho la cabeza. El médico le .... (decir) que .... (necesitar) hacerle una radiografía.
   2. Ayer .... (estar, yo) en la playa. El día .... (ser) muy bueno. .... (hacer) sol y el mar .... (estar) en calma (ruhig). Cuando .... (llegar, yo) a la playa, no .... (haber) todavía mucha gente. .... (ser) las diez de la mañana.
   3. Primero .... (pasear, yo) un rato por la orilla del mar. Después .... (sacar, yo) la toalla del bolso, la .... (poner, yo) sobre la arena y .... (tumbarse, yo) para tomar el sol. .... (quedarse, yo) así unos minutos pensando en lo que .... (pasar) el día anterior en la fiesta de cumpleaños de Sofía.
   4. El sol .... (quemar – brennen) tanto que .... (meterse, yo) en el agua y .... (darse) un baño y .... (estar, yo) nadando un buen rato. El agua .... (estar) muy agradable.
   5. Después de media hora .... (salir, yo) y .... (volver, yo) a echarme en la arena. Como .... (hacer) mucho calor, ... (irse, yo) a tomar un refresco.

10. **Versuchen Sie, diese Sätze auf spanisch zu sagen oder zu schreiben (Wiederholung von Futur und Konditional; Grammatik im Lehrbuch, Lektion 15):**

    1. Was würden Sie an meiner Stelle (en mi lugar) tun?
    2. Ich würde zur Polizei gehen.
    3. Wir werden bald mehr Geld haben.
    4. Das wird nicht möglich sein.
    5. Sie werden Schwierigkeiten haben.
    6. Das werden wir schon sehen.
    7. Ich könnte so etwas nie sagen.
    8. Ich würde dieses Haus nicht kaufen.
    9. Ich würde lieber ans Meer fahren.
    10. Wäre das möglich?

11. **Setzen Sie die passende Verbform von „ser“; „estar“; „haber“ ein:**

1. En Madrid .... una gran movida*.
2. La mayoría de los cuadros de Goya y Velázquez .... en el Museo del Prado, que .... uno de los museos más importantes del mundo. El Museo del Prado .... en Madrid.
3. La contaminación del aire en Madrid .... enorme.
4. La Torre de Madrid .... un rascacielos.
5. El Hotel Plaza .... en la Plaza de España.
6. El Hotel Plaza .... un buen hotel.
7. En el centro de Madrid .... barrios antiguos.
8. En Madrid .... parques de gran extensión.

* „La movida de Madrid“ ist ein relativ moderner Begriff, der keine wörtliche Übersetzung hat. Man kann ihn umschreiben mit: „In Madrid ist viel los.“

12. **Übersetzen Sie:**

Madrid ist eine Stadt, in der (wo) die Touristen nur ein paar Stunden oder einige Tage bleiben. Aber die Zahl der durchreisenden Touristen ist doch so groß, daß der Tourismus auch für Zentralspanien eine wichtige wirtschaftliche Bedeutung hat.

13. **Versuchen Sie, mit folgenden Ausdrücken einige Sätze zu bilden:**

echar de menos	vermissen
Ya será menos.	So schlimm wird es wohl nicht sein.
por lo menos	mindestens, wenigstens
menos mal	zum Glück
menos mal que ...	ein Glück noch, daß ...
lo menos	das wenigste, das mindeste
lo menos posible	möglichst wenig
Eso es lo de menos.	Das ist das allerwenigste.
cualquier cosa menos esto	Nur das nicht!
¡Ni mucho menos!	Aber nein!

Beispiele: Lo menos que podías hacer sería pedir disculpas.
Mi novio me ha sido infiel (untreu) y yo aguanto cualquier cosa menos esto.
Te he echado mucho de menos.

1. ____
2. ____
3. ____
4. ____
5. ____
6. ____
7. ____
8. ____

14. **Hörverständnisübung – Ejercicio de comprensión auditiva**

Hören Sie zuerst die Kassette „1 plus“ zweimal; danach beantworten sie, mündlich oder schriftlich, einige Fragen zum Text:

1. ¿Cuándo se empezó a construir la "Torre de Madrid"?
2. ¿Qué es la "Torre de Madrid"?
3. ¿Era la "Torre de Madrid" el rascacielos más alto de Europa cuando lo construyeron?
4. ¿Qué pensaban los madrileños en esa época sobre la "Torre de Madrid"?
5. ¿Qué piensa Ud. sobre los rascacielos?
6. ¿Cuánto mide la torre Eiffel y quién la construyó?
7. ¿Para qué se construyó la "Torre Eiffel"?
8. ¿Qué pensaban los artistas hace 100 años de la "Torre Eiffel"?
9. ¿Qué representa hoy la "Torre Eiffel" para los franceses?
10. ¿Le gusta a Ud. la "Torre Eiffel"?

1. **Hören Sie die Kassette 2 zum Lehrbuch (Seite B, „Celtiberia Show", erste Anekdote) zweimal (einmal mit geöffnetem und einmal mit geschlossenem Lehrbuch); lesen Sie dann den Text mehrmals, schließen Sie die Bücher und machen Sie eine mündliche Nacherzählung der Anekdote.**

   Hören und lesen Sie nun auch die weiteren Anekdoten (eine nach der anderen); machen Sie auch von diesen jeweils Nacherzählungen.

2. **Hören Sie oder lesen Sie noch einmal die ganze Lektion, schließen Sie die Bücher und ergänzen Sie die fehlenden Wörter:**

Un campesino .... un día a Madrid a visitar a un amigo que .... en el hospital. Nunca .... en la ciudad y se .... mucho .... ver las casas tan altas, los cines, los parques, los grandes almacenes, el inmenso tráfico y otras muchas cosas; pero .... que más le sorprendió .... llegar al hotel .... ver por primera vez un ascensor. Con los ojos muy abiertos .... como entraba en el ascensor una señora mayor, se .... las puertas y poco después se .... a abrir y .... una señorita mucho más joven. Con gran sorpresa dijo: "Y si entro yo ahí, ¿me .... después mi mujer en el pueblo?"

Una chica muy atractiva .... en la estación para pesarse en una báscula que .... allí. Echó una moneda en la máquina y .... con gran sorpresa el peso que .... la báscula que, al parecer, ... mayor del que ella .... Se quitó el abrigo y .... a echar otra moneda. Muy sorprendida todavía, ... los zapatos, puso el bolso al lado y de nuevo .... una moneda. Una vez más, sorprendida, ... a buscar una moneda en su bolso, pero ya no .... más monedas y la joven .... a ponerse nerviosa. Un hombre que .... mirándola .... rápidamente con una moneda en la mano y le dijo: " .... usted insistiendo, señorita, todo mi dinero está a su disposición."

Un día el señor Rodríguez .... a hablar con el profesor de su hijo porque este .... una nota muy mala en un examen. El profesor escuchó atentamente las protestas del padre y finalmente .... :

– El ejercicio de su hijo es igual al de su .... de al lado.
– !Bah! – responde el padre – ¿y no será que el compañero .... el ejercicio de mi hijo?
– No, señor. El ejercicio .... diez preguntas. En las nueve primeras las respuestas de .... son iguales en todo detalle. Pero en la décima pregunta, el otro chico escribió: "no la sé". Y su hijo .... : " .... yo tampoco".

3. **Setzen Sie die Verben in Klammern im Plusquamperferkt ein:**

   1. Yolanda no pudo llegar a tiempo a la oficina porque .... (perder) el autobús.
   2. Cuando llegué a casa, mi hermano ya .... (cocinar).
   3. Pudimos comer porque Luisa y Eugenio .... (preparar) unas tortillas.
   4. No pudimos ver el telediario porque la televisión .... (estropearse) el día anterior.
   5. Cuando llegué a la oficina, mis compañeros me .... (preparar) una fiesta porque era mi cumpleaños.
   6. Todo el mundo creyó que Lorenzo .... (escribir) ese artículo.
   7. No pudo dejarme los libros porque ya los .... (devolver) a la biblioteca.
   8. Nunca .... (ver) a Tania tan triste.

4. **Setzen Sie die Verben in Klammern in der richtigen Form der Vergangenheit („Indefinido", Imperfekt oder Plusquamperfekt) ein:**

   1. De repente, Sofía .... (darse cuenta – bemerken) que .... (equivocarse) de camino.
   2. Cuando .... (llegar, nosotros) a casa, vimos que .... (entrar) ladrones en casa y .... (llevarse) todas las cosas de valor.
   3. Cuando Felipe II .... (morir) en el año 1598, ... (reinar) cuarenta y dos años.
   4. Los padres no .... (comprender) por qué el hijo .... (suspender) el examen.
   5. Rosario .... (vivir) con sus padres hasta que .... (casarse).
   6. Lo que .... (pasar) fue lo que todo el mundo .... (esperar).
   7. Los resultados .... (confirmar) lo que .... (suponer, yo).
   8. Guillermo .... (enfadarse) mucho porque nunca lo .... (insultar, ellos) de esa manera.
   9. Los bomberos .... (llegar) al lugar del incendio cuando ya .... (ser) demasiado tarde.
   10. Cuando llegué al hospital, mi abuelo ya .... (morirse).
   11. Cuando .... (conocer, yo) a Sara, ... (tener, ella) 24 años.
   12. Ella entonces .... (trabajar) en Iberia y .... (estar) muy contenta con su trabajo. .... (viajar) mucho y .... (ganar) mucho dinero.
   13. Esta mañana .... (levantarse, yo) muy tarde porque ayer .... (estar, yo) en una fiesta y .... (acostarse, yo) muy tarde.
   14. El año pasado .... (ir, nosotros) de vacaciones a Grecia porque unos amigos nos lo .... (recomendar).
   15. Jorge y yo .... (bailar – Verlaufsform) en una fiesta cuando de repente .... (apagarse) la luz. Todo el mundo .... (asustarse), ... (empezar) a correr y .... (haber) algunos heridos.

5. **Ergänzen Sie mit „hace"; „desde hace"; „desde"; „hace ... que" (Wiederholung; Grammatik im Lehrbuch, Lektion 16):**

 1. Vivo en esta casa .... el año pasado.
 2. .... dos meses .... no llueve en Andalucía.
 3. .... mucho tiempo .... no voy a bailar.
 4. Estudio español .... el año 1989.
 5. No voy a la universidad .... el martes.
 6. Estuve en Chile .... dos meses.
 7. .... entonces no me gusta vivir en mi país.
 8. ¿............... cuándo os conocéis? .... un año.
 9. ¿Cuánto tiempo .... que ha salido el tren? .... 1/2 hora.
 10. No he vuelto a ir al circo .... pequeña.

6. **Lesen Sie folgende Sätze zur Übung des Gerundiums:**

Sigue lloviendo.	Es regnet immer noch.
Siguió insistiendo.	Er/sie versuchte es weiter.
Siga leyendo.	Lesen Sie weiter.
Sigo estudiando español.	Ich lerne immer noch Spanisch.
Continúo bailando.	Ich tanze immer noch.

Jetzt bilden Sie Sätze nach dem folgenden Beispiel. Wenden Sie „seguir" oder „continuar" plus Gerundium an.

Beispiel: ¿Todavía trabajas en Iberia?
Sí, sigo/continúo trabajando en Iberia.

1. ¿Todavía vives en la misma ciudad?
2. ¿Todavía pasas tus vacaciones en Costa Rica?
3. ¿Todavía tienes problemas económicos?
4. ¿Todavía te levantas a las seis de la mañana?
5. ¿Todavía duermes diez horas todos los días?

7. **Verneinen Sie folgende Sätze (Wiederholung; Grammatik im Lehrbuch, Lektion 18).**

Beispiele: ¿Habéis visto algo interesante? → No, no hemos visto nada interesante.
En casa hay algunas cervezas. → En casa no hay ninguna cerveza.

1. Yo pienso que alguien vive en Marte.
2. Ellos tienen algunos libros muy interesantes.
3. Este investigador ha inventado algo nuevo.
4. Salvador tiene algunos discos buenos.
5. ¿Hay alguna pregunta?
6. ¿Ha visto Ud. a alguien en la oficina?
7. ¿Hay alguien aquí?
8. ¿Has llorado alguna vez?
9. Matilde siempre hace algo diferente.
10. Yo he fumado en pipa alguna vez.
11. ¿Habéis visto algo interesante?
12. ¿Ha entrado alguien aquí?
13. ¿Hay algún coche delante de la casa?
14. El señor Coello ha estado alguna vez en mi casa.

8. **Bilden Sie unpersönliche Sätze (Wiederholung; Grammatik im Lehrbuch, Lektion 17).**

Beispiele: en este lago (See)/no poder bañarse/agua fría
En este lago uno/una no se puede bañar porque el agua está muy fría.

en esta calle/no poder aparcar
En esta calle no se puede aparcar.

1. en esta cocina/no poder cocinar/pequeña
2. aquí/no poder vivir/encontrarse mal
3. alegrarse/oír buenas noticias
4. en esta fiesta/no poder bailar/demasiada gente
5. no oír bien la música/haber mucho ruido
6. aquí/no ver bien la televisión
7. en estas condiciones/no poder trabajar
8. en el Polo Norte/poder aguantar el frío
9. en el cine/no poder fumar
10. en la televisión en Alemania/no poder poner publicidad del tabaco.

9. **Setzen Sie die folgenden Sätze in die indirekte Rede (Wiederholung; Grammatik im Lehrbuch, Lektion 27).**

Beispiel 1: Iré a Berlín.
El señor Alcalá dijo que iría a Berlín.

1. Daré una vuelta por la ciudad. El señor Alcalá dijo que ...
2. Visitaré los lugares turísticos.
3. Podré discutir con profesores de la universidad.
4. Hablaremos sobre la organización de los estudios.
5. Nos reuniremos con estudiantes de varios países.

Beispiel 2: Compré una casa.
La Sra. Lorca dijo que había comprado una casa.

1. Ayer llegué a Bogotá. La Sra. Lorca dijo que ...
2. Me invitaron a una fiesta.
3. El lunes vi una película de Carlos Saura.
4. Hoy he estado en el parque zoológico.
5. He recibido una carta.

Beispiel 3: Voy a casa.
Jessica dijo que iba a casa.

1. Hago los ejercicios. Jessica dijo que ...
2. Tengo una entrada para el cine.
3. Quiero decir la verdad.
4. Soy periodista.
5. Me gusta ver las puestas de sol.

10. **Ergänzen Sie die Personalpronomen (Wiederholung; Grammatik im Lehrbuch, Lektion 14):**

1. Miguel .... ha escrito una carta a sus padres.
2. A Eugenia y a mí .... ha tocado la lotería.
3. .... he comunicado a Ud. lo que el jefe .... ha dicho a mí.
4. A los turistas .... gusta tomar el sol.
5. A vosotros .... he dicho la verdad.
6. A nosotros no .... han pagado.
7. .... lo traeré a Uds. esta tarde. ¿............... parece bien?
8. ¿Dónde está mi bolso? Ya .... lo he dado a Raquel.
9. ¿Te ha dejado Margarita los discos? Sí, ya .... ha dejado.
10. A esa alumna el profesor .... ha explicado otra vez la gramática.

11. **Ergänzen Sie mit „otro" (Wiederholung; Grammatik im Lehrbuch, Lektion 17):**

1. Mi hermano va al cine. Yo iré .... día.
2. Estos discos ya los he escuchado. ¿No tienes .... ?
3. Esta marca de cigarrillos no me gusta. Voy a comprar ....
4. Patricia y Guillermo son amigos de Gerardo. Yo tengo .... amigos.
5. No hemos hablado de ese problema. Hemos hablado de .... problema.

12. **Ergänzen Sie die Präpositionen:**

1. Yo vivo .... Santiago de Chile, pero soy .... Argentina.
2. Mis amigos me esperan .... la Puerta del Sol.
3. Raúl habla .... su novia .... teléfono todos los días.
4. Diego no se acostumbra .... las comidas alemanas.
5. Me gustaría entrevistar .... Paloma Picasso.
6. No estoy enfadado .... Maya.
7. Pienso mucho .... ti.
8. El avión sale .... Madrid .... las 20 h.
9. El avión que viene .... Madrid llega .... Quito .... las nueve de la mañana.
10. Empiezo .... trabajar .... las siete.
11. No me acuerdo .... lo que me dijiste.
12. He dejado .... fumar.
13. Me quedo .... estos pantalones.
14. El tren tarda .... llegar.
15. Yo nunca me olvido .... nada.

13. **Beachten Sie bitte die verschiedenen Übersetzungsmöglichkeiten von „poner(se)" und „quitar(se)":**

Significados „poner(se)"

ponerse + Kleidungsstücke	sich anziehen
ponerse de acuerdo (sobre)	sich einigen (über)
ponerse a + Verb im Infinitiv	beginnen zu
ponerse nervioso, (-a)	nervös werden
ponerse triste/contento, (-a)	traurig/fröhlich werden
ponerse de mal humor	schlechte Laune bekommen
ponerse en camino	sich auf den Weg machen
ponerse bueno/malo	gesund/krank werden
poner un telegrama	ein Telegramm aufgeben
poner una inyección	eine Injektion geben
poner gasolina	tanken
poner algo de su parte	das seinige tun
poner el reloj en hora	die Uhr einstellen
Póngame con ...	Verbinden Sie mich mit ...
¡No te pongas así!	Stell dich nicht so an!
¿Qué pone aquí?	Was steht hier?

Significados „quitarse"

quitarse + Kleidungsstücke	ausziehen, ablegen
quitarse + el sombrero, las gafas	Hut, Brille abnehmen
quitar	nehmen, wegnehmen
quitar la mesa	Tisch abnehmen
Quítate de ahí/de en medio.	Mach, daß du wegkommst.
Se me ha quitado un peso de encima.	Mir ist ein Stein vom Herzen gefallen.
Me quita Ud. la palabra de la boca.	Sie nehmen mir das Wort aus dem Munde.
Se me han quitado las ganas.	Mir ist die Lust vergangen.

Schreiben Sie selbst einige Sätze mit diesen Verben:

1. ______________________________

2. ______________________________

3. ______________________________

4. ______________________________

5. ______________________________

6. ______________________________

7. ______________________________

8. ______________________________

14. **Kommentieren Sie dieses Bild:**

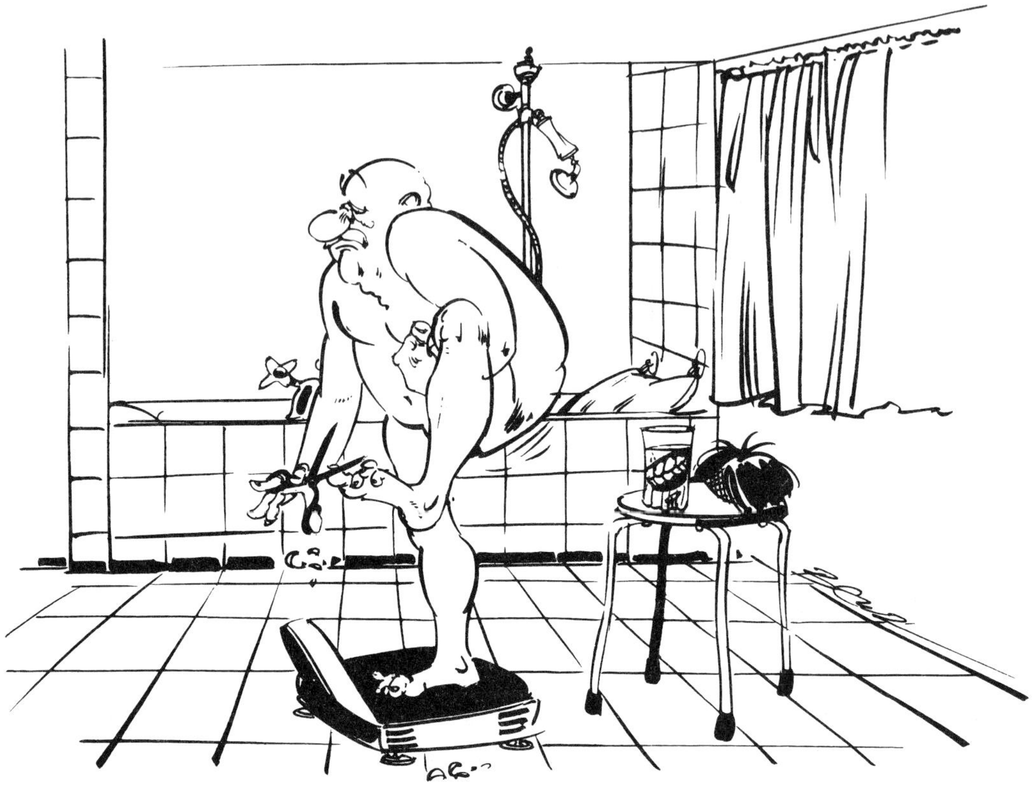

la peluca	die Perücke
la dentadura postiza	die Zahnprothese
cortarse las uñas	sich die Nägel schneiden

15. **Hörverständnisübung – Ejercicio de comprensión auditiva**

Hören Sie zunächst zweimal die erste Anekdote auf der Kassette „1 plus"; danach beantworten Sie, mündlich oder schriftlich, einige Fragen zum Text:

1. ¿Quiénes entraron en un restaurante?
2. ¿Qué pidieron para comer?
3. ¿Qué hizo el hombre después de comer y qué dijo?
4. ¿Qué preguntó el camarero al niño después de una hora?
5. ¿Qué contestó el niño?
6. Haga un resumen (Nacherzählung) de la anécdota.

Hören Sie nun auf der Kassette „1 plus" die zweite Anekdote (wieder zweimal); danach beantworten Sie, mündlich oder schriftlich, einige Fragen zum Text:

1. ¿Cuántos años tiene Jaimito?
2. ¿Qué le regaló Jaimito un día a la profesora?
3. ¿Qué dijo la profesora?
4. ¿Cómo reaccionó Jaimito ante la respuesta de la profesora?
5. Haga un resumen de la anécdota.

1. **Hören Sie die Kassette 2 zum Lehrbuch (Seite B, „El turismo en España“) zweimal (einmal mit geöffnetem und einmal mit geschlossenem Lehrbuch); lesen Sie dann den Text mehrmals, schließen Sie die Bücher und beantworten Sie folgende Fragen:**

   1. ¿Cuánto aumentó el turismo entre 1950 y 1980 en España?
   2. ¿Cuántos millones de turistas hubo en España en 1981?
   3. ¿Cuántos millones de habitantes tenía España en 1981?
   4. ¿Cuáles son los destinos más frecuentados por los turistas?
   5. ¿Qué lugares de España prefieren los ingleses, los alemanes, los norteamericanos y los suecos para ir de vacaciones?
   6. ¿Qué turistas de los que visitan España son los más interesados en la cultura y en los monumentos?
   7. ¿Tiene el turismo nacional una gran importancia en España? ¿Qué porcentaje representa el turismo nacional respecto al turismo total de España?
   8. ¿Quiénes hacen más desplazamientos turísticos, los españoles o los nórdicos y centroeuropeos?
   9. ¿Cuál es el principal factor de financiación del crecimiento económico español?
   10. ¿En qué se invirtió el dinero del turismo en Cataluña, Valencia y en Andalucía?
   11. ¿Por qué han tenido gran importancia los andaluces en el desarrollo turístico de la Costa Brava, de la costa valenciana y de las Islas Baleares y Canarias?
   12. ¿Qué piensa sobre la destrucción del paisaje a favor del turismo?
   13. ¿Qué es lo más interesante de un viaje?
   14. ¿Qué países tienen el mayor número de turistas?
   15. Ventajas y desventajas del turismo. Diga su opinión.

2. **Hören Sie die Kassette zu Ende („La emigración“); lesen Sie dann den Text mehrmals, schließen Sie die Bücher und beantworten Sie folgende Fragen zum Text:**

   1. ¿A qué países emigraron los españoles entre 1920 y 1970?
   2. ¿Por qué emigran las personas?
   3. ¿Qué dificultades tienen los emigrantes en el país receptor? ¿Y los hijos? ¿Se adaptan mejor o peor que los padres?
   4. ¿Qué ventajas o desventajas cree Ud. que tiene el país receptor de emigrantes? ¿Y el país de origen?
   5. ¿Qué tipos de trabajo hacen los emigrantes en Alemania?

3. **Hören oder lesen Sie noch einmal „El turismo en España“, schließen Sie die Lehrbücher wieder und ergänzen Sie die fehlenden Wörter:**

El turismo en España

En treinta años, entre 1950 y 1980, el número de turistas que visitó España se .... por 50 y el de divisas por 400. Durante años el número de turistas .... igual al de habitantes del país: 34 millones. En 1981 .... 40 millones, 2 millones más que habitantes.

España, con casi 5.000 kilómetros lineales de costa y 50.000 km² de terreno montañoso, tiene rincones pintorescos para .... ampliamente los .... de millones de personas. Pero las playas del Mediterráneo son los destinos más .... por los turistas, ... nacionales como extranjeros.

El turismo británico .... las Islas Baleares y la Costa del Sol; los alemanes, las Islas Canarias; los norteamericanos, Andalucía y los suecos, Alicante. Los italianos son .... interesados en la cultura y en los monumentos. Galicia y Asturias, que durante años han tenido sólo turismo nacional, ... últimamente un gran número de pensionistas extranjeros que huyen de las grandes .... costeras.

4. **Hören oder lesen Sie jetzt noch einmal „La emigración", schließen Sie die Lehrbücher und ergänzen Sie die fehlenden Wörter:**

La Emigración

Más de 4 millones de españoles .... entre 1920 y 1970 por motivos económicos a América y a otros países de Europa. En América viven dos millones, la .... de ellos en Argentina; en Francia medio millón y en Alemania unos 180.000. La .... de los españoles que emigraron eran campesinos sin tierra y .... sin trabajo.

Desde la crisis económica de los años 70 es muy difícil la emigración a otros países de Europa. Los países .... no .... más emigrantes debido a los problemas de .... que ellos mismos tienen.

La .... del emigrante en los países receptores de Europa no es siempre fácil. La mayoría no habla el idioma del país. .... a una nueva mentalidad es muy difícil. Los habitantes de los países receptores tampoco los .... mucho a integrarse. Los extranjeros, con frecuencia, están .... como personas de "segunda categoría".

En Alemania hay aproximadamente cuatro millones de extranjeros. Aproximadamente un millón de ellos son .... de quince años. Muchos niños extranjeros están completamente .... ya que pasan sus horas libres con la familia, en vez de jugar con otros niños. Así no pueden aprender el idioma ...., factor muy importante para poder .... después al mundo laboral. Los jóvenes tienen .... años grandes dificultades en encontrar un puesto de trabajo. Además,la inseguridad en cuanto a su .... en Alemania es muy grande. .... a todo esto, los hijos de los emigrantes tienen a veces .... más problemas que sus padres.

5. **Lesen Sie die folgenden Sätze zur Übung der Präpositionen „por" und „para":**

Necesito dinero para ir de vacaciones.
Las vacaciones son para descansar.
Este regalo es para mi madre.
La reunión se ha aplazado para el lunes.
Desearía una habitación para una semana.
Faltan 10 días para la boda (Hochzeit).
Lo hace para molestarme.
Salimos para París mañana.
Para mí esto no es importante.
Para ti esto es lo más interesante.
Alfredo está muy joven para su edad.
Gano poco para lo que trabajo.

Comemos para vivir, algunos viven para comer.
¿Por qué no vienes a la fiesta? Por falta de tiempo.
Te llamaré por teléfono.
Te lo enviaré por avión.
El Escorial fue construido por orden de Felipe II.
Ha vendido el coche por 2 millones de pesetas.
Te cambio mi coche por el tuyo.
He hecho un viaje por Europa.
He paseado por el jardín.
Lo he descubierto por casualidad.
Por lo visto está enfermo.
Por si acaso llueve, me llevo el paraguas.

Setzen Sie jetzt die Präpositionen „por“ oder „para“ ein:

1. Estoy aquí .... hablar contigo.
2. He venido .... ayudarte.
3. Te cambio mi bicicleta .... la tuya.
4. Te vendo el coche .... poco dinero.
5. Cuando paso .... esta calle siempre pienso en ella.
6. Lo he comprado .... ti.
7. Lo hago .... tu bien.
8. .... este lugar siempre hace viento.
9. Trabajo .... necesidad.
10. Lo hizo .... fuerza.
11. Lo tenían .... inteligente.
12. Tenemos una cita (Termin, Verabredung) .... el jueves.
13. A Isabel la tomaron .... extranjera.
14. .... mucho que estudia no aprueba.
15. Miguel va a votar .... los socialistas.
16. Eugenia vale mucho .... ese trabajo.
17. Te lo repito .... que no lo olvides.
18. Este regalo es .... Rebeca.
19. Me debe dinero, ... eso lo busco.
20. Tengo prisa .... llegar.
21. Esto ha pasado .... tu culpa.
22. Mañana .... comer, tomaremos cordero.
23. .... lo visto, hoy nadie ha estudiado.
24. .... pedir demasiado, se ha quedado Ud. sin nada.
25. .... mí este problema es grave.

6. **Bilden sie Sätze nach dem Beispiel:**

Rodolfo (no) me llamó. → **Ya sabía yo** que Rodolfo (no) me **llamaría.**

1. Augusto y Teodora se han casado.
2. Gerardo no me dejó el coche.
3. No han venido a arreglar la lavadora (Waschmaschine).
4. No me dijeron la verdad.
5. Inés adelgazó (adelgazar – abnehmen) mucho.
6. Los niños se pusieron enfermos.
7. Los obreros hicieron una huelga (Streik).
8. Me fue infiel (untreu).
9. Mis amigos perdieron el tren.
10. Carlos Saura tuvo éxito en su última película.

7. **Ergänzen Sie „bueno"; „malo"; „alguno"; „ninguno"; „primero"; „tercero":**

(Bitte beachten Sie, daß bei diesen Adjektiven die Endung -o vor männlichen Substantiven verloren geht)

1. Gregorio vive en el .... piso.
2. Como en este restaurante porque hay un .... menú.
3. Rodolfo es un .... amigo. Lo aprecio mucho.
4. No tengo .... de estas revistas.
5. El .... libro de este método de español es para los principiantes.
6. Lo que haces, es un .... ejemplo para tus hijos.
7. Es la .... vez que estoy en este país.
8. No conozco .... país de Hispanoamérica.
9. ¿Has leído .... capítulo del libro que te recomendé?
10. Hace .... tiempo que no nos vemos.
11. Esta película es muy .... No me ha gustado.
12. .... personas son muy .... No ayudan nunca a nadie.

8. **Ergänzen Sie „hace"; „desde hace"; „desde"; „hace ... que"; „hacía", (Grammatik im Lehrbuch, Lektion 16):**

1. .... mucho tiempo .... no te veía.
2. Esteban y Sebastián trabajan en la Mercedes .... ocho años.
3. ¿Cuándo llegó Samara? .... unos días.
4. .... mucho tiempo que no me visitaba.
5. Conozco a Rosario .... el año pasado.
6. No invito a mis padres .... dos meses.
7. No fui a trabajar porque .... una semana que estaba enfermo.
8. Te espero .... una hora.

9. **Setzen Sie die Verben in Klammern in der richtigen Form der Vergangenheit ein (Perfekt, Imperfekt, „Indefinido", oder Plusquamperfekt):**

1. Ayer .... (levantarse, yo) a las ocho y media. .... (abrir yo) la ventana y .... (mirar, yo) qué tiempo .... (hacer). .... (hacer) calor, pero .... (estar) un poco nublado y .... (hacer) un poco de viento. Después de ducharme y desayunar .... (salir, yo) de casa y .... (ir) a trabajar. .... (tener) que tomar un taxi porque mi coche .... (estar) estropeado y el autobús no .... (llegar).

2. Ayer .... (ir) a Marbella. .... (haber) muchos veraneantes nacionales y extranjeros. La playa .... (estar) llena. Yo .... (querer) nadar un poco en el mar, pero .... (ser) imposible porque .... (haber) mucha gente en el agua. Entonces .... (irse, yo) a un bar que .... (estar) cerca de la playa. .... (pedir, yo) un lenguado con patatas fritas y ensalada para comer. Mientras .... (esperar) la comida, ... (ver) que a un hombre que .... (estar) en la mesa de al lado le .... (servir) un plato de chanquetes (Fisch, Sardellen ähnlich). Yo .... (saber) que .... (estar) prohibido pescarlos. .... (decírselo, yo) al dueño y él me .... (decir) que no .... (tener) ninguna idea sobre esto, pero que no .... (pensar, él) cumplir las advertencias que .... (hacer) el Gobierno Civil porque esto .... (poder) perjudicar (schaden) su negocio.

10. **Erzählen Sie in der Vergangenheit:**

Fernando **ha estado** dos meses viajando por Sudamérica. **Va** en avión y el viaje le **gusta** mucho. Primero **visita** Venezuela. Lo que más le **gusta es** el Parque Nacional Canaima, que es el más grande de Venezuela y el sexto del mundo.

Después **va** a Perú. Allí **visita** las famosas ruinas de Machu Picchu que están al noroeste de la ciudad de Cuzco. Machu Picchu está situada a 2.350 metros de altura. **Hay** otra cumbre más alta llamada Huayna Picchu situada a 2.700 metros de altura. Desde las ruinas se **ven** los picos nevados de los Andes y la vegetación tropical del valle.

11. **Ud. desea visitar España. Escriba una carta a la oficina de Información y Turismo de Madrid, pidiendo información sobre los lugares de más interés turístico o sobre las ciudades que Ud. quiera conocer.**

12. **Bilden Sie Sätze nach dem Beispiel (indirekte Rede; Grammatik im Lehrbuch, Lektion 27):**

Tengo mucho que hacer. → La Sra. Costa dijo que tenia mucho que hacer.

1. Soy profesor de inglés. El señor Herrera dijo que ...
2. Traduzco documentos. La Sra. Alberti dijo que ...
3. El Sr. Vega irá a Chile la semana próxima. El Sr. Vega dijo que ...
4. Sonia va a ir a visitar a Laura. Sonia dijo que ...
5. Mario ha comprado una casa. Mario dijo que ...
6. A Marcos le gustaría ser arquitecto. Marcos dijo que ...
7. Me gustaría ir a Brasil. Ruth dice que ...
8. El Sr. Aldomóvar dirigió muchas películas. El Sr. Aldomóvar dijo que ...

13. **Setzen Sie die Verben in den Klammern ins Konditional; (Grammatik im Lehrbuch zu Lektion 15):**

1. Yo .... (querer) saber si vas a venir a la fiesta.
2. Tú .... (tener) que leer este libro.
3. Nosotros te dijimos que .... (hacer) lo posible por ayudarte.
4. Vosotros creíais que esta vez .... (ganar) la loteria.
5. Me llamó para decirme que no .... (venir, él).
6. Ellos .... (poder) ayudarnos.
7. El Sr. Abal no .... (decir) eso nunca.
8. Gerardo .... (salir) esta noche, pero no tiene dinero.

14. **Stellen Sie sich gegenseitig folgende Fragen und beantworten Sie diese frei (Wiederholung von Plusquamperfekt; Grammatik im Lehrbuch, Lektion 29).**

Beispiel: A las siete de la mañana, ¿ya se había levantado Ud.?
Sí, ya me había levantado. / No, no me había levantado todavía.

1. Cuando llegaste a casa anoche, ¿ya había preparado alguien la cena?
2. Cuando tus padres se levantaron, ¿ya habías hecho el desayuno?
3. Antes de venir a esta escuela de idiomas, ¿habías ido a otra?
4. ¿Habías estudiado otro idioma antes de estudiar español?
5. ¿Habías estado en otra clase de español antes de estar en ésta?
6. Cuando empezaron las clases este semestre, ¿ya habías repasado lo que aprendiste en el curso anterior?
7. Cuando llegaste el último día a la oficina, ¿había llegado tu jefe?
8. A finales de agosto, ¿ya habías vuelto de vacaciones?
9. Cuando tu amiga (-o) llegó ayer a casa, ¿ya habías comido?
10. Cuando te fuiste la última vez de vacaciones, ¿ya habías reservado un hotel?

15. **Ihr kleiner Bruder oder ihre kleine Schwester bleibt morgen allein zu Hause. Sagen Sie ihm / ihr, was er / sie machen soll.**

Beispiel: levantarse temprano → Levántate temprano.

1. bañarse
2. vestirse
3. ponerse los pantalones azules
4. hacer los deberes
5. salir de casa a las once
6. ir al mercado
7. comprar comida
8. volver a casa temprano
9. llamar a Diana, decirle que la fiesta es mañana
10. tener cuidado
11. ser bueno y estudiar
12. acostarse temprano

16. **Hörverständnisübung – Ejercicio de comprensión auditiva**

Hören Sie zuerst die Kassette „1 plus“ zweimal; danach beantworten Sie, mündlich oder schriftlich, einige Fragen zum Text:

1. ¿Desde cuándo existe el terrorismo como arma política?
2. ¿Contra qué luchan los terroristas?
3. ¿La frase “El fin justifica los medios” es válida para aceptar el terrorismo?
4. ¿Quién dijo esta frase?
5. ¿Qué es peor, la violencia de los terroristas para combatir la tiranía de los gobiernos o la violencia de las dictaduras para mantenerse en el poder?
6. ¿Aumenta o disminuye la violencia con la cultura y la civilización?
7. ¿Qué otros tipos de violencia existen?
8. ¿Es la violencia un símbolo de nuestro tiempo?

17. **Kommentieren sie diese Bilderfolge:**

26 – 30 Ejercicios de Repaso

Wiederholung zu den Lektionen 26 bis 30 — Repaso de las lecciones 26 – 30

1. **Setzen Sie ins „Indefinido".**

Beispiel: Vivo en Barcelona. → Viví en Barcelona.

1. Goya es un pintor español del siglo XVIII.
2. Rafael y Nuria están en Santander.
3. Volvemos a las ocho.
4. Llego a Caracas a las diez.
5. ¿A qué hora te acuestas?
6. ¿Qué hacéis?
7. ¿Qué dices?
8. No puedo ir.
9. Voy a visitarte.
10. No tengo tiempo.

2. **Setzen Sie ins „Imperfecto":**

Doña María **es** de Santiago de Compostela, pero desde **hace** unos años **vive** en Madrid y **lleva** una vida muy metódica. **Se levanta** a las 7 h de la mañana. **Se ducha, desayuna** y **se va** a trabajar. **Trabaja** en un hospital. Al mediodía **come** en un pequeño bar cerca de su trabajo. El bar **es** muy tranquilo y acogedor (gemütlich) y la comida es muy buena. El camarero **es** también gallego. Después de comer siempre **charla** (plaudern) con él un poco. Por las tardes **trabaja** de cuatro a ocho. A las ocho **vuelve** a casa y **se prepara** la cena. Como **vive** sola no **cocina** mucho. Después de cenar **lee** un libro o **mira** la televisión. **Se acuesta** bastante temprano.

3. **Versuchen Sie, diese Sätze auf spanisch zu sagen oder zu schreiben:**

Letzte Woche fuhr ich nach Madrid. Dort besuchte ich das Museum „El Prado". Es gefiel mir sehr, besonders die Bilder von Goya. Goya ist der Vorreiter (precursor) des Impressionismus. Ich wollte auch das Bild „Guernica" von Picasso sehen, aber das Bild befand sich in einem anderen Museum und ich war schon sehr müde. Vielleicht fahre ich nächstes Jahr wieder nach Madrid. Eine Woche ist zu (hier: muy) wenig Zeit, um so viele Sehenswürdigkeiten (monumentos artísticos) zu besuchen. Das Hotel, in dem ich in Madrid wohnte, war ein sehr kleines, aber gutes Hotel. Als ich in Madrid ankam, war das Wetter sehr gut, obwohl es November war. Die letzten zwei Tage regnete es.

4. **Setzen Sie die Verben in Klammern in der passenden Form der Vergangenheit ein:**

1. Ayer Leonor .... (llegar) pronto a casa porque .... (tener, ella) mucho que hacer.
2. Cuando .... (llegar, yo) a Alemania, no .... (saber, yo) ni una palabra de alemán.
3. El sábado mi hermana .... (quedarse) en casa porque se .... (sentir) mal.
4. Simón Bolívar .... (lograr) la independencia de Venezuela en el año 1819.
5. Yo no .... (saber) que hoy .... (ser) tu cumpleaños.
6. Este año los alumnos .... (progresar) mucho.
7. Ayer .... (estar, yo) enfermo y no ....(poder) ir a trabajar.
8. Rita no ....(venir) ayer porque le .... (doler) la cabeza.
9. En esa época a él le .... (gustar) comer y .... (estar) gordísimo.
10. Cuando .... (llegar, nosotros) a Alemania, ... (hacer) mucho frío.
11. Cuando yo .... (ser) pequeña, ... (vivir) en Londres y .... (hablar) inglés en la escuela y español en casa.

12. Paloma me .... (decir) que tú ya .... (terminar) los exámenes.
13. Ayer los niños .... (dormir) toda la tarde.
14. ¿Qué cuadro .... (elegir) Ud.?
15. Dora me .... (pedir) dinero y yo se lo .... (prestar).

5. **Bilden Sie Sätze nach dem Beispiel (Wiederholung von Konditional; Grammatik im Lehrbuch, Lektion 15):**

Me gustó mucho la película. → Ya sabía yo que te gustaría la película.

1. Llegué tarde. Ya me temía yo que ....
2. Salieron de noche. Ya me suponía yo que ....
3. Esta lección nos parece difícil. Ya me temía yo que ....
4. No ha hecho los deberes. Ya sabía yo que ....
5. No fue a clase. Ya me temía yo que ....
6. No pudo venir. Ya me suponía yo que ....
7. Se puso muy nervioso antes del examen. Ya me temía yo que ....
8. Se cayó de la moto. Ya me temía yo que ....

6. **Bilden Sie Sätze nach dem Beispiel (Wiederholung von Plusquamperfekt; Grammatik im Lehrbuch, Lektion 29):**

Diego preparó la comida. Yo llegué a casa.
Cuando yo llegué a casa, Diego ya había preparado la comida.

1. Yo preparé el desayuno. Raquel se levantó.
2. El niño nació. El médico llegó.
3. Yo puse la mesa. Mi madre llegó a casa.
4. Yo terminé el trabajo. Tú viniste.
5. Nosotros cenamos. Mi hermano llegó.
6. Yo hice los deberes. Tú viniste a buscarme.
7. El niño rompió una figura muy valiosa. La madre se dio cuenta.
8. Yo terminé el trabajo. Salvador vino.
9. Mi familia comió. Yo llegué a casa.
10. Cerraron el Banco a las 2.00 h. Llegué al Banco a las 2.15 h.

7. **Erzählen Sie in der Vergangenheit:**

Rebeca **ha estado** 2 semanas de viaje por Europa. El domingo **vuelve** a su casa. **Ha hecho** el viaje en tren y le **ha gustado** mucho. **Ha conocido** muchos lugares y a muchas personas. Al llegar a su casa su padre le **dice** que su hermana **ha tenido** un accidente y **está** en el hospital. Rebeca no **puede** creerlo. Inmediatamente **va** a visitarla al hospital. Cuando **llega**, el médico le **dice** que ya **está** mejor y aunque todavía no **puede** hablar con ella, Rebeca ya **está** más tranquila.

8. **Übersetzen Sie:**

1. Wer spricht am besten Englisch? Ich glaube, daß Raquel am besten Englisch spricht.
2. Was sagst du, Beatriz? Ich sage nichts. Es ist das beste.
3. Am liebsten würde ich in Urlaub fahren. Für einen guten Urlaub in Spanien braucht man mehr als 3.000 DM (marcos alemanes). Soviel? Es ist mehr, als ich dachte.
4. Madrid ist größer als Lissabon.
5. Diese Übung ist schwerer, als ich glaubte.
6. Rita ist nicht älter als ich.
7. Das Haus kostet mehr als 300.000 DM.
8. Diese Lektion ist nicht so leicht wie die letzte.
9. Ich habe so viel Geld wie ihr.
10. Madrid ist die größte Stadt Spaniens.
11. Diese Zeitung lese ich am liebsten.
12. Das interessiert mich am wenigsten.
13. Mein Chef arbeitet höchstens vier Stunden am Tag.
14. Am liebsten würde ich aufhören zu arbeiten.
15. Salvador spricht Deutsch schlechter als du.

9. **Lesen Sie folgende Sätze und antworten Sie, ob sie richtig oder falsch sind.**

Beispiel: Charles Chaplin era un futbolista.
No, Charles Chaplin no era un futbolista, era un actor de cine.

1. Hitler era un cantante (Sänger) alemán.
2. Dalí era un poeta.
3. Cervantes era un pintor español.
4. Goya era un músico español.
5. Monet era un pintor italiano.
6. Leonardo de Vinci era un escritor francés.

10. **Lesen Sie folgende Sätze:**

1. En 1492 Colón dijo: "Descubriré América".
2. En 1796 Beethoven dijo: "Seré sordo".
3. En 1808 Napoleón dijo: "Seré dueño de España".
4. En 1939 Hitler dijo: "Haré la guerra".
5. En 1950 Liz Taylor dijo: "Beberé todo el champán del mundo".

Stellen Sie sich jetzt gegenseitig Fragen und beantworten Sie sie in der indirekten Rede:

1. ¿Qué dijo Colón en 1492? Colón dijo que ...
2. ______________________________
3. ______________________________
4. ______________________________
5. ______________________________

11. **Ergänzen Sie die passenden Formen von „ser" oder „estar":**

1. ¿Cómo .... el vino? .... un buen Rioja, pero .... un poco frío.
2. Hoy .... a 12 de febrero de 1993.
3. ¿Qué día .... hoy? Hoy .... jueves.
4. Ese chico no .... muy inteligente, pero .... muy aplicado.
5. Amalia .... hoy de muy buen humor.
6. Estas cartas .... para Ud.
7. He bebido mucho y .... un poco borracho (betrunken).
8. Paco .... el hermano de mi amiga.
9. El director de la empresa .... de viaje.
10. Jaime antes .... muy simpático. Ahora .... siempre de mal humor.
11. José .... todavía enfadado (böse).
12. ¿Cómo .... (vosotros)? .... (nosotros) un poco cansados.
13. Esa familia antes .... rica. Ahora .... muy pobre.
14. Aurelio .... muy orgulloso.
15. .... (yo) muy orgulloso de haber terminado mis estudios de Medicina.

12. **Bilden Sie Sätze nach dem Beispiel (Wiederholung von Personalpronomen; Grammatik im Lehrbuch, Lektion 8):**

Tengo que escribir una carta. → Tengo que escribirla. / La tengo que escribir.

1. He perdido tu dirección.
2. Tengo que renovar el pasaporte.
3. Rafael va a visitar a Clara todos los días.
4. Paco me está enseñando unas fotos.
5. Pablo está arreglando el coche.
6. Estoy leyendo el libro.
7. Carlos quiere vender su coche.
8. El médico intenta curar al paciente.

13. **Bilden Sie Sätze nach dem Beispiel (Wiederholung von Imperativ; Grammatik im Lehrbuch, Lektion 21):**

¿Dónde **pongo** las cervezas? / **nevera** → **Ponlas en la nevera.**

1. ¿Cuándo llamo a Estrella? / **al llegar a casa**
2. ¿Qué les traigo a Uds? / **el menú del día**
3. ¿Qué me pongo? / **el vestido azul**
4. ¿Qué les digo a los niños? / **que pueden salir**
5. ¿A quién le doy el regalo? / **a Elena**
6. ¿Me puedo probar el traje? / **Sí**
7. ¿Cuándo vengo? / **a las ocho**
8. ¿Qué hago? / **lo que te he dicho**

14. **Erzählen Sie in der Vergangenheit:**

Vamos a la playa. Hace un día espléndido. Nos bañamos en el mar. Los niños juegan a la pelota. Después de comer jugamos a las cartas. Al volver a casa hay mucho tráfico y tardamos casi dos horas en llegar. Cuando llegamos a casa vemos que han entrado los ladrones y se lo han llevado todo.

Ayer fuimos a ...

15. **Setzen Sie die Verben in Klammern in der passenden Form der Vergangenheit ein:**

1. El año pasado .... (pagar, yo) casi medio millón de impuestos; antes .... (pagar, yo) bastante menos. Los impuestos .... (aumentar) mucho.
2. Ayer Rosalía me .... (prometer) que me acompañaría al teatro pero en el último momento me .... (llamar, ella) para decirme que no .... (poder, ella) venir porque su madre .... (estar) enferma.
3. Ayer mi coche .... (quedarse) sin gasolina, aunque el indicador .... (señalar) que .... (haber) todavía unos litros en la reserva. .... (tener, yo) que ir caminando a la próxima gasolinera.
4. Lope de Vega, poeta y autor dramático español del Siglo de Oro, ... (nacer) en Madrid el 25 de noviembre de 1532. Su padre .... (ser) de Santander. Lope de Vega .... (tener) dos hermanos. Su padre .... (abandonar) a la familia. El padre .... (morir) cuando Lope de Vega .... (tener) 16 años.
5. Lope de Vega .... (casarse). Su esposa .... (morir) unos años después. Lope de Vega .... (hacerse) entonces sacerdote (Priester). Unos años después .... (enamorarse) de Marta de Nevares. Lope de Vega .... (morir) en el año 1635.
6. Antes .... (fumar, yo) mucho. Hace poco .... (leer, yo) un libro sobre el tabaco y .... (decidirse) a dejar de fumar, pero no es tan fácil como yo .... (creer).
7. Cuando le .... (conocer, yo), él .... (tener) 25 años. Él entonces .... (ser) médico y .... (trabajar) en un hospital. De repente .... (ponerse) muy enfermo y .... (tener, él) que dejar de trabajar durante tres meses.
8. Ayer .... (estrenarse) en el Teatro Nacional una comedia de los hermanos Quintero. Yo .... (llegar) con media hora de adelanto y .... (poder, yo) ver el ambiente y saludar a mis amigos.
9. El director de mi empresa .... (introducir) muchas novedades en la compañía el mes pasado. Todos los empleados .... (hacer, nosotros) una huelga (Streik) porque no .... (estar, nosotros) de acuerdo con las nuevas condiciones.
10. Ayer .... (hacer) frío y .... (nevar) mucho. Mi hijo .... (caerse) de la moto y .... (romperse) una pierna. Lo .... (llevar, ellos) al hospital y le .... (escayolar – eingipsen) la pierna.

16. **Ergänzen Sie die Präpositionen, wenn es nötig ist:**

1. Esta carta no es .... mí.
2. Rubén es muy alto .... su edad.
3. .... esa fecha tenemos que terminar el trabajo.
4. Queríamos hacer el viaje .... avión, pero .... desgracia, suspendieron los vuelos .... la niebla.
5. .... suerte aprobé (bestehen) el examen.
6. No puedo ir .... vacaciones .... falta .... tiempo.
7. .... aquel entonces yo trabajaba .... la Mercedes.

8. Me he enterado .... casualidad.
9. Llámame .... si acaso pasa algo.
10. Vamos .... vacaciones .... Lanzarote. Estaremos allí .... finales de julio. Te escribiré .... allí.
11. Estoy .... (ohne) dinero.
12. No he venido .... divertirme, sino .... trabajar.
13. La directora está buscando .... una secretaria.
14. Estoy buscando .... mi hermano pequeño.
15. .... lo visto, hoy no ha estudiado nadie.
16. Todo ha sucedido .... mi culpa (Schuld).
17. Tengo .... algunos discos.
18. Lo hace .... tu bien.
19. Yo no haría eso .... todo el dinero del mundo.
20. Antonio vio .... una película policíaca.

17. **Bilden Sie Sätze nach dem Beispiel (Grammatik im Lehrbuch, Lektion 28):**

¿Cómo es Jacinto? / simpático → Jacinto es simpatiquísimo.

1. ¿Cómo es el río Nilo? / largo
2. ¿Cómo son los enanitos de Blancanieves (Schneewittchen)? / bajos
3. ¿Cómo es Frankestein? / feo
4. ¿Cómo era Oliver Hardy? / gordo
5. ¿Cómo es Linda Evangelista? / guapa
6. ¿Cómo era Einstein? / inteligente
7. ¿Cómo son las películas de Charles Chaplin? / divertidas (lustig)
8. ¿Cómo es el idioma chino? / difícil

18. **Lesen Sie folgende Sätze:**

Hay mucho tráfico en Madrid.
Siempre ha habido grandes pintores en España.
Antes había menos tráfico en Madrid.
Ayer hubo un gran problema en la oficina.
Habrá unas mil personas en el concierto.
Ayer habría unas quinientas personas en la manifestación (Demo).

Jetzt bilden Sie ähnliche Sätze mit allen Zeiten von „hay“:

1. ____

2. ____

3. ____

4. ______________________________

5. ______________________________

6. ______________________________

19. **Lesen Sie die folgende Anekdote und machen Sie eine Nacherzählung:**

Mark Twain viajaba en tren hacia Dijon. Después de cenar tenía mucho sueño y dijo al revisor: "Haga el favor de despertarme un poco antes de llegar a Dijon. Normalmente duermo muy profundamente. Quizá protesto al despertarme, pero no haga caso. Hágame bajar en Dijon". Luego Mark Twain se fue a dormir.

Cuando se despertó, estaba amaneciendo y el tren se acercaba a Paris. Mark Twain se dio cuenta de que se había pasado de estación. Fue a buscar al revisor y empezó a gritarle: "Nunca he estado tan enfadado en mi vida como ahora."

El revisor lo miró un instante y dijo: "Sí, pero Ud. no está ni la mitad de enfadado de lo que estaba el americano que he hecho bajar en Dijon.

Dictados

Sugerencias para los profesores

Primero lea el dictado completo, después lea frases cortas repitiendo, si es necesario, más despacio.

Cuando aparezcan palabras desconocidas, puede dar su equivalente en alemán. La traducción suele estar entre paréntesis, pero no escriba nunca la expresión en la pizarra, aunque sea desconocida. Los alumnos deberán intentar, con las reglas que conocen, escribir estas palabras. Al final lea una vez más el dictado a velocidad normal.

Para corregir el dictado en grupos con muchos alumnos, proponemos que los alumnos intercambien sus cuadernos, abran el libro en la página adecuada y corrijan el dictado comparándolo con el texto del libro. Indique a los alumnos que subrayen las faltas y escriban la palabra correcta al margen o al final del dictado. El profesor/la profesora puede controlar las faltas y explicar, en caso necesario, alguna regla ortográfica.

Por ejemplo: Si escriben "quanto", vuelva a insistir que en español la "q" sólo se utiliza en las sílabas "que" y "qui" y que todas las palabras que empiezan con "cua.", como cuánto, cuándo, cuando, cuatro, etc. se escriben con "c".

Si escriben "zero", explique de nuevo que la "z" en español sólo se usa delante de "a", "o" y "u". Ejemplos: Zaragoza, Amazonas, Venezuela; sin embargo, con "i" y "e" se usa la "c". Ejemplos: Barcelona, Valencia.

Si escriben una palabra con dos "m" o "p" seguidas, explique que en español es muy raro que aparezcan dos letras iguales seguidas como en alemán. Las excepciones están indicadas en el "Lehrbuch 1", página 12.

Los signos de puntuación, al principio puede dictarlos en alemán y luego en español. Después de algún tiempo deberán dictarse solamente en español.

Signos de puntuación

Los signos de puntuación que se usan en castellano son:

,	la coma
;	el punto y coma
:	los dos puntos
.	el punto
...	los puntos suspensivos
¿	(el principio de) interrogación
?	(el fin de) interrogación
¡	(el principio de) admiración/exclamación
!	(el fin de) admiración/exclamación

Los principales signos auxiliares son los siguientes:

( )	el paréntesis
" "	las comillas
–	el guión
—	la raya

Dictado (Lección 1)

El restaurante "Sevilla" es un restaurante español en Alemania. En el restaurante hay muchos españoles. También hay alemanes. El restaurante no es muy grande. Hay cinco mesas y diez sillas. Juan, uno de los camareros, es español. Es muy simpático. También hay un camarero alemán y otro griego.

En una mesa hay cuatro personas. En la mesa hay tres copas, una botella de vino blanco y una taza.

En otra mesa hay seis personas.

– ¡Camarero, por favor! Una naranjada, tres cervezas, un vaso de agua mineral con gas, un café solo (ohne Milch) y un jerez.
– ¿Algo más?
– Nada más, gracias.
– ¡Camarero, por favor! ¿Cuánto es?

Dictado (Lección 2)

La familia Baroja vive en Madrid. Vive en la calle Alcalá. El padre trabaja en el Ministerio de Educación (Kultusministerium). La madre trabaja en una agencia de viajes. Habla tres idiomas: alemán, inglés y francés. Los señores Baroja tienen dos hijos, un niño y una niña. El niño, Eugenio, tiene diez años. La niña, Julia, tiene ocho años. Los dos estudian en una escuela.

Los abuelos de Eugenio y Julia viven en Galicia. La familia Baroja pasa siempre las vacaciones (verbringt immer den Urlaub) en Galicia.

Dictado (Lección 3)

Susana es profesora. Trabaja en la Universidad de Salamanca. En clase hay muchos estudiantes. Estudian el idioma español. Es un curso intensivo. Pierre es francés. Es fotógrafo. Heidi es alemana. Estudia Filología Hispánica (Hispanistik). John es americano. Es de Florida. Es maestro. Trabaja en una escuela. En Salamanca vive en casa de unos amigos. Lilian es brasileña. Es bailarina. El señor Brown es inglés. Es intérprete (Dolmetscher) de inglés y alemán. Normalmente vive en Alemania. Ahora aprende (lernt) español. Karin es austriaca. Es azafata (Stewardeß). Habla tres idiomas: español, italiano e inglés. Las clases de español son desde las dos hasta las seis de la tarde.

Los estudiantes ya hablan bastante (ziemlich) bien el español. Los estudiantes viven en un Colegio Mayor (Studentenwohnheim). Siempre comen en la universidad.

Dictado (Lección 4)

Mi mujer (Ehefrau) se llama Rosalía. Es de Zamora. Yo soy de Guadalajara. Ahora vivimos en Madrid. En Madrid hay más posibilidades de trabajo (Arbeitsmöglichkeiten). Rosalía es bioquímica y trabaja como investigadora (Forscherin) en el Consejo Superior de Investigaciones Científicas. Yo soy médico y trabajo en un hospital.

Yo normalmente me levanto a las ocho y casi nunca desayuno en casa. Sólo tomo un café en casa y después, a eso de las once, tomo un bocadillo en el trabajo. Rosalía se levanta media hora más tarde (später). Ella siempre desayuna en casa con tranquilidad (mit Ruhe). Nunca comemos en casa. Cada uno (beide) come en su trabajo. Por la noche casi siempre cenamos juntos en casa. A veces vamos a cenar en un restaurante.

Dictado (Lección 5)

Isabel es de Toledo, pero vive en Madrid. Es arquitecta. Este año va a pasar sus vacaciones en Francia. Va a visitar a un amigo en París. Isabel va a París en avión. Para ir al aeropuerto toma un taxi. El amigo de Isabel se llama Pierre. Pierre es estudiante. Cuando Isabel llega al aeropuerto, Pierre ya está allí. Pierre vive muy lejos del aeropuerto. No tiene coche y por eso (deswegen) toman un taxi.

Pierre habla un poco de español e Isabel habla muy bien francés. Isabel no está cansada del viaje y después de cenar van a visitar la ciudad. París es una ciudad encantadora (entzückend). Isabel pasa tres semanas en París. Visita los museos y monumentos más importantes, y naturalmente la Torre Eiffel. Pierre tiene vacaciones y va siempre con ella. En Navidades Pierre va a visitar a Isabel en Madrid.

Dictado (Lección 6)

Vendedor: Buenos días, señor. ¿Qué desea?
Señor: ¿Cuánto cuestan los tomates?
Vendedor: Los tomates están hoy a 150 pesetas el kilo.
Señor: Déme medio kilo, por favor.
Vendedor: Tenga. ¿Desea algo más?
Señor: Sí, déme un kilo de plátanos.
Vendedor: Tenga. ¿Es todo?
Señor: Sí, es todo por hoy. ¿Cuánto es?
Vendedor: Son 250 pesetas en total.
Señor: Tenga mil.
Vendedor: Tenga la vuelta 300, 400, 500 y 500 son 1.000 pesetas.

Dictado (Lección 7)

Elena: ¡Hola, Amparo!
Amparo: ¡Hola, Elena! ¿Qué tal?
Elena: Bien, gracias. ¿Y tú?
Amparo: Regular. Tengo que comprarme un vestido (Kleid) porque el próximo fin de semana tengo que ir a una boda (Hochzeit), pero no tengo muchas ganas. ¿Qué vas a hacer tú el fin de semana?
Elena: Nada especial (nichts Besonderes).
Amparo: ¿Por qué no vienes a comer mañana a mi casa y después vamos juntas de compras?
Elena: ¿A qué hora quieres ir?
Amparo: Podemos comer a las dos y media y salir después de comer.
Elena: A esa hora no puedo porque tengo que ir a buscar (abholen) a mis padres al aeropuerto. Pero podemos ir un poco más tarde. ¿Qué te parece (ist es dir recht) a las cuatro de la tarde?
Amparo: ¡Vale! ¿Dónde nos encontramos (treffen)?
Elena: Te voy a buscar (abholen) a tu casa.
Amparo: ¡Vale! Hasta mañana.

Dictado (Lección 8)

Paquita acaba de llegar a casa y está muy contenta porque las notas de los últimos exámenes son muy buenas. Paquita vive en un piso alquilado. La dueña (Besitzerin) de la casa es una señora mayor. Paquita tiene que pedirle permiso para poder hacer una fiesta.

Paquita: Sra Quintana, mañana quiero hacer una fiesta en casa para celebrar el fin de curso. ¿Es posible?
Señora: Bueno, por mí puedes hacerla, pero tenéis que terminar a las doce.
Paquita: No importa. Podemos empezar a las siete y así tenemos cinco horas.
Señora: ¿A quién vas a invitar?
Paquita: A mis amigos de clase.
Señora: ¿Los conozco yo?
Paquita: Creo que sólo conoce a Lolita y a Javier.
Señora: ¿Cuántos vais a ser en total?
Paquita: Seremos sólo unos diez.
Señora: Bueno, no hay ningún problema, pero después de terminar la fiesta, tenéis que limpiar todo.
Paquita: No se preocupe (Machen Sie sich keine Sorge). Entre todos va muy rápido.
Señora: ¿Vas a invitar también a tu hermano Enrique?
Paquita: Sí, lo puedo invitar también. Bueno, voy a llamar a mis amigos.

Dictado (Lección 9)

Velázquez es un pintor del siglo XVII. El cuadro más famoso de Velázquez se llama "Las Meninas". También es conocido con el nombre de "La familia de Felipe IV" . Velázquez pinta el cuadro en el año 1656. En el centro del cuadro está la princesa Margarita de cinco años de edad, la hija menor (jüngste) de los reyes. Podemos ver un autorretrato de Velázquez a la izquierda del cuadro. A la derecha y a la izquierda de la princesa están las meninas (Hofdamen), las criadas (Dienstmädchen) y los bufones (Hofnarren). En primer plano hay un perro (Hund). El perro se llama Sultán. Al fondo se puede ver en un cuadro a los reyes Felipe IV y a su esposa doña Mariana.

Picasso pinta en el siglo XX cuarenta y cuatro cuadros sobre el tema de "Las Meninas".
(siehe „Las Meninas" im Teil „Temas culturales – Pintores clásicos españoles")

Dictado (Lección 10)

A: Perdone, ¿dónde está el Banco de Santander?
B: Vaya todo derecho hasta el primer semáforo (Ampel), después tome la primera calle a la izquierda y en la segunda calle a la derecha está el Banco de Santander.
A: ¿Sabe también dónde está la central de Correos?
B: Sí, la central de Correos está en la Plaza de la Cibeles, en el Palacio de Telecomunicaciones.
A: ¿Dónde está la Plaza de la Cibeles?
B: La Plaza de la Cibeles está muy lejos de aquí. Tiene que tomar el metro en dirección a la Puerta del Sol.
A: ¿En qué estación tengo que bajarme (aussteigen)?
B: En la quinta estación.

Dictado (Lección 11)

El año tiene doce meses. En enero hace frío y a veces nieva. El día 25 de diciembre se celebra desde el siglo IV el nacimiento de Jesucristo. Hasta ese siglo los romanos y los germanos celebraban (feierten) las fiestas de invierno. Las Navidades en España se celebran de modo muy alegre, debido a la influencia de las tradiciones paganas (heidnische). En febrero se celebra el carnaval. El carnaval es una fiesta cristiana con influencia de las tradiciones paganas. En marzo hace mucho viento. A veces hace buen tiempo y a veces hace frío. Hay un refrán que dice: "En abril aguas mil", lo que quiere decir que llueve mucho. En abril, en Sevilla, se celebra la Feria de Abril que es una de las fiestas más famosas de España. Mayo es un mes muy bonito. Hay flores y hace buen tiempo. En junio los estudiantes tienen exámenes. En julio y agosto muchas personas van de vacaciones. La mayoría va a la playa a los países del sur, porque hace sol. En julio se celebra la Fiesta de los San Fermines en Pamplona. En septiembre ya empieza a hacer frío en Alemania. En octubre, en Alemania, se celebra la fiesta de la cerveza (Volksfest, Oktoberbest in München). En noviembre hace frío y a veces está nublado y también llueve.

Dictado (Lección 12)

A: ¿Qué hace usted durante el día?
B: Me levanto muy temprano y después me ducho, me visto y desayuno.
A: ¿Qué desayuna usted normalmente?
B: Normalmente sólo tomo café en casa y después, a eso de las diez, tomo un bocadillo en la oficina.
A: ¿A qué hora sale usted de casa?
B: Suelo salir a las ocho y media. Tomo el autobús y llego al trabajo a las nueve.
A: ¿Vuelve usted a casa para comer?
B: Sí, normalmente vuelvo a casa. Pero a veces voy a comer a un restaurante cerca de la oficina.
A: ¿Qué hace usted por la tarde?
B: Trabajo hasta las siete. Llego a casa a las siete y media. Cocino, ceno y después veo la televisión o leo un libro.
A: ¿No sale usted por la noche?
B: Solamente salgo los fines de semana.
A: ¿A qué hora se acuesta usted generalmente?
B: A eso de las once y media.

Dictado (Lección 13)

El señor Ruiz, propietario de una empresa de computadoras y material para oficinas, ha estado una semana de viaje. Hoy viernes, acaba de regresar a la oficina y pregunta a su secretaria:

Sr. Ruiz: Buenos días, Srta. Varela. ¿Ha tenido mucho trabajo?
Srta. Varela: Bastante, Sr. Ruiz. Hemos tenido que dar información a varias empresas sobre las nuevas máquinas de escribir eléctricas y la editorial Gispert ha comprado el último modelo de computadora.
Sr. Ruiz: ¿Ha recibido alguna carta de Marañón y Hermanos?
Srta. Varela: Sí, han escrito para decir que están interesados en nuestra oferta (Angebot), pero que quieren hablar con Ud. personalmente.
Sr. Ruiz: Bien, les voy a llamar ahora mismo. ¿Ha habido algún problema?
Srta. Varela: Sí, la fotocopiadora se ha estropeado y hemos tenido que usar la vieja, pero funciona muy mal. El señor Santos no ha venido a trabajar porque está enfermo, pero nos hemos arreglado bien (wir sind zurechtgekommen).

Dictado (Lección 14)

A mí me gusta el calor, el sol, y el buen tiempo. Detesto el frío y los días grises.

Me gusta acostarme y levantarme tarde. En eso soy muy española. Me gusta salir por las noches, ir a fiestas y a discotecas. Me gusta mucho bailar. Tengo un gran talento para bailar, pero no lo he cultivado de pequeña. Sé bailar sevillanas, un poco de flamenco y jotas aragonesas. He aprendido a bailar de mayor, ya que de pequeña a mi padre le parecía (es schien ihm) una pérdida de tiempo aprender a bailar.

No me gusta la política. No me interesa porque no creo en ella. No soy puntual. Siempre llego diez minutos tarde, pero soy formal (zuverlässig). Cuando doy una palabra, la cumplo.

Me encanta viajar. El país que más me ha gustado de los que he visitado es Brasil. Brasil es un país maravilloso y fascinante. La región que más me gusta de Brasil es Bahía. En todas partes hay música: en la calle, en la playa, en el autobús y la gente es muy alegre.

Dictado (Lección 15)

El Sr. Costa es un médico madrileño que viaja a Méjico donde hay un Congreso Mundial de Medicina. En el avión encuentra a un colega y viejo conocido, el Sr. Ginés de Barcelona.

Sr. Costa: ¿A qué hora llegaremos a Méjico?
Sr. Ginés: Si todo va bien, llegaremos a las siete de la tarde.
Sr. Costa: ¿Te quedarás hasta el final del Congreso?
Sr. Ginés: Sí, y después me quedaré tres semanas más para visitar el país.
Sr. Costa: ¿Vendrá tu mujer?
Sr. Ginés: Sí, ella saldrá de España dentro de cinco días.
Sr. Costa: ¿Y tus hijos?
Sr. Ginés: Sólo vendrá el más pequeño. Los otros se quedarán con los abuelos e irán a la escuela, como siempre.
Sr. Costa: ¿Qué lugares visitaréis?
Sr. Ginés: Nos gustaría ir al Yucatán y visitar los monumentos históricos más importantes.
Sr. Costa: ¿Cuándo regresaréis?
Sr. Ginés: Volveremos a finales de Julio.
Sr. Costa: Yo, por desgracia (leider), tengo que regresar después del Congreso, no puedo tomar vacaciones hasta finales de agosto; aunque también me encantaría quedarme para conocer también el país.
Sr. Ginés: Bueno, ya hemos llegado. Nos vemos mañana en el Congreso.

Dictado (Lección 16)

En esta lección la profesora/el profesor puede elegir entre dos textos, según el nivel del grupo. El primer texto tiene más palabras desconocidas. Después de dictar y corregir el primer texto, puede hacer algunas preguntas sobre el contenido, que se indican al pie del texto.

Texto 1: Platos típicos españoles

Los platos más típicos de la cocina española son el cocido (Eintopf), la tortilla española, la paella valenciana, el gazpacho y la empanada.

El cocido se prepara con carne, patatas, verdura (Gemüse), judías (Bohnen) o garbanzos (Kichererbsen), según la región y a veces jamón y chorizo (Paprikawurst).

La tortilla española se hace con patatas, huevos y cebollas. Los españoles comen tortillas en todas las ocasiones. En los bares hay tapas y bocadillos de tortilla. La tortilla puede ser también un plato de una comida o de una cena, tanto en casa como en los restaurantes. En casi todas las fiestas hay tortilla como aperitivo. Y cuando el español hace una excursión al campo o va a la playa, se lleva su tortilla, previamente preparada en casa.

La paella, de origen valenciano, es una comida muy extendida en todas las regiones de España y conocida internacionalmente. La paella se prepara con arroz, pollo o conejo (Kaninchen), verdura y toda clase de mariscos.

El gazpacho es una especie de sopa fría. Los ingredientes – tomates, pepinos, pimientos, pan, agua, cebolla y ajo – se trituran (werden gemischt) en la batidora (Mixer). El gazpacho es un plato típico de las regiones más calurosas, como el centro, el sur y el este. En el norte de España no es muy común.

La empanada es una especialidad de Galicia. Se prepara con una masa de levadura (Hefeteig) y se rellena con carne o pescado, pimientos (Paprika) y cebollas.

Preguntas sobre el texto:

1. ¿Cuáles son los platos más típicos de la comida española?
2. ¿Ha comido alguna vez tortilla española?
3. ¿En qué ocasiones comen los españoles la tortilla?
4. ¿Qué origen tiene la paella y cuáles son los ingredientes?
5. ¿Qué es el gazpacho? ¿Lo ha tomado alguna vez?

Texto 2: En un restaurante

A: ¿Hay una mesa libre para tres personas?
B: Sí, señores. Al fondo, a la derecha.
A: ¿Nos puede traer la carta, por favor?
B: En seguida, señor. ¿Qué desean para beber?
A: Para mí una caña, por favor.
C: Yo deseo un jerez seco (trocken).
D: Y a mí tráigame una naranjada.
B: ¿Qué desean para comer?
A: Yo quiero un gazpacho y de segundo cordero asado con patatas fritas.
C: A mí tráigame merluza a la romana.
D: Yo quisiera lenguado.
A: ¿Desean una ensalada?
B: Sí, por favor una ensalada andaluza.
A: ¿Y de postre?
B: Yo quisiera un helado.
C: Y yo fruta del tiempo.
D: A mí tráigame sólo un cortado.

C: ¡Que aproveche!
B: ¡Gracias, igualmente!
D: ¡Qué buena está la comida!
B: Sí, está muy rica.
D: ¡A vuestra salud!
B: ¡A la vuestra!
A: Camarero, ¿nos podría traer la cuenta?
B: ¿Todo junto?
A: No, por separado.

Dictado (Lección 17)

A: Perdone, ¿Dónde está el departamento de ropa para caballeros?
B: En la tercera planta. El ascensor (Aufzug) está ahí a la derecha.
C: ¿Qué desea, señor?
A: Estoy buscando un traje elegante para una boda (Hochzeit).
C: ¿De qué color?
A: Azul o gris.
C: ¿Qué talla necesita?
A: La 50.
C: ¿Qué le parece éste? A. Es demasiado oscuro. ¿No tiene otro más claro?
C: Mire, tengo este modelo que acaba de llegar. Es un poco caro porque es un modelo exclusivo, de muy buena calidad. Es de pura lana. ¿Desea probárselo?
A: Sí, ¿dónde hay un probador?
C: Al fondo, a la izquierda.

C: ¿Le queda bien?
A: Sí, me queda perfectamente. ¿Cuánto cuesta?
C: 60.000 pesetas.
A: Es un poco caro, pero me lo llevo. ¿Puedo pagar con un cheque?
C: Naturalmente, señor. La caja está ahí enfrente (gegenüber).
A: Muchas gracias y hasta la próxima.

Dictado (Lección 18)

Ester: ¿Dígame?
Jesús: ¡Hola, Ester! Soy Jesús. El sábado celebro mi cumpleaños y Javier me ha dicho que tú tienes muy buenos discos. ¿Me puedes dejar algunos?
Ester: Nunca dejo ningún disco a nadie, pero si quieres podemos grabar algunos. ¿Tienes algo que hacer mañana?
Jesús: No, no tengo nada que hacer.
Ester: ¿Hay alguien mañana a las cuatro en tu casa?
Jesús: No, no hay nadie.
Ester: Estupendo. Entonces puedes venir primero a mi casa, cogemos algunos discos y después vamos a tu casa para grabarlos. Mis padres tienen mañana visita, por eso es mejor si vamos a tu casa. ¿Te parece bien?
Jesús: Me parece estupendo.
Ester: Bueno, entonces hasta mañana. Ahora tengo que irme porque he quedado con Marisa y llego tarde.
Jesús: Hasta mañana, Ester.

Dictado (Lección 19)

Camilo Vega vive en el extranjero desde hace diez años. Ha estado en muchos países y durante este tiempo ha tenido poco contacto con su familia y amigos.

Ahora acaba de llegar a España para pasar seis semanas de vacaciones. Primero pasa unos días con su familia y después empieza a visitar a sus amigos.

Primero va a visitar a un compañero de estudios. Hace más de cinco años que no se ven. Su amigo se llama Emilio Santos. Emilio Santos juega desde hace mucho tiempo al ajedrez (Schach). Los dos amigos se alegran mucho de verse. Hablan sobre los tiempos pasados y sus actividades actuales. Emilio ha dejado su trabajo en una agencia de viajes para dedicarse completamente al ajedrez. Pertenece a un club de ajedrez y participa (nimmt teil) en campeonatos nacionales e incluso, a veces, internacionales.

Camilo le cuenta a su amigo sus experiencias en el extranjero. Ha trabajado como guía turístico en diferentes países, pero ya tiene ganas de regresar a España y probablemente podrá quedarse definitivamente a vivir en Madrid en unos tres meses.

Dictado (Lección 20)

Anécdota 1

Un inglés está tomando el sol en una playa en Africa. Quiere bañarse, pero tiene miedo de los cocodrilos y por eso pregunta a un africano: "No hay cocodrilos aquí, ¿verdad?" "No, no hay ninguno", dice el africano.

El inglés empieza a nadar y después de unos minutos pregunta de nuevo al africano: "¿Cómo sabe Ud. que no hay cocodrilos aquí?" "Porque tienen miedo de los tiburones", contesta el africano.

Anécdota 2

El presidente de una sociedad contra el alcoholismo consigue (erreicht) del comandante de un cuartel (Kaserne), amigo suyo, la autorización para colgar (anhängen) en el patio (Hof) del cuartel un letrero (Schild) con esta advertencia (Hinweis): "El alcohol es un enemigo (Feind) que, lento (langsam) pero seguro, va matando poco a poco".

Al día siguiente, el comandante encuentra otro letrero debajo de aquella moralizadora frase: "Un buen soldado no teme (fürchtet) nunca a la muerte (Tod)".

Dictado (Lección 21)

Un viaje en avión

Cuando quiero hacer un viaje voy a una agencia de viajes o al aeropuerto para sacar el billete. A mí me gusta mucho viajar con Iberia. Es una compañía aérea española con un buen servicio y económica; por eso casi siempre viajo con Iberia.

Este año he decidido pasar mis vacaciones en Hispanoamérica. He ido a las oficinas de Iberia y he pedido inforción sobre los vuelos y precios. La empleada de Iberia me ha recomendado ir a Ecuador porque hay ofertas especiales y desde allí puedo visitar las islas Galápagos, que son muy interesantes. Me decido y compro un billete para el día 15 de julio.

Por fin llega el día del viaje. Tomo el autobús de la compañía Iberia, que me lleva hasta el aeropuerto de Barajas, donde un altavoz anuncia la hora de embarque.

Una vez en el avión, la azafata dice por el micrófono: "Buenos días, Sres. pasajeros. Por favor, hagan uso de los cinturones de seguridad (Sicherheitsgurt). Pongan el respaldo de sus asientos en posición vertical (stellen Sie die Sitze in die senkrechte Position), abróchense los cinturones (schnallen sie sich an) y no fumen. Muchas gracias."

Poco después, la azafata nos da la bienvenida diciendo: "Les hablo en nombre del Comandante, Sr. Sierra. Bienvenidos (Willkommen) a bordo. Este es el vuelo de Iberia, número 515. Su duración (Dauer) será de nueve horas y quince minutos. Volaremos (volar – fliegen) a una altura de 10.000 metros. La velocidad (Geschwindigkeit) media será de 900 kilómetros por hora."

Cuando ya falta poco para aterrizar (landen), la azafata anuncia: "Sres. pasajeros, dentro de unos minutos vamos a aterrizar en el Aeropuerto de Quito – Ecuador. Pongan el respaldo de sus asientos en posición vertical, no fumen y permanezcan sentados (bleiben Sie sitzen) hasta la parada completa de los motores. Les agradecemos su gentileza al volar con Iberia y esperamos verles nuevamente a bordo. Muchas gracias. Les rogamos no olviden a bordo ningún objeto de su propiedad."

Después de bajar del avión, recojo mi equipaje y tomo un taxi para ir directamente al hotel.

Dictado (Lección 22)

Andorra

Andorra es un pequeño país situado en los Pirineos. Tiene 460 kilómetros cuadrados y unos 27.000 habitantes. Sólo son más pequeños que Andorra, Mónaco, San Marino y Lichtenstein. La capital es Andorra la Vieja.

Hasta principios de 1993 su régimen político fue muy especial, un Principado con dos co-príncipes: el obispo de la Seo de Urgel (España) y el Presidente de Francia. Desde el año 903 el "Consejo de los Valles de Andorra" gobernó el país. Actualmente una nueva constitución y un parlamento autónomo ha sustituido a un sistema que tenía (hatte) más de mil años.

Andorra es un país muy tranquilo que no ha conocido guerras ni revoluciones. A partir de la década de los sesenta, el turismo ha pasado a tener una gran importancia y en pocos años Andorra se ha convertido en uno de los centros turísticos más importantes de Europa.

En invierno las estaciones de esquí ofrecen sus servicios a millares de deportistas, y en verano sus montañas de más de 2.500 metros atraen a los excursionistas de Francia y España. Posee, además, numerosas muestras de arte románico.

Dictado (Lección 23)

Tarragona

Tarragona será siempre una de las ciudades más interesantes de España. Por su situación, por su paisaje, por su encanto natural, Tarragona es de una gran belleza.

A esta belleza con que la naturaleza favoreció a Tarragona se une la belleza que hay en las innumerables reliquias históricas y en los muchos objetos de arte que guarda la vieja ciudad. Entre su parte histórica, debe, ante todo, destacarse la muralla. En la cumbre de la colina se ven los restos de los primitivos muros, cuya construcción se atribuye a los celtas. Sobre estos muros construyeron los romanos una nueva muralla, de la que aún (noch) se conserva una parte entre las puertas del Rosario y del Socorro. Estas murallas viejas son interesantísimas y dan a la ciudad un carácter muy peculiar.

La catedral de Tarragona, comenzada en el año 1128, también es muy bella. Restos de la época romana, en la que tanta importancia tuvo esta capital, son, además de sus murallas, el foro, el anfiteatro y el circo, de todo lo cual se conservan vestigios (Spuren).

Dictado (Lección 24)

¿Es peligroso beber agua destilada?

El agua mineral o del grifo (Leitungswasser) contienen cantidades variables de minerales y oligoelementos (Spurenelemente) – por ejemplo, sodio, calcio, manganeso, cobre y cinc – en disolución, es decir, en forma de iones. En cambio, el agua destilada se halla completamente libre de iones. Por eso, al beber agua destilada, ésta tiende a absorber todos los minerales que encuentra a su paso, hasta que se satura. Un litro de agua destilada basta para extraer de las mucosas de la boca (Mundschleimhaut), el esófago (Speiseröhre) y el estómago casi todas sus reservas minerales, lo que provoca la desprotección del tracto digestivo y su exposición a los ácidos gástricos (Magensäure).

A la larga (auf die Dauer), beber exclusivamente agua destilada produce desmineralización aguda, que se manifiesta en forma de serios transtornos del metabolismo, pudiendo incluso originar (verursachen) la muerte de la persona.

Dictado (Lección 25)

Ayer Raquel y su esposo Víctor viajaron a Galicia. La primera noche casi no durmieron porque celebraron su primer aniversario de bodas con la familia de Víctor, que es de Santiago de Compostela. Después de la cena con los padres, fueron a una discoteca, donde se divirtieron mucho.

Al día siguiente Víctor le enseñó a Raquel la catedral de Santiago y la parte antigua de la ciudad. Es la primera vez que Raquel está en Santiago.

Raquel y Víctor viajaron en coche por las Rías Bajas y tuvieron suerte porque hizo buen tiempo y no llovió. Pudieron bañarse en la playa y tomar el sol. Otro día visitaron Vigo y la isla de la Toja. Lo que más le gustó a Raquel fue el maravilloso paisaje de Galicia con sus rías y montañas y, sobre todo, Santiago de Compostela.

Raquel y Víctor volvieron muy cansados a Madrid, pero muy contentos porque el viaje fue como una segunda luna de miel.

Dictado (Lección 26)

A pesar de que yo era muy niño, recuerdo bastante bien a mi padre. Tenía la cara expresiva y los ojos grises.

Cuando mi padre llegaba a Lúzaro se encontraba con otros capitanes, marineros y pescadores, hablaba con ellos, y algunas veces cantaba y gritaba, en su compañía, por las calles.

Todos los que le conocieron me han asegurado (versichern) que era un hombre de gran corazón. He sentido siempre una gran pena (Ich habe es immer bedauert) por no haberle conocido.

Mi abuela, doña Celestina de Aguirre, no quería a mi padre; después de pasados muchos años le he oído hablar en contra de él.

Mi madre y yo vivíamos en una casa grande, a un cuarto de hora del pueblo. La casa tenía muchos balcones. Desde allí se veía toda la ciudad, el puerto y el mar. También veíamos a lo lejos los barcos cuando entraban y salían.

Tardé bastante tiempo en ir a la escuela porque estuve mucho tiempo enfermo. Mi infancia fue muy triste.

(adaptierter Auszug aus: „Las inquietudes de Shanti Andía“ de Pío Baroja)

Dictado (Lección 27)

Según Dominguín, Picasso quería tener el "Guernica" en el Prado.

Una de las pocas personas que puede vanagloriarse de haber sido amigo de Pablo Picasso es el matador de toros Luis Miguel Dominguín. Según él, el "Guernica" podría haber estado en España desde hace años. Y además, podría haber estado expuesto todo este tiempo en el Museo del Prado de Madrid. Así nos lo contó Luis Miguel Dominguín desde Marbella.

"Hace años le pedí a Picasso dos cuadros suyos, "Las Meninas" y el "Guernica", para el pabellón español de la Exposición Universal de Nueva York. Me los dio y dijo: "Después te los puedes llevar a España con una condición: que el "Guernica" se exponga (Subjuntivo von exponer – ausstellen) en el Museo del Prado. Yo te daré una carta formalizando este acuerdo". Se lo propuse a Fraga, entonces ministro, y éste habló con el Generalísimo, quien le dijo que adelante. Lo que pasó a partir de aquí, ya no me lo preguntes, porque no lo sé. Yo me cansé de hacer gestiones y ya no supe nada más."

Dictado (Lección 28)

La "Gran Vía"

La "Gran Vía" está situada en el centro de Madrid. Es la más grande de las avenidas de Madrid y comunica la calle de Alcalá con la ciudad universitaria. Es un moderno centro comercial, un lugar para ir de compras, sentarse en una cafetería al aire libre y ver pasar a la gente o ir al cine. En la "Gran Vía" están los más grandes almacenes, los mejores restaurantes, cafés, bares y la mayoría de los espectáculos de la capital española.

A todo lo largo de la "Gran Vía" hay siempre un movimiento permanente de coches y de gente, tanto bajo el cielo azul del día madrileño (Madrid es una de las ciudades de Europa que más días soleados tiene) como a la luz de la intensa propaganda luminosa del Madrid nocturno.

Madrid es una ciudad moderna, animada y con una gran movida. En los últimos años se habla de "la movida de Madrid", lo que significa que Madrid tiene una gran actividad cultural y social.

Dictado (Lección 29)

¿Cuántos idiomas se hablan en el mundo?

Según confirman los lingüistas, en la actualidad se hablan en el mundo unos 5.000 idiomas y dialectos, de los que 850 se practican en la India.

El idioma más hablado en el mundo es el chino del norte o mandarín con más de 700 millones de personas, seguido del inglés con 330 millones y del español con más de trescientos millones.

El idioma más complicado de aprender es el "chippewa", el lenguaje de los indios del estado de Minessota, en Estados Unidos. Su dificultad estriba en la interminable lista de formas verbales -más de 6.000- que hay que memorizar para poder dominarlo. Y parece ser que otra lengua norteamericana, el "tillamook", hablada por los indios de Oregón -con unos treinta prefijos- tampoco se queda atrás.

Como es de esperar, nadie en el mundo habla todos los idiomas. Según los neurofisiólogos, nuestro cerebro (Gehirn) está capacitado para aprender veinte o veinticinco idiomas a la vez. Y la historia parece confirmar este dato. El cardenal Mezzofanti (1774 – 1849), sir John Bowring (1792 – 1872) y el doctor neozelandés Harold Williams (1876 – 1928) llegaron a dominar entre 26 y 28 idiomas. En la actualidad, George Henry Schmidt, jefe del departamento de Terminología de las Naciones Unidas, se defiende fluidamente (fließend) en 31 idiomas.

Dictado (Lección 30)

La historia de España se divide en cuatro periodos: la Edad Antigua, desde los primeros documentos escritos hasta el siglo V; la Edad Media, desde el siglo V hasta el año 1474; la Edad Moderna, desde 1474 hasta 1808, año en que tiene lugar la Guerra de la Independencia Española y la Edad Contemporánea, desde 1808 hasta nuestros días.

España fue habitada primeramente por tribus iberas y celtas, que unidas originaron el pueblo celtibérico, la base étnica del pueblo español. La península fue colonizada sucesivamente por fenicios, griegos, cartagineses, romanos, bárbaros y musulmanes. Cada uno de estos pueblos dejó huellas (Spuren) que se pueden percibir hoy en día. El pueblo que más influyó en la antigüedad fue el romano. La civilización greco-romana se desarrolló espléndidamente en la Península. Pronto España dio a Roma hombres de letras, filósofos y emperadores.

El pueblo germánico, más tarde, influyó notablemente en España. La invasión musulmana, en el 711, dio origen a la Reconquista, que duró ocho siglos. La permanencia de los árabes durante ocho siglos en la Península Ibérica ha dejado gran influencia en el carácter, en la vida, en las costumbres y en la cultura de los españoles, sobre todo en el sur de España.

En el año 1492, bajo el reinado de los Reyes Católicos, se tomó la ciudad de Granada, último reducto (Feldschanze) de los árabes, con lo cual se logró la unidad española. En ese mismo año Cristobal Colón llegó a América.

Temas culturales

Sugerencias para los profesores

Estos textos se pueden utilizar como textos de lectura. Después de leer los textos, los alumnos pueden hacer resúmenes de lo leído o hacer preguntas sobre el texto a otros alumnos o discutir sobre el tema.

Los textos más difíciles pueden ser resumidos por los profesores, sobre todo, los temas que amplían alguna lección, como "Madrid" después de la lección 28 y "Pintores" después de las lecciones 9 y 27.

Cada profesor (-a) puede elegir el momento para trabajar con los otros textos, según el nivel del grupo. Algunos temas pueden ser tratados como repaso al finalizar el libro, antes de comenzar con el "Lehrbuch 2".

En los dictados y en los ejercicios de comprensión auditiva también hay muchos textos sobre ciudades de Hispanoamérica y otros temas culturales de interés.

Como ampliación del "Lehrbuch 2", en el libro de ejercicios de la próxima edición, están ya en preparación textos sobre países Hispanoamericanos, así como dictados y expresiones idiomáticas.

Hispanoamérica

A principios del siglo XIX nació en Hispanoamérica el movimiento de liberación contra la dominación española, encabezado por Simón Bolívar en Venezuela. Al cabo de muchos años de lucha tenaz, los países hispanoamericanos fueron conquistando uno tras otro su libertad y se convirtieron en repúblicas independientes.

Pero después de derrotar a los españoles, los países liberados no pudieron emprender su propio camino. Primero llegaron los comerciantes, más tarde los grandes monopolios extranjeros, que con la ayuda de la burguesía nacional pudieron penetrar en todas las ramas de la vida política y económica de las repúblicas latinoamericanas.

Las compañías multinacionales invirtieron millones y millones de dólares y todavía siguen haciéndolo. Pero no lo hacen para contribuir al desarrollo económico e industrial de estos países, sino para comprar y exportar, a precios muy bajos, las inmensas riquezas naturales (materias primas), que después transforman y venden en el extranjero y en los propios países de origen, como productos manufacturados, a precios muy elevados, logrando beneficios enormes.

Toda América Latina constituye una fuente barata de materias primas para los monopolios extranjeros, ya que este continente posee abundantes yacimientos de petróleo, hierro, cobre, carbón, cinc, plomo, uranio, oro, plata, platino y otros. Además, debido a un clima y a un suelo muy favorables, dispone de condiciones propicias para extensos cultivos tropicales como café, cacao, caña de azúcar, plátanos, etc.

Al hablar de Hispanoamérica hay que mencionar también que los monopolios extranjeros y los grandes terratenientes nacionales poseen extensísimos latifundios caracterizados por el monocultivo y la mano de obra baratísima. Los monocultivos han empobrecido el suelo y son otro de los factores de la miseria de estos países.

Preguntas sobre el texto

1. ¿Qué movimiento nació a principios del siglo XIX en Hispanoamérica y cuáles eran sus objetivos?
2. ¿Por qué no pudieron emprender los países liberados su propio camino después de independizarse?
3. ¿Por qué tienen gran interés los monopolios extranjeros en Hispanoamérica?
4. ¿Cómo logran beneficios enormes los monopolios extranjeros?
5. ¿Cuál es el papel de las materias primas de Hispanoamérica en el mercado mundial?

Cristobal Colón y el "descubrimiento" de America

El 3 de agosto de 1492 salieron del Puerto de Palos, cerca de Huelva, en Andalucía, tres carabelas, la Pinta, la Niña y la Santa María, con una tripulación de 120 hombres. Además de los marineros había un médico, un intérprete, un cura y un abogado.

El capitán de la pequeña flota era Cristóbal Colón (1451 – 1506). Quería buscar un nuevo camino hacia la India, más corto y menos peligroso que el de tierra firme.

Cristóbal Colón, hijo de un artesano, nació probablemente en Italia, en Génova, en el año 1451. Pasó su niñez y su juventud en esa ciudad y empezó a trabajar con su padre. Pero unos años después abandonó ese trabajo. Salió de Génova y se hizo marino.

Pronto tuvo la idea de que tenía que haber un camino más corto para llegar a la India para buscar especias, que en aquella época eran muy apreciadas en Europa.

Por este motivo, hacia 1475, Colón fue a Portugal para presentar sus ideas al Rey de Portugal y le pidió ayuda. Pero éste no le dio ni barcos, ni ningún tipo de apoyo.

Por eso, Cristóbal Colón se dirigió a España, donde encontró a personas influyentes que le presentaron a los Reyes Católicos, Fernando de Aragón e Isabel de Castilla. Ellos consideraron posible el proyecto y decidieron ayudarle. En 1492 Colón recibió tres carabelas y la tripulación necesaria. El 3 de agosto del mismo año comenzó el viaje.

Necesitó 70 días para atravesar el Océano Atlántico, y el 12 de Octubre llegó a una de las islas de las Bahamas, a la que dio el nombre de "San Salvador". Los españoles se quedaron tres días en esta isla y luego continuaron hacia el sur donde, el 27 de octubre, descubrieron Cuba, que confundieron con Asia.

Por falta de conocimientos exactos sobre la circunferencia terrestre, Colón calculó que la India estaba unas 7.000 millas más cerca de Europa de lo que en realidad está. Por eso, aún después de otros cuatro viajes y hasta el día de su muerte siguió convencido de haber encontrado el nuevo camino a la India. Por eso llamó "indios" a los indígenas. No llegó a saber jamás que había llegado a un inmenso continente nuevo.

Más tarde, los nuevos territorios "descubiertos", llamados también el Nuevo Mundo, recibieron el nombre de América en honor a un marinero italiano, Américo Vespuccio, quien exploró el nuevo continente, hizo las primeras descripciones detalladas y el primer mapa de esas nuevas tierras.

Después de los primeros descubridores llegaron muy rápidamente los conquistadores, como por ejemplo: Hernán Cortés, que conquistó el país de los Aztecas en Méjico; y Francisco Pizarro, que conquistó el de los Incas en el Perú. Ellos y muchos otros conquistaron con sus ejércitos casi todos los países del Nuevo Mundo para España con excepción de Brasil, de Haití y de las Guayanas, que fueron colonias de otros países.

Cristóbal Colón pasó los últimos años de su vida en España. Se puso enfermo y murió en Valladolid, olvidado y abandonado por todos sus amigos, el 20 de mayo de 1506.

Preguntas sobre el texto

1. ¿Cuándo y dónde nació Cristóbal Colón?
2. ¿Qué quería buscar Colón y por qué?
3. ¿Cuando comenzó el viaje, de dónde salieron las carabelas y quiénes participaron en el viaje?
4. ¿Qué parte de América descubrieron los españoles y cuándo fue?
5. ¿De qué estuvo convencido Colón hasta su muerte?
6. ¿Por qué recibieron los nuevos territorios el nombre de América?
7. ¿Quiénes son los dos conquistadores más conocidos?
8. ¿Qué territorios conquistaron aquellos conquistadores?
9. ¿Dónde y cuándo murió Cristobal Colón?
10. ¿Qué piensa Ud. sobre la conquista de América?

Países y ciudades importantes de Hispanoamérica

Colombia

Colombia está situada en el noroeste de Sudamérica. Es un país muy rico en materias primas. A pesar de las riquezas naturales que posee este país, muchas personas padecen hambre y viven en la miseria, debido principalmente a la política actual del comercio mundial.

En Colombia las tres cuartas partes de la población padecen de desnutrición y sólo hay un médico por cada 1.277 personas (Suiza y Alemania tienen de 300 a 400 médicos para el mismo número de personas).

En los últimos años el cultivo de coca es para muchas familias la única alternativa para poder sobrevivir. La creciente drogadicción en Colombia es el resultado de la desesperación y de la miseria. En Europa hay muchos informes acerca de las drogas y de la criminalidad en Colombia, pero rara vez se mencionan las causas del surgimiento de estos problemas. Casi no existen instalaciones especiales para drogadictos o minusválidos y las pocas que hay no tienen una asistencia médica adecuada.

Los problemas de Colombia están directamente relacionados con el sistema de dependencia de los países hispanoaméricanos del mercado mundial, dominado por los países industrializados.

Santa Fe de Bogotá

Santa Fe de Bogotá, capital de Colombia, se fundó en 1538. En el pasado, la cordillera que rodea la ciudad la hizo casi inaccesible. Hoy, el avión es el mejor modo de llegar allí y de viajar por Colombia, debido a su orografía tan accidentada.

Santa Fe de Bogotá es una ciudad de contrastes, donde los rascacielos se encuentran al lado de iglesias del siglo XVI y los coches comparten modernas autopistas con carrozas tiradas por mulas.

Las esmeraldas de Colombia están consideradas entre las de mejor calidad del mundo y es posible comprarlas en las calles más importantes de Bogotá. El Museo de Oro posee una de las mejores colecciones de artefactos precolombinos y refleja el estado de desarrollo de las antiguas culturas indígenas del país.

Méjico (México)

Méjico, el antiguo reino de los aztecas, con unos 76 millones de habitantes es el país de Hispanoamérica con la mayor población. La capital de Méjico es la Ciudad de Méjico, con más de 20 millones de habitantes.

La economía mejicana está basada principalmente en la agricultura, pero la productividad es muy baja debido al gran número de latifundios y minifundios. Méjico tiene una gran riqueza minera: hierro, plata y oro, principalmente. Las industrias más importantes son la metalúrgica, la textil y la petroquímica.

Méjico tiene una de las deudas externas más altas del mundo, más de cien mil millones de dólares. El descubrimiento y extracción del petróleo no ha ayudado a mejorar la situación económica. Tampoco el turismo, a pesar de su gran importancia para la economía del país, ha logrado disminuir la deuda.

La Ciudad de Méjico, capital de Méjico, es una de las ciudades más antiguas del hemisferio oeste, así como también una de las de mayor crecimiento. Ocupa una antigua zona plana que hace muchos años, cuando los aztecas llegaron a esta región, era un lago circundado por montañas. En el centro de la original ciudad azteca, llamada Tenochtitlán, los españoles crearon un pueblo, situando las principales construcciones públicas alrededor de una plaza, utilizando las construcciones formadas por los indígenas. La gran catedral, por ejemplo, está casi en el mismo lugar que el templo principal azteca. Un aspecto fascinante de la Ciudad de Méjico es el contraste entre la arquitectura ultramoderna con la española e indígena.

La Reforma Agraria en Méjico

1. El origen de los latifundios

El general Porfirio Díaz, que estuvo más de 30 años al poder en Méjico (1880–1910), promulgó en el año 1883 una ley para modificar la estructura agraria en Méjico.

Esta ley autorizaba a colonos, extranjeros o mejicanos a "denunciar" las tierras no trabajadas o sin propietario y a constituir compañías deslindadoras, con las cuales el Estado firmaba contratos. Estas compañías recibían a título de pago un tercio de las tierras deslindadas y gozaban de un derecho de opción y de tarifas preferenciales para comprar al Estado los otros dos tercios. De esta manera la mayoría de la tierra quedó en manos de unos pocos. Además muchos campesinos que no tenían títulos de propiedad se quedaron sin la tierra que habían trabajado durante años.

La tierra expropiada pasaba a ser propiedad del Estado y después se repartía a los campesinos de dos maneras:

- Tierras para trabajar en comunidad
- Otorgación del derecho de uso sin posibilidad de venta.

En ambos casos el Estado era el propietario.

2. La Revolución (1910–1920)

La clase media, oprimida bajo el régimen de Porfirio Díaz, organizó a las masas para levantarse contra el Gobierno.

En 1910 Porfirio Díaz fue derrocado, pero las guerras continuaron durante 10 años más entre los líderes de los diferentes grupos: Zapata, Villa, Carranza y Obregón. En 1920 quedó Obregón al poder y promulgó una ley de reforma agraria, dando así fin a los levantamientos de las masas.

Los principales puntos de esta reforma fueron:

- Expropiación de tierras no labradas.
- Limitación de extensiones de tierra: sólo se podía poseer como máximo cien hectáreas de riego o cuatrocientas de pastoreo.
- Protección y apoyo a la pequeña propiedad.
- Creación de nuevos centros de población agraria.
- Creación de un código agrario.

La mayor repartición de tierras desde entonces hasta la actualidad tuvo lugar durante el gobierno del general Lázaro Cardenas (1934–1940).

Hoy en día todavía hay un gran número de latifundios que producen para la exportación y por ello gozan de una gran protección del Gobierno. Para seguir justificando la repartición de tierra el Gobierno ha llegado al extremo de repartir tierras no laborables como el Llano donde no hay agua y la tierra no es productiva.

Literatura consultada:
"Capitalismo y Reforma Agraria en Méjico", Michel Gutelman, Colección Problemas de Méjico, Ediciones Era

Ciudades y regiones de España

Madrid

Madrid, fue nombrada en el año 1992 Capital Europea de la Cultura. Además de tener fama por su animación y su hospitalidad, es una de las ciudades más visitadas del mundo por personas que desean conocer su historia, su arte, sus monumentos y sus plazas y jardines. Los monumentos de Madrid datan desde el siglo quince hasta el presente y en ellos pueden apreciarse diferentes estilos.

Entre los jardines, el más famoso es el Parque del Retiro, que tiene un hermoso lago, donde los visitantes pueden remar; también pueden oír conciertos en el parque y visitar las exposiciones de artesanía que se presentan en su Palacio de Cristal. Madrid tiene muchísimos museos de pintura, arquitectura y ciencias; el más famoso de todos es el Museo del Prado.

El clima de Madrid es muy extremo. En invierno hace mucho frío, pero casi siempre hace sol. En verano hace mucho calor. Hay un famoso refrán que dice: "Nueve meses de invierno y tres de infierno". Este refrán se refiere al clima del centro de España. Aunque también hay otro refrán que dice: "De Madrid al cielo". Y otros añaden: "y desde allí un agujerito para verlo".

El nombre de Madrid o Magerit parece aludir, en lengua árabe, a las vías de agua de su subsuelo. Un emir cordobés, Mohammed I, parece haber sido el fundador de la ciudad, como puesto fronterizo destinado a proteger Toledo, capital de los musulmanes, de los ataques de los cristianos. Del Madrid árabe nos ha quedado un trozo de muralla y el nombre de la Virgen de la Almudena, encontrada por los soldados cristianos de Alfonso VI cuando entraron en la ciudad; y, según algunos, han quedado ciertos rasgos "musulmanes" en el carácter de los habitantes de Madrid, así como la certeza de que la cultura árabe es uno de los componentes, aunque remoto, de la cultura madrileña.

El Palacio Real, Madrid (1738 – 1764)

Con la conquista de Madrid en el año 1083 por Alfonso de Castilla, empieza una época completamente nueva para la ciudad. A partir de ese momento Madrid fue una plaza importante en las guerras de la Reconquista. Los Reyes Católicos celebraron en ella Cortes y el emperador Carlos I restauró el viejo Alcázar.

El gran desarrollo de Madrid se produjo cuando, en 1561, el rey Felipe II fijó aquí su capital. En pocos años la población se triplicó. Las Ordenes Religiosas, los mejores artesanos y artistas se establecieron en Madrid para trabajar al servicio de la Monarquía y de los nobles.

En Madrid nacieron escritores famosos como Lope de Vega, Francisco de Quevedo, Tirso de Molina o Pedro Calderón de la Barca. De aquel Madrid que creció desordenadamente y multiplicó su población con la llegada de gentes de toda España, surgió el gran teatro del Siglo de Oro, la poesía del barroco y buena parte de la novela picaresca. Cervantes, nacido en Alcalá de Henares, pasó parte de su vida en Madrid y situó en esta ciudad algunos pasajes de sus obras.

Los reyes de las dinastías de los Austrias fueron grandes protectores de las Artes. Propiciaron el surgimiento de la gran pintura española y reunieron importantes colecciones, que más tarde constituyeron el fondo del Museo del Prado. Con Felipe IV llegó a la Corte el pintor Diego Velázquez, sevillano de ascendencia portuguesa. Los Borbones, sucesores de los Austrias en el trono, mandaron construir el Palacio Real.

En el reinado de Carlos IV, época de decadencia política, nació Francisco de Goya, genio de la pintura universal, que es, junto con Velázquez, el mejor intérprete de la vida y del espíritu de Madrid.
La historia cultural de Madrid desde su conquista hasta hoy en día justifica, sobradamente, el hecho de haber sido nombrada Capital Europea de la Cultura.

La vida cultural y nocturna de Madrid se denomina "la movida madrileña".

Barcelona

Barcelona, capital de la provincia del mismo nombre en la región de Cataluña, es el puerto principal y el centro comercial más importante de España en el Mediterráneo; en ella se encuentra la mayor parte de las instituciones financieras y las grandes industrias del país.

La fundación de Barcelona se atribuye a los fenicios y su nombre parece que se deriva de la palabra "Barca", nombre de la estirpe a que pertenecían los grandes generales cartaginenses que lucharon contra Roma en las guerras púnicas.

La ciudad de Barcelona es la capital de Cataluña. Barcelona es una ciudad cosmopolita y muy europea. Aunque la ciudad es muy moderna, conserva todavía numerosos monumentos históricos muy antiguos como, por ejemplo, algunos de los muros que construyeron los romanos, que ocuparon la región durante el siglo tercero. Otros puntos de interés son: la Catedral del siglo XIV, uno de los más bellos ejemplares del arte gótico, la iglesia de "La Sagrada Familia", construida por el famoso arquitecto catalán Antonio Gaudí, el monumento a Cristóbal Colón, el barrio gótico, las Ramblas y la Plaza de Cataluña, situada en el centro de la ciudad.

Desde la cumbre cercana más alta, el Tibidabo, se puede contemplar una vista extraordinaria, formada por el panorama de la ciudad, el mar y colinas cubiertas de verdes bosques. En días claros se puede ver a lo lejos, de un lado, las islas Baleares y, de otro lado, los picos de Montserrat.

La vida cultural en Barcelona es muy activa. Hay numerosos teatros, bibliotecas y museos. Barcelona es una de las ciudades europeas que más museos tiene (45).Los más importantes son: el Museo de Catalunya, el de Arte Moderno y los museos monográficos de grandes artistas, como Picasso y Miró.

El 26 de octubre de 1848, en Barcelona se construyó la primera línea de ferrocarril española (Barcelona – Mataró). A raíz de ello, comenzó un periodo de gran desarrollo de la industria textil en esta región.

En Barcelona, como en toda Cataluña, se hablan dos idiomas: el español y el catalán. Desde 1980, Cataluña es una región autónoma dentro de España, con gobierno propio, "La Generalitat".

Los catalanes tienen fama de ser un pueblo activo, emprendedor y organizador. También son muy buenos comerciantes. Algunas personas han llegado a afirmar que los catalanes son los alemanes de España.

No cabe duda que en el desarrollo capitalista de Cataluña han tenido gran importancia los latifundistas andaluces que invirtieron gran parte de las ganancias en las industrias de Cataluña, en vez de en su propia región. También en el desarrollo turístico de la Costa Brava han contribuido enormemente los andaluces, que han sido una mano de obra barata que sólo se necesitaba pagar durante una temporada.

La Plaza Real, Barcelona

Cantabria

Santander

Santander es la capital de la región autónoma Cantabria. Parece ser que los orígenes de la ciudad de Santander se remontan al establecimiento romano de "Portus Victoriae", punto estratégico de la colonización romana y de sus comunicaciones marítimas con "Galia" y Britania. Debido a su situación geográfica: tiene un puerto natural resguardado, está rodeada de montes y próxima a yacimientos mineros, ha sido durante siglos la salida natural al mar de Castilla. La universidad de Santander "Menendez Pelayo", es durante los veranos un foro muy importante de los intelectuales españoles. Fuera de España es famosa por los cursos de español para extranjeros.

Santillana del Mar

Santillana del Mar, situada a 30 kilómetros de Santander, es una ciudad de brillante pasado medieval. Santillana está situada en un valle circundado de colinas. En esta villa todavía se conservan numerosas casas señoriales con escudos de armas nobiliarios de los más ilustres linajes de Castilla. El nombre de Santillana proviene de su patrona, Santa Illana; cuyos restos fueron trasladados en el siglo VI a la villa.

Santillana del Mar es un verdadero "Museo de Arquitectura". El conjunto de la zona edificada y sus alrededores están declarados Monumento Nacional.

Santillana del mar

Las cuevas de Altamira

A 2 kms. de Santillana del Mar están situadas las Cuevas de Altamira, conocidas también como "la Capilla Sixtina" del arte cuarternario, que constituyen uno de los más importantes monumentos mundiales de la Prehistoria. Es la cueva que probablemente conserva en mejor estado pinturas rupestres de extraordinaria calidad artística, que representan figuras de caballos, bisontes, ciervos, jabalíes y otros animales en colores rojos, ocres y negros.

Las pinturas de la bóveda del gran salón natural de la cueva fueron hechas hace unos 13.800 años antes de Jesucristo. La cueva de Altamira fue descubierta casualmente en 1868 por Modesto Cubillas Pérez. Siete años después, se inician las investigaciones en la cueva en busca de huellas del asentamiento del hombre prehistórico. En 1879, la hija del investigador Sainz de Santuola, que acompañaba a su padre, descubre por casualidad las famosas pinturas rupestres en el techo de uno de los salones de la cueva.

La publicación de Santuola sobre el descubrimiento de la cueva fue recibida con recelo e incredulidad en el mundo de la investigación prehistórica. Hasta que en Francia un investigador, Frances Carthailac, hizo descubrimientos similares en una cueva de Dordoña, nadie dio crédito a Santuola. Catorce años después de la muerte de Santuola, fue cuando los investigadores empezaron a acreditar en sus experimentos y afirmaciones.

En 1925 se crea el Patronato de Altamira, presidido por el duque de Alba. En Madrid se encuentra desde 1961 una reproducción fotogramétrica de Altamira en el Museo Arqueológico Nacional. Esta reproducción fue hecha por el "Deutsches Museum" de Munich.

Preguntas sobre el texto

1. ¿A qué región autónoma pertenece Santander?
2. ¿Por qué es famosa la universidad "Menéndez Pelayo"?
3. ¿Qué es Santillana del Mar y por qué es famosa esta ciudad?
4. ¿Dónde están las cuevas de Altamira?
5. ¿Cuándo se descubrieron?
6. ¿Qué hay en las cuevas?
7. ¿Qué antigüedad tienen las pinturas de la cueva?
8. En Dordoña, Francia, hay una cueva similar ¿Había oído hablar de esta cueva?
9. ¿Dónde se encuentra una reproducción de las pinturas de Altamira y desde cuándo?
10. ¿Quién hizo esta reproducción?

Ampurias

Es una de las ciudades más antiguas de España. Allí fue donde la Iberia primitiva entró en contacto con el mundo fenicio, griego y romano de la antigüedad.

Todavía hoy se puede apreciar lo que fue la primera ciudad griega en España "la Neápolis", y un poco más lejos la ciudad romana; y muy cerca de las dos el puerto, que dio la riqueza a los que habitaron el lugar. Se cree que los griegos se instalaron en una pequeña isla frente a Ampurias hacia el año 550 antes de Cristo. Cuando no hubo más espacio para sus habitantes, éstos se instalaron en la península, fundando Ampurias.

Unos trescientos años más tarde llegaron los romanos y fundaron una ciudad un poco más al norte. Las dos ciudades coexistieron bastante tiempo hasta que la Ampurias romana absorbió la griega.

A finales del siglo III después de Cristo la ciudad fue destruída por la invasión franco-germánica. Mucho más tarde se construyó un pueblo algunos kilómetros más lejos. Para su construcción se utilizaron muchas piedras de las ruinas de las dos ciudades. Poco a poco las ruinas quedaron enterradas bajo la arena, hasta que en 1.908 se empezó a desenterrarlas. Desde entonces cada año aparecen nuevas muestras del arte de aquellos antiguos pobladores.

El País Vasco

El País Vasco está en el norte de España. Tiene una extensión de 7.260 kilómetros cuadrados y una población de dos millones de habitantes; con casi 300 habitantes por kilómetro cuadrado está muy por encima de la media nacional. Es una región muy montañosa con lluvias abundantes. En sus prados se cría ganado vacuno.

Es una zona muy industrial. Sobresale la industria pesada del hierro y el acero con altos hornos, astilleros, industrias mecánicas, químicas, de papel y de cemento.

Consta de tres provincias: Alava, Vizcaya y Guipúzcoa. Sus ciudades principales son: Bilbao con 420.000 habitantes, Vitoria con 198.000 habitantes, San Sebastián con 175.000 y Baracaldo con 118.000 habitantes. La capital es Vitoria.

En el País Vasco se hablan dos lenguas, el vasco y el castellano o español. El vasco o euskera es la lengua más antigua de la Península Ibérica. Es una reliquia del Neolítico de origen desconocido hasta hoy. No pertenece a la familia indoeuropea. Milenios de aislamiento sin ningún tipo de control literario han hecho que el vasco se subdivida en numerosos dialectos, no siempre mutuamente inteligibles, tales como los de Vizcaya, Guipúzcoa, Alta y Baja Navarra. Dichos dialectos cuentan al menos con 25 subdialectos. El vasco sólo lo habla o entiende la mitad de la población.

Antonio Junco Torres, Tübingen

Asturias

Es una comunidad autónoma uniprovincial con 10.563 kilómetros cuadrados y una población de un millón trescientos mil habitantes aproximadamente. El relieve es montañoso, pero no tan acentuado como en Galicia. Hay abundantes prados con bastante vegetación, debido a las frecuentes lluvias, lo que facilita la crianza de ganado, sobre todo vacuno, que constituye una de las fuentes de riqueza de la región.

Del subsuelo se extrae carbón, por lo que la minería desempeña también un papel muy importante. En la industria destacan los altos hornos y la transformación del hierro, junto a una importante actividad portuaria en Gijón, la principal ciudad, además de Oviedo, la capital.

El nombre oficial de la comunidad es Principado de Asturias, porque el sucesor del Rey de España ostenta siempre el título de Príncipe de Asturias.

Antonio Junco Torres, Tübingen

Temas generales

Costumbres, tradiciones y supersticiones

En algunos países se dice que el día 13 que cae en martes, trae mala suerte. Hay un refrán que dice: "En trece y martes ni te cases ni te embarques, ni de tu casa te apartes". Por el contrario se dice que un trébol de cuatro hojas o una herradura o un amuleto traen buena suerte.

En América existen supersticiones de origen indígena. En las zonas rurales muchas personas creen que si una mujer embarazada mira la luna, el bebé nacerá con una mancha en la cara.

Los norteamericanos creen que romper un espejo trae siete años de mala suerte. Y en Grecia romper copas trae suerte. Otra superstición muy extendida en el mundo es que pasar cerca de un gato negro también da mala suerte.

Parece ser que en las Antillas el 31 de diciembre a medianoche las personas tiran agua a la calle para alejar a los malos espíritus. Esta tradición se dice que es de origen africano.

Pero los romanos, germanos y todas las civilizaciones que celebraban el culto solar también hacían ruido o quemaban figuras, en forma de brujas, para ahuyentar a los malos espíritus.

En España, el 31 de diciembre, es una tradición típica comer doce uvas a las doce de la noche (una uva con cada campanada). Con ello se intenta tener buena suerte en el año que comienza.

En Escocia, que es un país céltico, el día de Nochevieja trae mucha suerte el besar al mayor número posible de personas después de las doce de la noche, y recibir el día de Año Nuevo la visita de un hombre soltero, alto y con el pelo negro.

El 31 de octubre se celebraba la Nochevieja del año céltico, que en esa época era el último día del año (antes de la época romana, el calendario sólo tenía 10 meses). Los celtas creían que esa noche se levantaban las almas de los muertos para tratar de poseer el cuerpo de algún miembro de la familia, para vivir otra vez. Para evitar que estos fantasmas, almas o espíritus, se apoderasen de un cuerpo de alguien de la familia, la gente se disfrazaba.

Los celtas llegaron a España en el siglo VII antes de Cristo aproximadamente, y aunque se establecieron principalmente en Galicia, se extendieron por todo el país. La mayor influencia celta puede verse, naturalmente, en Galicia, donde incluso hay música de gaita, como en Escocia.

Un caso curioso es que el tocar la gaita nunca estuvo prohibido en Galicia, pero sí en Escocia. Los ingleses prohibieron a los escoceses casi todas las tradiciones celtas, como tocar la gaita y llevar la falda escocesa. Estos hechos se reflejan en la poesía del escocés Robert Burns (1754 – 1796), conocido también con el nombre de Rabby, que es el poeta más importante de Escocia y uno de los primeros socialistas del mundo.

Como se puede ver, las tradiciones y supersticiones de los países son muy parecidas y algunas han pasado de unas civilizaciones a otras. Hoy en día, las tradiciones están mezcladas de tal manera que, a veces, no tienen sentido, como por ejemplo la tradición de los romanos de hacer ruido para alejar a los malos espíritus al terminar el invierno, que se ha integrado en las fiestas de Navidad españolas.

El día de Nochebuena y Navidad, que en Alemania y en otros países se celebran con gran recogimiento y religiosidad, en España e Hispanoamérica se celebran con gran ruido y alegría. Los villancicos españoles son muy ruidosos por la influencia de las fiestas paganas de los romanos.

También la quema de las Fallas, con sus figuras de madera, parecen estar relacionadas con las tradiciones de celebrar el final del invierno. El fuego representa la renovación de la vida que comienza con la primavera.

Como conclusión se podría afirmar que la mayoría de las tradiciones principales de todos los países están relacionadas con el sol, que siempre ha sido uno de los dioses más importantes en todas las civilizaciones. Sin sol no había cosecha y por tanto tampoco comida.

Muchas civilizaciones indígenas en Hispanoamérica, como los aztecas, hacían sacrificios humanos para alimentar a los dioses: el sol, la lluvia y el cielo. Por medio de estos sacrificios humanos intentaban controlar o dirigir la naturaleza, como retener la lluvia hasta recoger la cosecha.

También en Brasil existen grupos supersticiosos que practican la "Macumba", rito que tiene influencias de las tradiciones cristianas, africanas e indígenas. Intervienen para:

- recuperar maridos
- componer amores
- desear bien o mal a alguien
- dar suerte en la vida
- arreglar todo tipo de problemas
- adivinar el futuro

Un porcentaje muy elevado de los brasileños cree en la "Macumba", como los cristianos en la fe, pero también algunos la temen porque si una persona desea mal a alguien, cree que después ese mal le puede pasar a sí mismo.

Preguntas sobre el texto

1. ¿Es Ud. supersticioso?
2. ¿En qué supersticiones cree Ud.?
3. ¿Cree que un trébol de cuatro hojas o un amuleto trae buena suerte y romper un espejo mala suerte?
4. ¿Son exclusivas de países atrasados las supersticiones?
5. ¿Qué costumbres y tradiciones hispanas están relacionadas con la religión católica?
6. ¿Cuáles son las costumbres hispanas que tienen influencia de otras civilizaciones?
7. ¿Qué se hace en las Antillas para alejar a los malos espíritus? ¿Qué hacían los romanos para alejar a los malos espíritus? ¿Y los escoceses?
8. ¿Qué es la "Macumba"?
9. ¿Qué es la Magia Negra?
10. ¿Crees en la parasicología?
11. ¿Crees en el demonio (Teufel)?
12. ¿Crees en los signos del Zodiaco?
13. ¿Crees en los poderes de la mente?
14. ¿Qué piensas sobre las personas videntes (Hellseher/in)?

Gaudí

Cuando en España se habla de arquitectos, casi todo el mundo piensa en Gaudí y en su majestuosa e inacabada "Sagrada Familia". Puede que sea por el hecho de que el modernismo se haya convertido en un estilo muy popular en los últimos años. Puede también que sea por la originalidad de su obra, por su genialidad o por el hecho de haber vivido todavía en nuestro siglo; pero lo cierto es que tanto para el español como para el europeo medio Gaudí, es sinónimo de arquitectura española. Pero, ¿quién fue verdaderamente Gaudí?.

Para los arquitectos y los historiadores del arte, Antoni Gaudí i Comet (1852–1926) es la máxima figura de la arquitectura modernista en España. Su vida estuvo marcada por un ascetismo tan sólo comparable con su profunda religiosidad y su dedicación y amor por la arquitectura, que le llevaron, entre otras cosas, a vivir los últimos años de su vida en el templo en construcción de la Sagrada Familia.

Gaudí vivió en uno de los momentos más agitados de la historia española: 17 años antes del nacimiento del arquitecto, en 1835 se llevó a cabo la expropiación de los bienes de la Iglesia o Desamortización. En 1860 comenzaron las guerras en Africa (Marruecos y Melilla), que concluyeron en 1925. Las tres guerras carlistas, que tuvieron lugar durante el reinado de Isabel II, también asolaron Cataluña y otras partes de España durante este período.

Antonio Gaudí nació bajo el reinado de Isabel II. Vivió la primera República, la restauración de la monarquía y la dictadura del general Primo de Ribera, pero a pesar de ello nunca se interesó por la política. Su único centro de interés fue siempre la arquitectura.

Gaudí nació en 1852 en Reus, provincia de Tarragona, en el seno de una familia de caldereros, por lo que se formó en un ambiente artesano, lo cual influyó de manera sustancial en su obra.

En 1869 se trasladó a Barcelona para iniciarse en el estudio de la arquitectura, estudio que cursó con muy buenos resultados en la recién creada Escuela Superior de Arquitectura de Barcelona.

Su primera etapa arquitectónica estuvo caracterizada por la mezcla de influencias historicistas, que abarcaban desde el mudéjar al gótico, pero siempre tratadas de forma original. Las obras más importantes de esta etapa son: la "Casa Vicens", "El Capricho", la "Finca Güell", el "Palacio Episcopal de Astorga" y la "Casa de los Botines".

Detalle del "Parque Güell"

En 1883, Gaudí se encargó de la construcción del "Templo de la Sagrada Familia" de Barcelona, que en principio había sido concebido como una iglesia neogótica por Francisco de Paula del Villar. La cripta la realizó entre 1884 y 1891 para proseguir con la fachada del Nacimiento. A partir de 1914 y hasta su muerte en 1926, Gaudí de dedicó exclusivamente a las obras de la "Sagrada Familia".

El "Palacio Güell" (1885–91) abrió una nueva etapa. Gaudí utilizó aquí por primera vez dos elementos arquitectónicos que desde entonces pasaron a formar parte de su repertorio formal: los arcos parabólicos y las chimeneas y ventiladores, ambos de carácter muy personal.

El siguiente encargo, hecho por el Conde de Güell, fue una ciudad jardín al estilo británico. Gaudí realizó un interesantísimo trabajo urbanístico, en el que resalta la ejemplar integración de las calles en la orografía del terreno. Sin embargo, de las 60 casas previstas en el "Parque Güell" (1900 – 1914), sólo se construyeron dos.

Durante este periodo realizó también las casas "Batlló" (1904 – 1906) y "Milá", también conocida como "La Pedrera" (1906 – 1910), ambas situadas en el barcelonés Paseo de Gracia.

Gaudí murió el 10 de junio de 1926 en el Hospital de la Santa Cruz de Barcelona, a consecuencia de las heridas causadas por el tranvía que le atropelló tres días antes.

Rafael Ortolá. Texto resumido y adaptado del artículo publicado en la revista "Ecos de España", julio de 1992 (Spotlight Verlag GmbH, Gräfelfing / München).

Fiestas españolas

Las Fallas de Valencia

Las Fallas son, indiscutiblemente, la principal fiesta anual de la ciudad de Valencia. Los valencianos celebran la fiesta de San José, conocida internacionalmente con el nombre de "las Fallas", del 12 al 19 de marzo, por ser el 19 de marzo el día de San José.

Las festividades comienzan con "la Cridá", invitación de las autoridades y de la Fallera Mayor desde lo alto de las Torres de Serranos, a valencianos y forasteros a que vengan a Valencia a celebrar su semana de fiestas. Todos los días hay corridas de toros, concursos, todo tipo de fuegos artificiales y desfiles llenos de color, donde la gente, incluso los niños pequeños, llevan los trajes y vestidos típicos de la región.

Las Comisiones Falleras se encargan de recoger los fondos económicos necesarios para pagar todos los actos de la semana fallera. La mayor parte del presupuesto es para los artistas falleros, encargados de crear la Falla, que a veces alcanza más de veinte metros de altura. Las figuras de las Fallas son llamadas "ninots", y están hechas de madera, cartón y cera.

Las Fallas son una representación alegórica de la realidad; en ellas se critica mordazmente y con gran ironía aspectos actuales de la vida local, nacional e internacional. Algunos "ninots" representan a conocidas figuras de la vida pública.

Durante toda la semana la gente puede admirar las Fallas, que se encuentran en todas las calles y plazas principales de la ciudad. El final y la culminación de las Fallas es la noche de San José, el 19 de marzo, llamada en valenciano "la nit del foc" (la noche del fuego), en la que más de trescientas Fallas se queman, precedidas de fuegos artificiales.

La palabra falla significa fuego. El mejor "ninot" de cada año se salva del fuego. En el Museo Fallero pueden verse los mejores "ninots" de todos los años, que fueron salvados del fuego por su gran calidad.

Parece ser que el origen de las Fallas es un rito antiguo en el que el fuego representa la renovación de la vida que comienza con la primavera. Hace siglos los carpinteros valencianos comenzaron a celebrar la fiesta de su patrón San José, que coincidía con el final del invierno y la llegada de la primavera, quemando los restos de la madera de sus talleres.

En otros países, como en Alemania, también se queman figuras, que representan brujas, para auyentar a los malos espíritus. La quema de las brujas también se lleva a cabo al final del invierno, época que hoy en día coincide con el carnaval, aunque esta tradición es mucho más antigua que el carnaval.

El carnaval, de origen cristiano, tiene gran influencia de las tradiciones paganas, como las máscaras, el ruido y el fuego. Las Fallas de Valencia son también una de las fiestas más ruidosas de España. Las Fallas, que se celebran en honor a un santo cristiano, parecen tener gran influencia pagana.

Los San Fermines

El patrón de Pamplona es San Fermín y por eso desde hace cientos de años en el mes de Julio se celebran en Pamplona durante 7 días las fiestas de San Fermín.

El encierro, que es el primer acto oficial de las fiestas, consiste en dejar salir de los corrales a los toros. Los corredores, sobre todo, jóvenes que quieren demostrar su hombría, pero también algunos turistas curiosos corren durante 15 minutos delante de los toros. Este encierro se empezó a realizar en el año 1867. Desde entonces está prohibido correr en el encierro a los niños, a las mujeres y personas mayores.

A las ocho de la mañana suena el primer cohete y se abren las puertas de los corrales. Desde allí comienza una vertiginosa carrera de más de 700 metros que separan los corrales de la plaza. Ningún corredor es capaz de aguantar todo el recorrido. A veces suceden accidentes y muertes. En los últimos 70 años han muerto en el encierro once personas. Después del encierro los participantes y los espectadores suelen desayunar chocolate con churros.

Todos los días de las fiestas por las mañanas hay música en las calles, en los parques, y en todas partes. Esta música forma parte de la atracción de los Sanfermines. A mediodía los pamploneses comen en sus casas y se suelen echar la siesta para recuperar fuerzas para seguir celebrando toda la noche. Después hay una corrida de toros.

Después de cenar empieza la juerga. Pamplona cambia su forma habitual de vivir para convertirse en otra ciudad, en la que la alegría es el factor dominante en cualquier actividad.

Los pamploneses cantan, beben y bailan durante toda la noche. Algunos se van a las cinco de la mañana a dormir. Otros continúan la marcha hasta el otro día.

Canción típica de los San Fermines

1 de enero,
2 de febrero,
3 de marzo,
4 de abril,
5 de mayo,
6 de junio,
7 de julio y San Fermín. A Pamplona hemos de ir, con una bota y un calcetín.

Preguntas sobre el texto

1. ¿Qué opina Ud. del encierro?
2. ¿Podría Ud. correr delante de los toros?
3. ¿Está a favor o en contra de las corridas de toros?
4. ¿Le gustaría pasar los San Fermines en Pamplona?
5. ¿Ha visto alguna vez en la televisión un encierro?

La Feria de Abril

A mediados del siglo XIX, un ilustre regidor de Sevilla, nacido en Cataluña, pero afincado en la ciudad de Betis -el actual Guadalquivir-, llamado Narciso Bonaplata, tuvo la idea de crear una feria de ganados en el mes de abril. Con ello quería hacer más fácil a los agricultores sevillanos la adquisición de ganado para las faenas agrícolas del verano, sin que tuvieran que ir a las ferias de otros lugares de la comarca.

Aunque hubo fuerte oposición por parte de ciudades que tenían ferias y se consideraban perjudicadas por el proyecto, Sevilla pudo celebrar su primera Feria de Abril en 1848. Desde entonces, y hasta hace escasamente veinte años, tenía lugar en el Prado de San Sebastián, en unos terrenos que a mediados del Siglo XIX estaban abandonados. Allí había dos cementerios. Además allí había estado un quemadero de la "Santa Inquisición". En el primer año visitaron la Feria unas 25.000 personas, que se gastaron en Sevilla unos 400.000 duros, cifra fabulosa para la época.

Los vendedores y tratantes de ganado, para protegerse del sol, que ya suele ser fuerte en Sevilla en el mes de abril, instalaron unas tiendas de campaña de lona. La curiosidad llevó a muchas señoras sevillanas a visitar con sus coches de caballos la Feria, que sobre todo era un mercado de caballerías. La Feria del Prado de San Sebastián se convirtió en una distracción y en un punto de cita. Las tiendas de campaña se transformaron en "casetas" donde se invitaba a las amistades a tomar un refrigerio y a bailar. Hoy las casetas de la Feria son una copia del acogedor hogar sevillano, con todas sus gracias, alegrías y atractivos en miniatura. La caseta tiene ambiente de sala de estar, de patio, de azotea sevillana con sus macetas floridas. En síntesis, son auténticas casas sevillanas que se han trasladado a la Feria para vivir allí mismo intensamente la vida corta y fugaz de dicha fiesta.

La decoración interior son el mueble sevillano con su pintura floreada; los espejos y los carteles; las flores naturales y de papel; los retratos de personas queridas o fotos con motivos del Real de la Feria. En este hogar improvisado, la "sevillana", el baile típico hispalense, es el punto culminante de cualquier reunión.

Rítmicas palmas y la guitarra acompañan la corta letra de la sevillana, que, por lo general, no es otra cosa que un bello y sentido piropo a Sevilla y a sus mujeres. Los sevillanos cantan y bailan "porque es como saben transmitir al mundo sus alegrías o sus penas, su júbilo o su dolor".

Con el pasar de los años, los terrenos del Prado de San Sebastián quedaron muy pequeños para la celebración de la Feria. Por eso, a principios de los años setenta, la Feria de Abril fue trasladada a la margen derecha del canal del Guadalquivir. Pese a la mayor amplitud del recinto ferial, continúa siendo una "lotería" conseguir una de las casi dos mil licencias municipales para instalar una caseta.

Por la mañana, a partir de las once y hasta aproximadamente las cuatro de la tarde, es el momento del "paseo de caballos". A las cinco de la tarde comienzan los festejos en la Real Maestranza de Toros de Sevilla. En las corridas intervienen los mejores toreros del momento. Cuando se hace de noche, el Real de la Feria de Abril es iluminado por millares de bombillas y farolillos, que – como dice la letra de una sevillana- "se ven hasta en los Pirineos".

A las dos de la madrugada, la Feria recupera su intimidad. Una vez apagadas las luces de las calles, las casetas se preparan para recibir la visita -en la mayoría de los casos organizada y pagada- de algún conocido "cantaor" o "cantaora", "bailaor" o "bailaora". Estos pondrán el broche de oro a la noche que acabará cuando ya hayan despuntado los primeros rayos de sol que anuncian la llegada del nuevo día.

Máximo Stürckow y Gonzalez. Texto resumido y adaptado del artículo publicado en la revista "Ecos de España", Abril 1992 (Spotlight Verlag GmbH, Gräfelfing / München)

Pintores clásicos españoles

El Greco (1541 - 1614)

Doménikos Theotokópoulos, llamado El Greco, nació en Creta en el año 1541 y se fue a vivir a Toledo cuando los turcos invadieron Creta.

No se poseen datos acerca de los comienzos artísticos del Greco antes de venir a España, pero todo hace creer que debió iniciarse como pintor en algún taller de su tierra natal.

Parece ser que en 1560 estuvo viviendo en Venecia. A mediados del siglo XVI la pintura veneciana estaba en pleno apogeo. Tiziano era el maestro supremo. El impacto de la cultura veneciana fue decisivo para la conformación del estilo de El Greco. Fue discípulo de Tiziano y estudió a otros pintores italianos como Tintoretto y Bassano.

En el año 1560 El Greco llegó a Roma. Hacia 1570 llegó a Toledo donde pasó el resto de su vida y donde se encuentra la mayoría de sus obras.

El tema principal de sus cuadros es la vida de Jesucristo en sus diferentes etapas y la Virgen María. Una obra muy famosa de El Greco es "El caballero de la mano en el pecho".

El Greco murió en Toledo en el año 1614.

La Trinidad (El Greco)

Velázquez (1599 - 1560)

Diego Rodríguez de Silva y Velázquez nació en Sevilla en el año 1599, un año después de la muerte de Felipe II. Sevilla era, con cerca de 150.000 habitantes, la ciudad más importante de España en aquel tiempo.

Velázquez fue al principio de su obra tenebrista. En 1628 Velázquez fue a Madrid, donde conoció a Rubens, que pasó en Madrid casi un año. A partir de entonces sus pinturas tienen mayor claridad.

Fue pintor de la Corte, viaja a Italia y conoce las escuelas italianas (admira a Miguel Angel, Leonardo de Vinci y Rafael). Adquiere cuadros por encargo del rey e inicia una rápida marcha hacia un estilo más personal.

Vuelve de Italia y elimina totalmente el tenebrismo, triunfando en sus pinturas los azules y los platas. Adquiere gran destreza en la pintura de interiores (pinta el aire, el ambiente), alcanzando el cenit de su pintura.

Las Meninas (Velázquez)

Obras principales:

"Los borrachos": Dionisio (Baco) corona al bebedor que más resiste sin caerse. "La fragua de Vulcano": Realismo y materialismo con personajes arrancados de Sevilla (gente real), excepto Mercurio, que anuncia a Vulcano que Venus, su esposa, le es infiel. "Las Meninas": En él se encuentra su autorretrato. "Las hilanderas": Se considera mitológico por el tapiz del fondo del cuadro, en el cual hay un mito: el campeonato de técnica en el telar entre Minerva (Palas Atenea) y Aracne, que al perder el concurso fue convertido en araña por haberse atrevido a desafiar a la diosa. "La rendición de Breda o Las lanzas": contiene uno de los cuartos traseros de caballo mejor pintados que existen.

Características de su obra:

1. Es mitad realista, mitad bárroco (tenebrista).
2. El naturalismo realista desborda sus cuadros.
3. Sólo a veces pinta lo mitológico y lo religioso.
4. Pintor del espacio, el aire, el ambiente y la luz (todo estrechamente y ligado con una gran armonía).
5. Serenidad y bondad (se refleja en la simpatía con que trata las figuras).
6. Técnica cada vez más ligera; pincelada más ágil y que se nota cada vez menos. (ej.: El caballo de la rendición de Breda).
7. Color cada vez más claro y brillante.
8. Retratista.
9. Pinta con mimo y cariño todos sus temas (bufones, reyes, príncipes ...). Al contrario que Goya, su estado de ánimo o sus simpatías al retratado, no se manifiestan en los cuadros.
10. No tuvo grandes discípulos.

El Buen Pastor (Murillo)

Murillo (1618 - 1682)

Murillo nació en Sevilla en el año 1618 y murió en 1682.
Los temas de su pintura son:

Inmaculadas; Sagradas Familias; Niños divinos; Niños pilluelos, de la calle

Características de su obra:

1. Es un pintor sentimental. Delicadeza fina, femenina e infantil en su pintura.
2. Devoto y piadoso.
3. Rehuye lo violento, lo doloroso o lo trágico. Envuelve a sus figuras en un halo de ternura.
4. Técnico extraordinario.
5. Gran colorista. A veces cae en el cromatismo (sus pinturas parecen cromos o recordatorios de primera comunión).
6. Al principio es tenebrista y naturalista, pero pronto su pintura adquiere ligereza y brillantez.
7. Pintor de temas religiosos (ni mitología, ni retrato).
8. Envuelve a sus niños en un halo de picardía candorosa (pícaros jóvenes, sin malicia).
9. Candor e inocencia en sus Inmaculadas.
10. A veces, fondo de paisaje (pero muy elemental).
11. Es delicado, elegante y limpio de mala intención.

Goya (1746 - 1828)

Francisco José Goya y Lucientes nació en marzo de 1746 en un pequeño pueblo de la provincia de Zaragoza. Pocos años después de nacer, la familia Goya se trasladó a Zaragoza.

En Zaragoza aprendió el oficio de dorador; luego, se trasladó a Madrid, donde el pintor Francisco Bayeu le tomó bajo su protección.

De Madrid pasó a Roma, y en Italia consiguió el segundo premio en el certamen internacional de la academia de Parma. Volvió a España donde le encargaron unas pinturas para la Basílica del Pilar de Zaragoza.

Poco después entró como dibujante en la Real Fábrica de Tapices en la que sus cartones inmediatamente se hicieron famosos. Aquel mismo año se casó con la hermana de su protector.

El 2 de mayo de 1808 estalló la guerra de la Independencia contra el ejército de Napoleón y Goya partió hacia Francia y se instaló en Burdeos. En su última obra "La Lechera de Burdeos" utiliza la técnica impresionista. Por eso, se le considera el precursor del impresionismo. Goya murió el 15 de abril de 1828 a la edad de 82 años.

Obras principales y características:

Los Cartones para tapices

Los cartones para tapices, que pinta en la fábrica de tapices donde trabaja, representan temas populares del Madrid alegre. Pinta unos 60 cartones. Los más conocidos son: "La maja y los embozados" (1977); El quitasol" (1777); "El cacharrero" (1779) y "La vendimía" (1786).

Los Retratos

Retrata a los reyes a la aristocracia, a los políticos y artistas. Pinta unos 500 retratos. En 1800 pintó una de sus obras más conocidas: "La familia de Carlos IV". Entre 1803 y 1806 pintó los dos famosos cuadros: "La Maja vestida" y "La Maja desnuda". Se dice que Goya retrataba lo mejor o lo peor de los seres humanos, según su estado de ánimo y su simpatía o antipatía al retratado.

La lechera de Burdeos (Goya)

Los Caprichos

En 1792, cuando Goya tenía 47 años, se quedó sordo. En 1979 se publicaron "Los Caprichos", ochenta láminas grabadas al aguafuerte. Quince días más tarde, cuando se habían vendido veintisiete ejemplares, la obra fue retirada, posiblemente por influjo de la Inquisición o por miedo a que interviniera. Los principales temas de esta serie de "Los Caprichos" son escenas de brujería, de celestinas, chulos y mendigos. En algunas escenas se complace en representar seres humanos de rasgos bestiales.

Los Cuadros históricos

Los cuadros históricos representan las guerras contra los franceses en la época de Napoleón. Pinta dos cuadros: "Los fusilamientos del 3 de Mayo de 1808" y "El Dos de Mayo de 1808, en Madrid".

Las Pinturas negras

Las pinturas negras, pintadas en su casa (La Quinta del Sordo), representan temas sombríos y tienen un humor dramático. Las obras más conocidas de este periodo son: "Saturno devorando a sus hijos" (1820); "El gran cabrón" (1821–1822) y "Dos forasteros" (1821–1822).

Temas para redacción o conversación

Escriba o hable sobre uno de estos temas:

1. El año 2000
2. El primer viaje a Marte
3. La tercera guerra mundial
4. Las computadoras
5. Los coches del futuro
6. El bienestar del hombre
7. Europa unida
8. El petróleo de los árabes
9. La guerra de Yugoslavia
10. El rey de España Juan Carlos I
11. Los países del tercer mundo
12. ¿De qué trata la película que más te ha gustado en la vida?
13. ¿El automóvil es un símbolo de progreso o un problema?
14. ¿Qué cosas cree que son artículos de primera necesidad?
15. ¿Cuál cree Ud. que sería Ud. una solución adecuada para evitar los *embotellamientos de tráfico?
16. ¿Qué tipo de transporte cree Ud. que tendremos que usar en el futuro?
17. Fiestas: religiosas, nacionales, locales, familiares ...
18. Medios de transporte: trenes, aviones, autobuses, barcos, metro, camiones, etc.
19. Libros y lecturas
20. La propina
21. Tus últimas vacaciones
22. Discusión sobre las instituciones públicas: Ayuntamiento, Hacienda
23. Feminismo: emancipación de la mujer
24. El cine: arte y entretenimiento
25. El tabaco y el alcohol
26. La ciencia ficción
27. La burocracia, los funcionarios
28. La religión como experiencia y como institución
29. El socialismo
30. El turismo
31. La universidad y sus problemas
32. El sistema comercial en un país
33. La pena de muerte
34. La delincuencia juvenil
35. El problema de las armas y de las guerras

*los embotellamientos de tráfico – Verkehrsstau

Vocabulario 1

¿qué?	was?
es	er/sie/es ist
esto	das
el periódico	die Zeitung
la revista	die Zeitschrift
hay	es gibt, da ist, da sind
la estación	der Bahnhof
la calle	die Straße
el restaurante	das Restaurant
(el) español	Spanisch (auch: der Spanier)
(el) alemán	Deutsch (auch: der Deutsche)
España	Spanien
Alemania	Deutschland
allí	dort
también	auch
en una mesa	auf einem Tisch
el camarero	der Kellner
la persona	die Person
la taza	die Tasse
más	mehr
una botella más	noch eine Flasche
otra cerveza	noch ein Bier
algo más	noch etwas (etwas mehr)
nada más	nichts mehr
el vino blanco	Weißwein
el vino tinto	Rotwein
por favor	bitte
la paella	Reisgericht (meistens mit Muscheln)
para	für, nach, zum
beber	trinken
para beber	zu trinken
la cerveza	das Bier
la naranjada	der Orangensaft
la cuenta	die Rechnung (wenn man etwas gegessen hat)
¿Cuánto es?	Wieviel macht das bitte? (wenn man nur getrunken hat)
mucho, -a, -os, -as	viel, viele
muchas gracias	vielen Dank
de nada	bitte schön, keine Ursache

Vocabulario 2

vivir	leben, wohnen
estudiar	studieren, lernen
hablar	sprechen
trabajar	arbeiten
comer	essen
el/la estudiante	der Student/die Studentin
la escuela de idiomas	die Sprachschule
el idioma	die Sprache
también	auch
ya	schon
un poco	ein wenig
la secretaria	die Sekretärin
la oficina	das Büro
el taller mecánico	die Werkstatt
la maestra	die Lehrerin
la casa	das Haus
en casa	zu Hause
el ama de casa	die Hausfrau
de ... a	von ... bis ...
normalmente	normalerweise
la Universidad	die Universität
la hora	die Stunde, die Uhrzeit
el día	der Tag
al día	pro Tag
por la mañana	vormittags
por la tarde	nachmittags
e	und (wenn das nächste Wort mit **i** bzw. **hi** beginnt)
aquí	hier
el amigo	der Freund
hoy	heute

la familia	**die Familie**
la madre	die Mutter
el padre	der Vater
los padres	die Eltern
la hermana	die Schwester
el hermano	der Bruder
los hermanos	die Geschwister
la hija	die Tochter
el hijo	der Sohn
los hijos	die Kinder
la abuela	die Großmutter
el abuelo	der Großvater

Einige Studienfächer	
Ciencias Económicas	Wirtschaftswissenschaft
Agronomía	Agrarwissenschaft
Biología	Biologie
Medicina	Medizin
Física	Physik
Química	Chemie

Vocabulario 3

el amigo, la amiga	der Freund, die Freundin
ahora	jetzt
estudiar	lernen, studieren
el idioma español	die spanische Sprache
la clase	der Unterricht, das Klassenzimmer
el profesor	der Lehrer
el alumno, -a	der Schüler, die Schülerin
explicar	erklären
después	danach
preguntar	fragen
pequeño, -a	klein
grande	groß
el pueblo	das Dorf
la ciudad	die Stadt
la misma escuela	die gleiche Schule
muy bien/mal	sehr gut/schlecht
también	auch
tampoco	auch nicht
¿cómo?	wie?
¿qué tal?	wie (geht's)?
el uso	die Anwendung
fácil	einfach
difícil	schwierig
estar cansado/cansada	müde sein
estar enfermo/enferma	krank sein
estar malo/mala	krank sein
tomar	nehmen, trinken (bei Kaffee und Tee immer tomar)
beber	trinken
la cama	das Bett
el niño, la niña	das Kind
sueco, sueca	Schwede, Schwedin, schwedisch

Los puntos cardinales	**Die Himmelsrichtungen**
el norte	Norden
el sur	Süden
el este	Osten
el oeste	Westen
el noreste	Nordosten

el noroeste	Nordwesten
el sureste	Südosten
el suroeste	Südwesten
el centro	das Zentrum, Landesinnere
al norte/al sur (de)	nördlich/südlich (von)

Vocabulario ilustraciones

compadre	der Gevatter (in Andalusien und Lateinamerika auch der Freund/Kumpel)
menos mal	zum Glück
fiesta	der Feiertag
todavía	noch
pálido	blaß
limpio	sauber

Einige Länder und Städte – Algunos países y ciudades

Alemania	Inglaterra	Francia	Portugal	Suecia
Colonia	Londres	París	Lisboa	Estocolmo
Hamburgo		Marsella		
Munich		Burdeos		
Frankfort				
Bonn				
Berlín				

Bitte beachten:

Länder und Städtenamen auf **-a** sind weiblich, sonst sind sie männlich. Bei einigen Städten gehört der Artikel zum Namen:

La Habana, La Paz, El Cairo

aber: Turquía (die Türkei); Suiza (die Schweiz)

Vor einigen Ländern steht öfters der Artikel, ist aber nicht zwingend vorgeschrieben: (la) Argentina, (el) Perú, (el) Brasil, (el) Paraguay

Zeitangaben – Referencias temporales

hoy	heute
esta mañana	heute morgen (wörtlich: dieser Morgen)
esta tarde	heute nachmittag bzw. abend (bis ca. 20 Uhr)
esta noche	heute abend bzw. nacht
mañana por la mañana	morgen vormittag
mañana por la tarde	morgen nachmittag bzw. abend
mañana por la noche	morgen abend bzw. in der Nacht

Vocabulario 4

llamarse	heißen
lavarse	sich waschen
ducharse	duschen
levantarse	aufstehen
desayunar	frühstücken
para desayunar	zum Frühstück
tomar	nehmen, trinken
beber	trinken
comer	essen
se come	man ißt
normalmente	normalerweise
después	danach
después de comer	nach dem Essen
después de la comida	nach dem Mittagessen
casi siempre/nunca	fast immer/nie
la leche	die Milch
el pan	das Brot
el panecillo	das Brötchen
la mantequilla	die Butter
la mermelada	die Marmelade
en general, generalmente	im allgemeinen
temprano	früh
por la mañana temprano	am frühen Morgen
tarde	spät
más tarde	später
a veces	manchmal
sólo	nur
a eso de las once	gegen 11 Uhr
entre	zwischen
el bocadillo	das belegte Brötchen
la mayoría (de)	die Mehrheit (von)
la cena	das Abendbrot
cenar	zu Abend essen
pero	aber
el reloj	die Uhr
la hora	die Uhrzeit, die Stunde

Vocabulario 5

el viaje	die Reise
viajar	reisen
ir*	gehen/fahren
ir(se) de vacaciones	in Urlaub fahren
venir*	kommen
tener*	haben
No tengo tiempo.	Ich habe keine Zeit.
pero	aber
la estación	der Bahnhof
lejos	weit
cerca	nah
visitar (a)	besuchen
invitar (a)	einladen
paella	Reisgericht, (meistens mit Muscheln)
vino tinto	Rotwein
bastante	ziemlich, ziemlich viel, genug
hablar sobre	sprechen über
¿sobre qué?	worüber?
durante	während
pagar	bezahlen
la cuenta	die Rechnung
pasar	verbringen, geschehen, vorbeikommen
pasar las vacaciones	Urlaub verbringen
¿cuánto tiempo?	wie lange?
el camarero	der Kellner
la semana	die Woche
estar en casa de	bei (jemandem) zu Hause sein
hasta	bis
el año	das Jahr
este año	dieses Jahr
vale	einverstanden

*** Präsens – unregelmäßige Verben**

ir	**venir**	**tener**
voy	vengo	tengo
vas	vienes	tienes
va	viene	tiene
vamos	venimos	tenemos
vais	venís	tenéis
van	vienen	tienen

Vocabulario 6

ir de compras	einkaufen gehen
el mercado	Markt (-halle)
tener*	haben
comprar	kaufen, einkaufen
vender	verkaufen
el vendedor	der Verkäufer
desear	wünschen
querer*	wollen, lieben (nur für Personen)

¿Cuánto cuesta(n)?	Wieviel kostet (kosten)?
¿Cuánto es todo?	Wieviel macht alles zusammen?
las pesetas (ptas.)	die Peseten
dar*	geben
déme	geben Sie mir
dame	gib mir
tenga	hier haben Sie (Imperativ von tener)
aquí tiene	hier haben Sie
toma	nimm
la vuelta	das Rückgeld
por favor	bitte schön
gracias – de nada	danke – bitte
la oficina de correos	das Postamt
la carta	der Brief
la postal	die Postkarte
el sello	die Briefmarke
el empleado	der Angestellte
entrar	eintreten
la tienda	der Laden, das Geschäft
el estanco	der Tabakladen
el paquete	das Paket, die Schachtel (Zigaretten)
el cigarrillo	die Zigarette
caro, -a	teuer
barato, -a	billig
entonces	dann
el metro	der Meter
gordo, -a	dick
fuerte	stark, kräftig
la mujer	die Frau

*** Präsens – unregelmäßige Verben**

tener	querer	dar
tengo	quiero	doy
tienes	quieres	das
tiene	quiere	da
tenemos	queremos	damos
tenéis	queréis	dais
tienen	quieren	dan

Vocabulario 7

saber	wissen, können (siehe Grammatik im Lehrbuch)
poder	können
hacer*	machen, tun
tener	haben
tener que	müssen
hasta	bis
las Navidades	Weihnachten
esquiar	Ski fahren
por las tardes	nachmittags
el dinero	das Geld
por qué	warum
porque	weil
conmigo	mit mir
unos días	ein paar Tage
el tiempo	die Zeit
todavía	noch
para ir de vacaciones	um in Urlaub zu fahren
para poder ir de vacaciones	um in Urlaub fahren zu können
pronto	bald
el examen	die Prüfung
además	außerdem
muchas veces	sehr oft
el fin de semana	das/am Wochenende
vale	einverstanden
llamar	rufen, anrufen

Vocabulario diálogos/ilustraciones

Tengo mucho que hacer.	Ich habe viel zu tun.
Tengo que hacer muchas cosas. / Tengo muchas cosas que hacer.	Ich habe viele Dinge zu erledigen. / Ich habe viel zu tun.
cumplir 22 años	seinen 22. Geburtstag feiern/22 Jahre alt werden
el cumpleaños	der Geburtstag
chino	chinesisch
si	wenn
juntos	zusammen
aparcar	parken
bailar	tanzen
Un día es un día.	Einmal ist keinmal (hier sinngemäß: Nicht alle Tage hat man Geburtstag).
¡Venga, vamos!	Komm, laßt uns gehen!
ver*	sehen
tener un niño	ein Kind bekommen/haben

* Präsens von hacer	* Präsens von ver
hago	veo
haces	ves
hace	ve
hacemos	vemos
hacéis	veis
hacen	ven

Vocabulario 8

el fin de curso	das Semesterende/Ende des Schuljahres
acabar	beenden
acabar de + infinitivo	gerade etwas beendet haben
llegar	ankommen
estar contento	zufrieden, froh sein
el último	der Letzte
celebrar	feiern
por mí	meinetwegen
ayudar	helfen
preparar	vorbereiten
No importa.	Es macht nichts.
conocer*	kennen, kennenlernen
el chico, la chica	der Junge, das Mädchen
el primo	der Vetter
llamar	anrufen
ahora mismo	jetzt gleich
un poco antes	etwas früher
ver*	sehen
No te lo doy.	Ich gebe es dir nicht.
quizá(s)	vielleicht
necesitar	brauchen
poner* la mesa	den Tisch decken
sucios	schmutzig
hay que	man muß
lavar	waschen, abwaschen
si	wenn
arreglar	reparieren
decir*	sagen
di(le)	sag ihr/ihm

*** Präsens – unregelmäßige Verben**

conocer	ver	poner	decir
conozco	veo	pongo	digo
conoces	ves	pones	dices
conoce	ve	pone	dice
conocemos	vemos	ponemos	decimos
conocéis	veis	ponéis	decís
conocen	ven	ponen	dicen

Vocabulario 9

hacer progresos	Fortschritte machen
gustar	gefallen
conocer	kennen, kennenlernen
venir*	kommen
conmigo	mit mir
de acuerdo	einverstanden
más de	mehr als (wenn eine Zahl folgt)
más que	mehr als (sonst)
¿Qué te parece?	Was meinst du dazu?
¿Te parece bien?	Ist es dir recht?
Me parece bien.	Es ist mir recht.
(Me) parece que ...	Es scheint (mir), daß ...
el pintor	der Maler
la pintura	die Malerei
pintar	malen
el cuadro	das Bild
conocido, -a	bekannt
famoso, -a	berühmt
el extranjero	das Ausland
¿verdad?	nicht wahr?
comprender	verstehen
la vida	das Leben
menos	weniger
quizás	vielleicht
estar cansado, -a	müde sein
ir a tomar una copa	etwas trinken gehen
el domingo	der Sonntag, am Sonntag
ver	sehen
hay que	man muß
el siglo	das Jahrhundert
por ejemplo	zum Beispiel
primero	zuerst, erste
la sala (de exposiciones)	der (Ausstellungs)raum
la obra	das Werk
los cartones para tapices	die Vorlagen für die Teppiche
la fábrica de tapices	die Teppichfabrik
representar	darstellen
los temas populares	die volkstümlichen Themen
alegre	fröhlich
retratar	porträtieren
el retrato	das Portrait
el rey	der König
la guerra	der Krieg
la época	die Epoche
el fusilamiento	die Hinrichtung (Erschießung)
sombrío	düster

*** Präsens von venir**

vengo
vienes
viene
venimos
venís
vienen

Vocabulario diálogos / ilustración

mi pintor preferido	mein Lieblingsmaler
con tranquilidad	mit Ruhe
descansar	sich erholen
tocar la guitarra	Gitarre spielen
de vez en cuando	ab und zu
hacer deporte	Sport treiben
salir	ausgehen
el tiempo libre	die Freizeit
lo que más me gusta	was mir am Besten gefällt
no hacer nada	nichts tun
sobre todo	vor allem
escuchar música	Musik hören
leer	lesen
el bañador	der Badeanzug

Vocabulario 10

a la derecha	rechts
a la izquierda	links
todo derecho	geradeaus
todo seguido	geradeaus
vaya	gehen Sie (Imperativ)
tome	nehmen Sie
la calle	die Straße
al final	am Ende
No hay de qué.	Nichts zu danken.
seguro	sicher, (hier): genau
la farmacia	die Apotheke
perdón	Entschuldigung
la carretera	die Landstraße
la autopista	die Autobahn
dar la vuelta	umdrehen
la parada	die Haltestelle (Bus, Straßenbahn)
la estación	die Haltestelle (U-Bahn)
el semáforo, el disco	die Ampel
cerca de aquí	hier in der Nähe
el guardia	der Verkehrspolizist
¿Vamos bien / mal por aquí?	Sind wir hier richtig / falsch?
Está a **unos** tres km.	Liegt ungefähr 3 km entfernt.
Está **aproximadamente** a un km.	Liegt ungefähr 1 km entfernt.

Bitte beachten:
Unos in der Bedeutung von ungefähr, darf nicht verwendet werden, wenn die Zahl **„1"** bzw. die Wörter **un / una** folgen oder bei **Prozentzahlen**. In solchen Fällen kann man nur **aproximadamente** verwenden.

Vocabulario chiste / ilustraciones

la cabina telefónica	die Telefonzelle
la guía telefónica	das Telefonbuch
buscar	suchen
esperar	warten
pasar	geschehen, vorbeikommen, (hier): verstreichen, vergehen
mirar	(an)schauen
¿Puedo ayudarle?	Darf ich Ihnen helfen?
amable	freundlich
otra, -o*	andere(-r)
todavía	noch, immer noch
dentro	drin
abrir	öffnen
la puerta	die Tür
fumar	rauchen
la ropa	die Kleidung, die Wäsche

* **Bitte beachten:**
Vor **otro** kommt **kein unbestimmter** Artikel

Vocabulario 11

empezar*	anfangen
me gusta más	gefällt mir besser, am besten
a ti	dir
lo	es
juntos	zusammen
el país	das Land
el deporte	der Sport
hacer / practicar deporte	Sport treiben
hacer gimnasia	Gymnastik treiben
cuando	(immer) wenn

depende	es kommt darauf an
dar clases (de)	unterrichten
si	wenn, falls
quedarse	bleiben
ir a pasear	spazieren gehen
la maleta	der Koffer
negro, -a	schwarz
el cigarrillo	die Zigarette
fumar	rauchen

Vocabulario chistes/ilustraciones

un día muy frío de invierno	eines sehr kalten Wintertages
el jefe	der Chef
el empleado	der Angestellte
la ropa de verano	die Sommerkleidung
sorprendido	erstaunt, befremdet
así	so
parece ser que ...	es sieht so aus, als ob ...
creer	glauben
todavía	noch
desde	seit
pagar	bezahlen
ir a la montaña	ins Gebirge fahren
la mala suerte	das Pech
oiga	wörtlich: Hören Sie!; sinngemäß: Entschuldigen Sie!
la cara	das Gesicht
presentar	vorstellen
encantado, -a	sehr erfreut, angenehm
mucho gusto	sehr erfreut
el gusto es mío	ganz meinerseits

Refranes	**Sprichwörter**
En abril, aguas mil.	April, April, macht was er will.
A mal tiempo, buena cara.	gute Miene zum bösen Spiel

*** Präsens von empezar**

empiezo
empiezas
empieza
empezamos
empezáis
empiezan

Die Tage der Woche – Los días de la semana

lunes	Montag	viernes	Freitag
martes	Dienstag	sábado	Samstag
miércoles	Mittwoch	domingo	Sonntag
jueves	Donnerstag		

Tage, Monate und Jahreszeiten kann man groß oder klein schreiben.

el lunes	am Montag	el sábado	am Samstag
los lunes	montags	los sábados	samstags

Die Monate – Los meses del año

enero	Januar	julio	Juli
febrero	Februar	agosto	August
marzo	März	septiembre	September
abril	April	octubre	Oktober
mayo	Mai	noviembre	November
junio	Juni	diciembre	Dezember

Bitte beachten:

Vor dem Monatsnamen steht im Spanischen **nie** der **bestimmte Artikel**!

im Januar – en enero/en el mes de enero, **aber nicht:** en el enero

Die Jahreszeiten – Las estaciones del año

la primavera	Frühling
el otoño	Herbst
el verano	Sommer
el invierno	Winter

Ferner:

el día	der Tag
ada día/todos los días	jeden Tag
la semana	die Woche
cada semana/todas las semanas	jede Woche
el mes	der Monat
cada mes/todos los meses	jeden Monat
el año	das Jahr
cada año/todos los años	jedes Jahr
el siglo	das Jahrhundert
cada siglo/todos los siglos	jedes Jahrhundert
al día	pro Tag
todo el día	den ganzen Tag
al día siguiente	am folgenden Tag
el último/pasado año	letztes Jahr
el mes próximo	nächsten Monat
el mes pasado	letzten Monat
la semana próxima	nächste Woche
la semana pasada	letzte Woche

Bitte beachten:

todo el día	den ganzen Tag
todos los días	alle Tage, jeden Tag

Vocabulario 12

el cumpleaños	der Geburtstag
dar una fiesta	ein Fest veranstalten
empezar (a)	anfangen
terminar (de)	beenden
acostarse	ins Bett gehen
dormir	schlafen
la madrugada	die Morgendämmerung
enfadado	böse
al día siguiente	am Tag darauf
llegar tarde	zu spät kommen
pensar (en)	denken, vorhaben
entrar (en)	hineingehen, eintreten
salir (de)	hinausgehen, abreisen, abfahren
a cualquier hora	jederzeit
Lo siento mucho.	Es tut mir sehr leid.
hacer falta	nötig sein
preferir	vorziehen
volver	zurückkommen
la cara	das Gesicht
tener mala cara	schlecht aussehen
pálido	blaß
traer	bringen
mejor	besser

Vocabulario diálogos

algunas	einige
lo antes posible	sobald wie möglich
apetecer	Lust auf etwas haben
abrir	aufmachen

Vocabulario chistes

el pelo	das Haar
Ya está bien.	Es reicht (es ist schon „gut“).
Ya es hora.	Es ist schon Zeit.
pensar	denken

Vocabulario 13

entrar	eintreten
quedar	übrig bleiben
sentarse*	sich setzen
libre	frei
el taburete	der Hocker
la barra	die Theke
delante (de)	vor
para mí	für mich
un cortado	ein Kaffee (mit wenig Milch)
una caña	ein Bier vom Faß
suficiente	genug
la primera vez	das erste Mal
la última vez	das letzte Mal
celebrar	feiern
Nochebuena	Heiligabend
Navidad	Weihnachtstag
Nochevieja	Silvester
Año Nuevo	Neujahr
Reyes Magos	Die Heiligen drei Könige
alegre	fröhlich – mit **ser**: von Natur aus; mit **estar**: heute, jetzt
triste	traurig – mit **ser**: von Natur aus; mit **estar**: heute, jetzt
cantar	singen
bailar	tanzen
los villancicos	die Weihnachtslieder
el regalo	das Geschenk
poner	setzen, stellen, legen
el zapato	der Schuh
creer	glauben
traer	bringen
las uvas	die Weintrauben
los churros	in Öl gebackene Kringel (typisch span. Gebäck)
así	so
el chocolate	die Schokolade (hier: Trinkschokolade)
pasár(se)lo bien	viel Spaß haben, es sich gut gehen lassen
de vez en cuando	ab und zu

*** Präsens von sentarse**

me siento
te sientas
se sienta
nos sentamos
os sentáis
se sientan

Vocabulario diálogos

la película	der Film
un rato	eine Weile
esperar	erwarten, warten
la empanada	(Spezialität aus Galizien)
estupendo	toll

Vocabulario chistes/ilustraciones

hacer travesuras	unartig sein
cansarse	müde werden
ahora mismo	sofort, gleich
¿A qué te dedicas?	Was machst du beruflich?
los muebles	die Möbel
olvidar	vergessen
casarse	heiraten, sich vermählen
ni siquiera	nicht einmal
comprender	verstehen
echar	runterschütten, einwerfen
el agua caliente	warmes Wasser

Redewendungen mit **poner(se)**

poner la mesa	den Tisch decken
poner una película	einen Film vorführen/zeigen
¿Qué película ponen?	Welcher Film läuft?
ponerse de acuerdo	übereinkommen
ponerse enfermo	krank werden
ponerse nervioso	nervös werden
ponerse a (trabajar, leer ...)	anfangen (etwas zu tun)

¿Qué se dice en Navidades?

Feliz Navidad y próspero Año Nuevo.	Frohe Weihnachten und ein gutes Neues Jahr.
Feliz Año Nuevo.	Gutes Neues Jahr.
Felices Pascuas.	Fröhliche Weihnachten.

Vocabulario 14

decir*	sagen
diga	sagen Sie (Imperativ von decir)
¡Dígame!*	Hallo! (am Telefon)
¿Está Pilar?	Ist Pilar zu Hause?
Deseo hablar con el Sr. X.	Ich hätte gern Herrn X gesprochen.
¿De parte de quién?	Mit wem spreche ich?
la despedida	der Abschied
la semana próxima	nächste Woche
el verano	der Sommer
No sé si voy a poder ir.	Ich weiß nicht, ob ich fahren kann.
Me ha parecido que ...	Es schien mir, daß ...
Es lógico.	Es ist logisch.
la experiencia	die Erfahrung
para ellos	für sie
el lugar	der Ort
terminar	beenden, aufhören
buscar	suchen
ir a buscar	abholen
si	ob
regresar	zurückkehren
llamar	rufen, anrufen
aprender	lernen
la gente	die Leute

* Beim Abnehmen des Telefonhörers meldet sich der Angerufene in Spanien mit:

¡Dígame! oder ¡Diga!	Sagen Sie (mir) bzw. sprechen Sie.

*** Präsens von decir**

digo
dices
dice
decimos
decís
dicen

Vocabulario 15

el viaje de negocios	die Geschäftsreise
aprovechar la ocasión	die Gelegenheit nutzen
por mi trabajo	wegen meiner Arbeit
los alrededores	die Umgebung
llegar a	ankommen
la empresa	das Unternehmen
el aeropuerto	der Flughafen
nada más llegar*	gleich nach der Ankunft
me gustaría	mir würde gefallen
acompañar	begleiten
alegrarse	sich freuen

me alegraría	ich würde mich freuen
la habitación	das Zimmer
la habitación doble	das Doppelzimmer
doble	doppelt
individual	einzel(n)
con baño	mit Bad
con ducha	mit Dusche
tranquila	ruhig
con media pensión	Halbpension
con pensión completa	Vollpension
reservar	reservieren
¿Sería posible?	Würde es möglich sein?
ningún	keiner
el problema	das Problem
el piso	das Stockwerk
la llave	der Schlüssel
el ascensor	der Aufzug
al fondo	im Hintergrund (hinten)
con mucho gusto	sehr gerne
ya que	da, weil
me han dicho	man hat mir gesagt

* Mit **nada más + infinitivo** wird ein Temporalsatz verkürzt:

nada más llegar	gleich nach der Ankunft

Anrede-Formen beim Brief

Querido, -a ...	Lieber, Liebe ...
Estimado, -a ...	Geschätzter, Geschätzte ...
Distinguido Sr. X:	Sehr geehrter Herr X,
Muy Sr. mío:	Sehr geehrter Herr X,

Abschieds-Formen beim Brief

Besos y abrazos	Küsse und Umarmungen
Con todo mi cariño/amor	In Liebe (Mit meiner ganzen Liebe)
Saludos (muy cordiales)	(Herzliche) Grüße
Atentamente	Hochachtungsvoll
Le saluda atentamente	Mit freundlichen Grüßen

Abkürzungen

derecha	dcha.
izquierda	izda.
calle	C/

Vocabulario chistes/ilustraciones

¿Cuánto vale?	Wieviel kostet (es)?
Lo siento.	Es tut mir leid.
la verdad es que	(hier): in der Tat
desgraciadamente	leider
bajo	niedrig (Sachen) / klein (Personen)

Refranes

1. Piensa mal y acertarás.
   Man muß stets mit dem Schlimmsten rechnen.
2. Dime con quién andas y te diré quién eres.
   Sage mir, mit wem du verkehrst und ich sage dir, wer du bist.
3. Quien bien te quiere, te hará llorar.
   Wer dich richtig liebt, der wird dich zum Weinen bringen.

acertar	erraten
andar	laufen, gehen
llorar	weinen

Vocabulario 16

libre	frei
al fondo	hinten, im Hintergrund
traer	bringen
tráigame	bringen Sie mir
la carta	die Speisekarte
en seguida	sofort
recomendar (**e → ie**)	empfehlen
quisiera	ich hätte gerne, ich möchte
¡Que aproveche!	Guten Appetit!
Gracias, igualmente.	Danke, gleichfalls.
La comida está muy rica.	Das Essen schmeckt sehr gut.
¡Salud!	Prost!
¡A tu salud!	Auf dein Wohl!
todo junto	alles zusammen
por separado	getrennt
probar (**o → ue**)	probieren
pruébala (la comida)	Probiere es! (das Essen)
Ya no puedo más.	Ich kann nicht mehr.
fumar	rauchen
pedir*	bestellen, bitten
Ni hablar.	Das kommt nicht in Frage.
la barra	die Theke
oír	hören
oye	hör mal
oiga	hören Sie mal, ... (oft gebrauchter Ruf nach dem Kellner)
me puede poner	(hier): ich hätte gerne
los servicios	die Toiletten
al lado de	neben
cambiar	wechseln
por supuesto	selbstverständlich
la moneda	die Münze

Vocabulario chistes

con dificultad	mit Schwierigkeiten
escondido	versteckt
debajo de	unter
la paciencia	die Geduld
tener en cuenta	in Betracht ziehen/berücksichtigen
tratarse de	sich handeln um
la tortuga	die Schildkröte
el dueño	der Besitzer
la servilleta	die Serviette
el cuello	der Hals
educadamente	höflich
el cliente	der Gast, Kunde

*** Präsens von pedir**

pido
pides
pide
pedimos
pedís
piden

corte de pelo	der Haarschnitt
afeitarse	sich rasieren
el afeitado	die Rasur
el jefe de estación	der Stationvorsteher
felicitar	gratulieren
llegar puntual	pünktlich ankommen
necesitar	brauchen
debería haber llegado	hätte ankommen sollen
el dueño	der Besitzer
el inquilino	der Mieter
recordar (**o → ue**)	jdm. an etwas erinnern
el alquiler	die Miete
el aniversario	der Jahrestag
el papel	das Papier
en blanco	(hier): unbeschrieben

¿Qué se dice cuando se quiere pagar?

. . . en la barra de un bar

¿Cuánto es?
¿Qué/cuánto le debo?
¡Cóbrese, por favor!
¿Me puede cobrar, por favor?

. . . en la mesa de un restaurante

¿Me podría traer la cuenta, por favor?
¡Tráigame la cuenta, por favor!

. . . en una tienda

¿Cuánto cuesta?
¿Cuánto es todo?

. . . en un hotel

¿Me puede preparar la cuenta, por favor?

Refranes

1. A los hombres se los conquista por el estómago.
   Die Liebe geht durch den Magen.
2. Con pan y vino se anda el camino.
   Mit Brot und Wein geht alles besser.
3. Después de comer, ni un sobre leer.
   Nach dem Essen sollte man nicht einmal einen Briefumschlag lesen.
4. A buen hambre, no hay pan duro.
   Wenn man Hunger hat, ist kein Brot hart.
   (Hunger ist der beste Koch.)

Vocabulario 17

¿En qué puedo servirla?	Womit kann ich Ihnen dienen?
el color	die Farbe
¿De qué color (es) ...?	Welche Farbe (hat) ...?
la talla	die Größe
¿Qué talla tiene/necesita/usa?	Welche Größe haben/brauchen/benutzen Sie?
probarse	anprobieren
por supuesto	selbstverständlich, sehr gerne
sentar bien/mal	gut/schlecht sitzen
quedar bien/mal	gut/schlecht stehen (siehe Grammatik)
Me está corto/largo.	Es ist mir zu kurz/lang.
quedarse con (+ ropa, zapatos)	kaufen, mitnehmen (siehe Grammatik)
llevarse (+ ropa, zapatos, etc.)	kaufen, mitnehmen
la caja	die Kasse
atender (**e → ie**)	bedienen
el mayor	der Ältere
el dependiente	der Verkäufer, der Angestellte
nadie	niemand
después de todo	immerhin
Tendré que usarlos yo.	Ich werde sie (die Hose) wohl anziehen müssen.

la ropa	**die Kleidung**
la camisa	das Hemd
la blusa	die Bluse
el vestido (de noche)	das (Abend)kleid
la falda	der Rock
los pantalones	die Hose
los vaqueros	die Jeans
el abrigo	der Mantel
el jersey	der Pullover
la chaqueta	die Jacke
el traje	der Anzug
la corbata	die Krawatte
los calcetines	die Socken
la ropa interior	die Unterwäsche
los zapatos	die Schuhe
las sandalias	die Sandalen
el sombrero	der Hut

los tejidos	**Die Stoffarten**
el algodón	die Baumwolle
la lana	die Wolle
la seda	die Seide
la piel/el cuero	das Leder
la fibra sintética	die Kunstfaser

los colores	**die Farben**
blanco, -a	weiß
negro, -a	schwarz
amarillo, -a	gelb
rojo, -a	rot
verde	grün
azul claro/cielo	hellblau, himmelblau
azul oscuro/marino	dunkelblau
marrón	braun
gris	grau
naranja	orange
rosa	rosa
violeta	lila

Vocabulario chistes/ilustraciones

casarse	heiraten
en serio	im Ernst
en broma	im Spaß
llevar	tragen
absolutamente nada	absolut nichts
tener la suerte	das Glück haben
horroroso, -a	fürchterlich
la corbata	die Krawatte
no ir bien con ...	nicht dazu passen
el traje	der Anzug
me han atendido tan bien	man hat mich so gut bedient
no me ha quedado más remedio	es blieb mir nicht anderes übrig
unas cuantas cositas	ein paar Kleinigkeiten

Expresiones usuales

la última moda	die neueste Mode
la última novedad	die neueste Mode
el último grito	der letzte Schrei
ponerse de moda	Mode werden
estar de moda	„in" sein
estar pasado de moda	aus der Mode sein
seguir la moda	mit der Mode gehen
ir a la moda	mit der Mode gehen
Es la moda.	Das ist Mode.
los colores de moda/actualidad	Modefarben

Vocabulario 18

¿Se puede poner ...?	(hier): Kann ich ... sprechen?
marcar (mal)	(sich ver-) wählen
equivocarse	sich irren, (hier): sich verwählen
No te preocupes.	Mach dir keine Sorgen.
a cualquiera	jedem
Perdona por la molestia.	Entschuldigung für die Störung.
de verdad	(hier): wirklich

No importa.	Es macht nichts.
¿Tienes algún plan?	Hast du etwas vor? (wörtlich: Hast du irgend einen Plan?)
el sitio/lugar	der Ort
de momento	im Moment
en estas fechas	zur Zeit
la fecha	das Datum
los alrededores	die Umgebung
mejor	besser
quedar	(hier): sich verabreden
dejar de ...	aufhören zu ... (siehe Grammatik)
dejar	ausleihen, lassen (siehe Grammatik)
grabar	aufnehmen (auch: gravieren)
coger	nehmen (auch: greifen, fassen)
el pelo	das Haar
la peluquería	der Friseursalon
cortar	schneiden
cortarse el pelo	sich die Haare schneiden lassen
la permanente	die Dauerwelle
el cumplido	das Kompliment

Vocabulario chistes e ilustraciones

deber	(hier): schulden
el viaje de novios	die Hochzeitsreise
prohibir	verbieten
seguir	folgen
el consejo	Rat
de momento	(hier): als erstes

Expresiones usuales:

Lo siento.	Es tut mir leid.
No importa.	Es macht nichts.
(No) vale/merece la pena.	Es lohnt sich (nicht).
No te preocupes.	Mach dir keine Sorgen.
No se preocupe.	Machen Sie sich keine Sorgen.
Creo que sí/no.	Ich glaube ja/nein.
Claro que sí/no.	Aber ja/nein.
Dice que sí/no.	Er sagt ja/nein.
De veras/de verdad.	Im Ernst/wirklich/es ist wahr.
En serio.	Im Ernst.
En broma.	Im Spaß.

Vocabulario 19

el billete	die Fahrkarte
sacar un billete	eine Fahrkarte lösen
ida y vuelta	hin und zurück
la reserva de asiento	die Platzreservierung
subir(se) al tren	in den Zug einsteigen
hacer transbordo	umsteigen
cambiar de tren	umsteigen
bajar(se) del tren	aussteigen
perder el tren	den Zug verpassen
salir (de)	(von) abfahren
llegar (a)	ankommen (in)
parar	halten
tomar asiento	Platz nehmen
sentarse	sich setzen
estar sentado	sitzen
perdonar/disculpar	entschuldigen
la vía	das Bahngleis
el andén	der Bahnsteig
el departamento/compartimento	das Zugabteil
el vagón de literas	der Liegewagen
el coche cama	der Schlafwagen
el pasillo	der Gang
el equipaje	das Gepäck
el portaequipajes	das Gepäcknetz
el revisor	der Schaffner
asomarse a la ventanilla	aus dem Fenster hinauslehnen
El tren ha llegado puntualmente.	Der Zug ist pünktlich angekommen.
El tren ha llegado con retraso.	Der Zug ist mit Verspätung angekommen.
El tren lleva una hora de retraso.	Der Zug hat eine Stunde Verspätung.
Se ha perdido mi equipaje.	Mein Gepäck ist verlorengegangen.
Vas a perder el tren.	Du wirst den Zug verpassen.
¡Vaya tren de vida que lleva!	Er lebt auf großem Fuß.
Esa chica está como un tren.	Dieses Mädchen hat eine gute Figur/sieht gut aus.

Bitte beachten:

Nach **la gente, mucha gente, todo el mundo** steht das Verb im **Singular:**

La gente viaja.	Die Leute reisen.
Mucha gente viaja.	Viele Leute reisen.
No todo el mundo viaja.	Nicht alle Leute reisen.

aber: Muchas personas viajan.

Expresiones

¡Cuánto me alegro!	Ich freue mich sehr.
Me alegro de conocerte.	Ich freue mich, dich kennenzulernen.
Mucho gusto en conocerte.	Ich freue mich, dich kennenzulernen.
Me alegro de haberte conocido.	Ich freue mich, dich kennengelernt zu haben.

Vocabulario 20

¡Vivir para ver! (Redewendung)	Was es nicht alles gibt!
el matrimonio	das Ehepaar
discutir	streiten
mandar	befehlen
el marido	der Eheman
existir	existieren
contar	zählen, erzählen (siehe Grammatik)
demostrar	beweisen
¡Esto es el colmo!	Das ist der Gipfel!
acompañar	begleiten
lo mismo	das Gleiche
sorprendido	überrascht
volverse	sich umdrehen, sich wenden an
triunfante	triumphierend
hacia su marido	zu ihrem Mann
el borracho	der Betrunkene
sacar	herausnehmen, herausziehen
la cerilla	das Streichholz
encender	anzünden
una tras otra	eins nach dem anderen
apagar	ausmachen
guardar	aufbewahren
el escocés	der Schotte
apostar	wetten
debajo del agua	unter Wasser
el cadáver	die Leiche
las pastillas	die Tabletten
recomendar	empfehlen
pues	na ja
acordarse	sich erinnern
el condenado a muerte	der zum Tode verurteilte
morir	sterben
la condena	die Verurteilung, Strafe

habitual	üblich, gewöhnlich
cumplir un deseo	einen Wunsch erfüllen
el sacerdote / el cura / el padre	der Priester
¿Cómo es que ...?	Wie kommt es, daß ...?
fijarse	auf etwas achten, beachten
estar a dieta	Diät halten
impedir	(ver)hindern
lo que les gustaría haber hecho	was sie gern gemacht hätten
inventar	erfinden
me gustaría haber inventado	ich hätte gern erfunden
el papel higiénico	das Toilettenpapier

Expresiones de asombro

¡Atiza!	Hoppla!
¡Caramba!	Hoppla!
¡Esto es el colmo!	Das ist der Gipfel!
¡Habráse visto!	Hat man etwas ähnliches gesehen!
¡Qué barbaridad!	Wie schrecklich!
¡Menos mal!	Zum Glück!

Vocabulario 21

darse prisa	sich beeilen
sonar	läuten
el despertador	der Wecker
¡venga!	komm!, los!
vestirse*	sich anziehen
¡vístete!	zieh dich an!
desvestirse / desnudarse	sich ausziehen
ponerse (+ ropa, zapatos)	etwas anziehen
quitarse (+ ropa, zapatos)	etwas ausziehen
tan tarde	so spät
¡anda!	komm!
sé bueno	sei lieb, sei so gut
hace un rato	vor kurzer Zeit, vor ein paar Minuten
llevar	hinbringen, mitnehmen, tragen
el aeropuerto	der Flughafen
la azafata	die Stewardeß
entregar	abgeben
el equipaje	das Gepäck
enseñar	zeigen
el vuelo	der Flug
con destino a...	nach ...
facturar	Gepäck aufgeben
la ventanilla	der Schalter
la báscula	die Waage
embarcar	(ins Flugzeug) einsteigen, an Bord gehen
anunciar	ankündigen
el altavoz	der Lautsprecher
¡Atención!	Achtung!
el pasajero	der Passagier
dirigirse	sich wenden an, sich begeben nach
la puerta de embarque	der Ausgang („Gate")0

*** Präsens von vestirse**

me visto
te vistes
se viste
nos vestimos
os vestís
se visten

Vocabulario chistes

despertarse	aufwachen
despertar	jmd. wecken
estar enamorado	verliebt sein
casarse	heiraten
estar loco	verrückt sein
el duro	Münze zu 5 Peseten; spanische Einheit, die 5 Peseten entspricht
la mitad	die Hälfte
declarar	verzollen
contener	beinhalten
agua de Lourdes	Weihwasser aus Lourdes
el aduanero	der Zollbeamte
el contenido	der Inhalt
producirse	geschehen
el milagro	das Wunder

Expresiones usuales

¡Ten / Tenga cuidado!	Paß auf / Passen Sie auf!
¡Atención!	Achtung!
¡Cuidado!	Vorsicht!
¡Ojo!	Vorsicht!
¡(Vamos) anda!	Ach, komm!
¡Venga!	Komm!,los!
¡Vamos! / !Vámonos!	Los, gehen wir!
¡Vaya, hombre!	Na so was! / Menschenskinder!
¡Vete / Vaya Ud. a saber!	Wer weiß!
¡No me digas / diga!	Was du nicht sagst! / Was Sie nicht sagen!

Vocabulario 22

contestar	antworten, sich am Telefon melden
los abuelos	die Großeltern
pasár(se)lo bien	es sich gut gehen lassen
quedarse	bleiben
divertirse*	sich amüsieren
divertido, -a	lustig
la piscina	das Schwimmbad
salir	ausgehen
el rato	der Augenblick, die Weile
salir un rato	ein bißchen ausgehen
estar medio muerto, -a	halbtot sein
tener mala cara	schlecht aussehen
estar a dieta	Diät halten
adelgazar	abnehmen
cordero asado	der Lammbraten
irse de juerga	einen „draufmachen"
limpiar	sauber machen
lavar la ropa	die Wäsche waschen
preparar	vorbereiten

Vocabulario ilustraciones

necesitar	brauchen
llevar	mitnehmen
cariño	Liebling
el cine sonoro	der Tonfilm
divertirse*	sich amüsieren

*** Indefinido von divertirse**

me divertí
te divertiste
se divirtió
nos divertimos
os divertisteis
se divirtieron

Vocabulario 23

el "tablao" flamenco	kleine Flamencobühne
meterse	stecken
contestar	antworten, sich melden
esas no son horas de ...	das sind keine Zeiten zum ...

tan pronto	so früh
el Rastro	Flohmarkt in Madrid
parecer	(hier): finden (siehe Grammatik)
alegrarse de	sich freuen über/auf
escalar	klettern
las noticias	die Nachrichten
hubo	es gab
el terremoto	das Erdbeben
morir*	sterben
afortunadamente/por suerte	glücklicherweise/zum Glück
tener un accidente	einen Unfall haben
caerse	(herunter)fallen, stürzen
menos mal	zum Glück
la sorpresa	die Überraschung
¡Cuánto tiempo sin verte!	Lange nicht mehr gesehen!
imaginarse	sich vorstellen
tener mala suerte	Pech haben
la cámara fotográfica	die Fotokamera
robar	stehlen
darse cuenta	merken, bemerken
sin darse cuenta	(hier): aus Versehen
y por si fuera poco ...	und wenn das alles nicht genug wäre ...
mejor	besser

Vocabulario chistes

hacer una apuesta	wetten, eine Wette machen
como**	weil
ganar	gewinnen, verdienen
al ver (=cuando vio)	als er sah
servir	servieren, dienen
enfadada	böse
las judías	die Bohnen
la juventud	die Jugend

* **Indefinido von morir**

morí
moriste
m**u**rió
morimos
moristeis
m**u**rieron

** **Bitte beachten:**
Porque wird immer am Anfang eines Satzes durch **como** ersetzt.

Vocabulario 24

la consulta	die Sprechstunde
el médico, el doctor	der Arzt
el, la paciente	der Patient, die Patientin
doler	Schmerzen haben
me duele/duelen ...	es tut mir ... weh
tener dolor de:	
cabeza	Kopfschmerzen haben
estómago	Magenschmerzen haben
muelas	Zahnschmerzen haben
fuerte, terrible	stark, fürchterlich
la fiebre	das Fieber
ha habido	es hat gegeben
llegar	ankommen, (hier:) erreichen
la edad	das Alter
ni una gota	nicht einen Tropfen
los problemas amorosos	der Liebeskummer
ser/estar soltero, -a	ledig sein
casado, -a	verheiratet
viudo, -a	Witwer, Witwe
divorciado, -a	geschieden
el novio, la novia	der Bräutigam, die Braut (fester Freund, feste Freundin)
practicar, hacer deporte	Sport treiben
peligroso	gefährlich
mirar	schauen
mire	(hier): hören Sie, wissen Sie
no comprendo en absoluto	ich verstehe überhaupt nicht

Vocabulario chistes

el somnífero	das Schlafmittel
la pastilla, el comprimido	die Tablette
pareces tonto	(hier): Bist du dumm?
rascar	kratzen
la gorra	die Mütze
picar	jucken
el apéndice	der Blinddarm
¿Se me verá ...?	Wird man bei mir ... sehen?
la cicatriz	die Narbe
Depende de usted.	Das hängt von Ihnen ab.
las gafas	die Brille
el perro	der Hund
de repente	plötzlich
exactamente	ganz genau
nacer	geboren werden, zur Welt kommen
¡Imagínate!	Stell dir vor!
morirse (o → ue)	sterben
volverse loco	verrückt werden
volver a + infinitivo	wieder etwas tun
tan	so

Refranes

Ojos que no ven, corazón que no siente.	Was ich nicht weiß, macht mich nicht heiß.
A caballo regalado no le mires el diente.	Einem geschenkten Gaul schaut man nicht ins Maul.
En boca cerrada no entran moscas.	Reden ist Silber, Schweigen ist Gold.

Fraseología

Se me hace la boca agua.	Das Wasser läuft mir im Munde zusammen.
Estoy hasta las narices.	Ich habe die Nase voll.
Son uña y carne.	Sie sind ein Herz und eine Seele.
Cuesta un ojo de la cara.	Es ist wahnsinnig teuer.
Tiene más ojos que barriga.	Die Augen sind größer als der Magen.
Tiene cara de pocos amigos.	Er/sie ist schlecht aufgelegt.

Vocabulario 25

la situación geográfica	**die geographische Lage**
la población	die Bevölkerung
estar situada, -o	liegen
la península	die Halbinsel
muy poblado, -a	dicht besiedelt, stark bevölkert
la superpoblación	die Überbevölkerung
el minifundismo	der Kleingrundbesitz
los celtas	die Kelten
procedente de	stammend aus
instalarse	sich niederlassen
preferentemente	vorwiegend, hauptsächlich
la mezcla	die Mischung
el origen	der Ursprung
la independencia	die Unabhängigkeit

el paisaje	**die Landschaft**
la temperatura media	die durchschnittliche Temperatur
anual	jährlich
el árbol	der Baum
la montaña	der Berg

alto, -a	hoch, groß
la ría	die Meeresbucht
la emigración	**die Auswanderung**
a causa de	wegen, aufgrund
la falta de trabajo	der Arbeitsmangel
finalmente	zuletzt, schließlich
las ciudades principales	**die wichtigen (wichtigsten) Städte**
bella, -o	schön
la leyenda	die Legende
decapitar	enthaupten
muerto	tot
los discípulos	die Schüler
en aquel tiempo	damals
enterrar	begraben
descubrir	entdecken
el destello de luz	der Lichtstrahl
derivar(se)	(sich) ableiten
el recuerdo	die Erinnerung, das Andenken
en recuerdo de	im Gedenken an, in Andenken an
construir	bauen
el peregrino	der Pilger
la peregrinación	die Wallfahrt
la Edad Media	das Mittelalter
la economía	**die Wirtschaft**
basarse en	beruhen auf
la ganadería	die Viehzucht
la pesca	der Fischfang
poseer	besitzen
numeroso, -a	zahlreich
alejado, -a	entfernt
la explotación del suelo	die Bodennutzung
aumentar	vergrößern
el trigo	der Weizen
el centeno	der Roggen
el maíz	der Mais
respecto a	in bezug auf
el turismo	**der Tourismus**
la potencia turística	(Land mit den meisten Touristen)
el baile	der Tanz
la gaita	der Dudelsack
la influencia celta	der keltische Einfluß

Vocabulario 26

el sereno, el vigilante nocturno	der Nachtwächter
sereno	heiter (Wetter), ruhig (Personen, Meer)
crear	schaffen, gründen
el puesto (de trabajo)	die (Arbeits-)Stelle
el portal	die Haustür
vigilar	bewachen, wachen
el barrio	das Stadtviertel
anunciar	ankündigen
emplear	verwenden, benutzen
la (palabra) que más empleaban	das am häufigsten benutzte (Wort)
con el tiempo	im Laufe der Zeit
continuar + Gerundio	weitermachen
dando unas palmadas	indem sie in die Hände klatschten
el sueldo fijo	das feste Gehalt
la jubilación	die Rente
la propina	das Trinkgeld
el Ayuntamiento	das Rathaus, die Stadtverwaltung
la licencia de armas	der Waffenschein
la pistola	die Pistole
... pasaba de padres a hijos	... ging von dem Vater auf den Sohn über
permanecer	(weiterhin) bleiben
el número	die Zahl
disminuir	abnehmen, verringern
la desaparición	das Aussterben, das Verschwinden
el portero automático	der automatische Türöffner
poca seguridad laboral	wenig Sicherheit bei der Arbeit
el aumento de la criminalidad	das Ansteigen der Kriminalität
las ganancias	das Einkommen, der Verdienst
dependiente de	abhängig von
la carencia de	Mangel an
el bastón	der Knüppel, der Stock
el gas lacrimógeno	das Tränengas
volver a gozar	wieder genießen
la tranquilidad nocturna	die nächtliche Ruhe

Vocabulario 27

nacer	geboren sein
el maestro	der Lehrer, der Meister
continuos	ständig
el arlequín	der Harlekin
iniciar	beginnen
la geometrización	die geometrische Darstellung
la figura humana	der menschliche Körper
la Guerra Civil	der Bürgerkrieg
intentar	versuchen
atemorizar	beängstigen, Angst machen
de esta forma	so, auf diese Weise
demostrar	beweisen
apoyar	unterstützen
usar	benutzen
la Segunda Guerra Mundial	der 2. Weltkrieg
el anciano, -a	der, die Alte
arder en llamas	in Flammen aufgehen
durar	dauern
la víctima	das Opfer
el muerto	der Tote
el herido	der Verwundete, Verletzte
expresar	ausdrücken
el dolor	der Schmerz
sufrir	(er-)leiden
encargar	beauftragen
el gobierno	die Regierung
decorar	schmücken, (hier): ausstellen
el pabellón	der Pavillon
debido a	wegen
la polémica	die Auseinandersetzung
debería	sollte
el motivo	der Grund
la ciudad natal	der Geburtsort
a final de ...	Ende ...
la máxima figura del arte	die größte künstlerische Persönlicheit
sin descanso	ohne Pause, ununterbrochen
la muerte	der Tod
contener	beinhalten

Expresiones usuales

¿Qué pasa?	Was ist los?
¿Qué ha pasado?	Was ist geschehen?
¡No me digas!	Was Du nicht sagst!
¡Qué suerte!	Was für ein Glück!
¡Qué mala suerte!	Was für ein Pech!
por suerte	zum Glück
por desgracia, desgraciadamente	leider

¡Qué bien!	Toll/prima!
¡Qué horror!	Wie schrecklich!
¡Qué aburrido!	Wie langweilig!
¡Qué sorpresa!	Was für eine Überraschung!

Vocabulario 28

por estar situada	weil sie ... gelegen ist
por + Infinitiv = porque	weil
elegir*	wählen
actualmente	zur Zeit
casi	fast, nahezu
la extensión	die Oberfläche
el lugar	der Ort
pintoresco	malerisch
estrecho	eng, schmal
la tasca	die Kneipe
los mesones	die Weinkeller
las tapas	kleine Portionen verschiedener Speisen
antiguo	alt, antik
el rascacielos	der Wolkenkratzer
la altura	die Höhe, hoch
la guerra civil	der Bürgerkrieg
durante años	jahrelang
estar orgulloso de	stolz sein auf/wegen
ser orgulloso	stolz sein (von Charakter)
la contaminación atmosférica	die Umweltverschmutzung
el tráfico	der Verkehr
los alrededores	die Umgebung
los turistas de paso	die durchreisenden Touristen
considerable	beachtlich, erheblich
la población activa	die arbeitende Bevölkerung
el índice de paro	die Arbeitslosenzahl
apenas	kaum
la caña de azúcar	das Zuckerrohr
bajo, -a	niedrig, gering, klein
la tierra de regadío	bewässertes Land
al mismo tiempo	gleichzeitig
poseer	besitzen
despoblado, -a	wenig bevölkert

Significados: "menos"

a menos que	es sei denn
echar de menos	vermissen
por lo menos	mindestens, wenigstens
menos mal	zum Glück
menos mal que ...	ein Glück noch, daß ...
lo menos	das wenigste, das mindeste
lo menos posible	möglichst wenig
Eso es lo de menos.	Das ist das allerwenigste.
Cualquier cosa menos esto.	Nur das nicht.
¡Ni mucho menos!	Aber nein!
Ya será menos.	So schlimm wird es wohl nicht sein.

*** Indefinido von elegir**

elegí
elegiste
eligió
elegimos
elegisteis
eligieron

Vocabulario 29

un día	eines Tages
el campesino	der Bauer
estar sorprendido, -a	erstaunt, überrascht sein
la sorpresa	die Überraschung
al ver	als er sah
al + Infinitiv (= cuando)	als
los almacenes	das Kaufhaus
(el almacén)	(das Lager)
inmenso	überaus groß
el tráfico	der Autoverkehr
al llegar	bei der Ankunft
el ascensor	der Aufzug
con ojos muy abiertos	mit großen Augen
una señora mayor	eine ältere Dame
joven	jung
volver a abrirse	sich wieder öffnen
reconocer	wiedererkennen
pesarse	sich wiegen
el peso	das Gewicht
la báscula	die Waage
echar	(ein-)werfen
volver a echar	wieder einwerfen
indicar	(an-)zeigen
al parecer	anscheinend
el abrigo	der Mantel
esperar	(er-)warten, hoffen
quitarse + Kleidungsstück	etwas ausziehen
desnudarse	sich ausziehen
ponerse + Kleidungsstück	etwas anziehen
vestirse	sich anziehen
de nuevo	wieder, von Neuem
acercarse	sich nähern
rápidamente	schnell
siga insistiendo	Versuchen Sie es weiter.
seguir + Gerundio	weitermachen
insistir	bestehen auf, (hier): versuchen
estar a disposición	zur Verfügung stehen
recibir	bekommen, erhalten
la nota	die Note
el examen	die Prüfung, Arbeit
el ejercicio	die Übung, Klassenarbeit
responder, contestar	antworten
la respuesta	die Antwort
en todo detalle	in jeder Hinsicht
escuchar	zuhören
atentamente	aufmerksam
el compañero de al lado	der Nebenmann
copiar	abschreiben, kopieren
ambos	beide
¡Esto es el colmo!	Das ist der Gipfel!
el penúltimo	der Vorletzte
ir de mal en peor	immer schlechter werden
la culpa	die Schuld
¿Qué culpa tengo yo?	Ist es etwa meine Schuld?
estar a punto de morirse	im Sterben liegen
curar	heilen
recordar	daran erinnern
prometer	versprechen
¡No me diga!	Was Sie nicht sagen!
¡Qué malito debía de estar yo!	Wie schlecht muß es mir doch ergangen sein.
deber de + infinitivo	(drückt eine Vermutung aus)

Expresiones usuales

una vez	einmal
dos veces	zweimal
la primera/última vez	das erste/letzte Mal
muchas veces	sehr oft
la mayoría de las veces	meistens
a veces	manchmal
a la vez	gleichzeitig, zugleich
tal vez	vielleicht
en vez de + sustantivo	(an)statt

en vez de + verbo	(an)statt zu ...
cada vez	jedes Mal
otra vez	noch einmal, schon wieder
de vez en cuando	ab und zu

aber:
„einmal" (beim Einkaufen, oder Fahrkarte) wird nur mit **uno / una** bzw. **un / una** + Substantiv übersetzt.

Vocabulario 30

multiplicar	vervielfachen
las divisas	Devisen
los rincones pintorescos	malerische Ecken, Plätze
satisfacer	zufriedenstellen, befriedigen
ampliamente	reichlich, ausführlich
el destino	das Ziel
más frecuentado	am häufigsten besucht
frecuentar	häufig besuchen
recibir	erhalten, bekommen
los pensionistas	die Rentner
huir (de)*	fliehen
últimamente	in der letzten Zeit
la aglomeración	die Menschenmenge
en el propio país	im eigenen Land
practicar el turismo	Tourismus betreiben
el desplazamiento turístico	die Reise, Ortsveränderung
porcentaje muy inferior al	ein viel geringerer Anteil als
proporcionar	ver-, beschaffen
sin lugar a dudas	ohne Zweifel
principal factor de financiación	die Hauptfinanzierungsquelle
el crecimiento económico	das Wirtschaftswachstum
invertir	investieren
la mano de obra excedente	überzählige Arbeitskräfte
originar	verursachen
la semiparalización	teilweise Stillegung
debido a	wegen
debido a ello	deshalb, aus diesem Grund
quedar en manos de	(ver-)bleiben bei
pertenecer (a)	gehören
la destrucción	die Zerstörung
destruir (wie construir, huir)	zerstören
la muralla de cemento	die Betonwüste
tapar	be-, ver-, zudecken
la costumbre	die Gewohnheit, der Brauch
el país receptor	das Gastland

* Presente de huir	* Indefinido de huir
huyo	huí
huyes	huiste
huye	huyó
huimos	huimos
huís	huisteis
huyen	huyeron

admitir	aufnehmen, zulassen
el problema de paro	das Arbeitslosenproblem
en la actualidad	heute, zur Zeit
ellos mismos	sie selbst
acostumbrarse (a)	sich gewöhnen (an)
estar considerado (como)	angesehen werden (als)
el cónyuge	der Ehepartner
el propietario	der Besitzer, Eigentümer
la vivienda, el piso	die Wohnung
el extranjero	der Ausländer
aislado	isoliert
en vez de	anstatt
incorporarse	eingliedern, einfügen
el mundo laboral	die Arbeitswelt
la inseguridad	die Unsicherheit
en cuanto a	bezüglich, in bezug auf
la permanencia	der Aufenthalt
contribuir (a)	beitragen (zu)
incluso	sogar

Quellennachweise

Abbildungen

Seite 62	Goya: „El quitasol“ und „La maja desnuda“, Museo del Prado, Madrid
Seite 63	Goya: „La familia de Carlos IV“, „Los fusilamientos del 3 de Mayo de 1808“ und „Saturno devorando a sus hijos“, Museo del Prado, Madrid
Seite 66	Dali, Salvador Don: „Mercado de esclavos“ © VG Bild-Kunst, Bonn 1993/Demart pro arte B.V.
Seite 67 oben	Goya: „Autorretrato — 1815“, Museo del Prado, Madrid
Seite 67 unten	Picasso, Pablo: „Guernica“, © VG Bild-Kunst, Bonn 1993
Seite 68 oben	Goya: „La maja vestida“, Museo del Prado, Madrid
Seite 68 unten	Velázquez: „Las lanzas“, Museo del Prado, Madrid
Seite 243	La Feria de Abril © Uwe Seyl, Stuttgart
Seite 244	El Greco: „La Trinidad“, Museo del Prado, Madrid
Seite 245	Velázquez: „Las Meninas“, Museo del Prado, Madrid
Seite 246	Murillo: „El Buen Pastor“, Museo del Prado, Madrid
Seite 247	Goya: „La lechera de Burdeos“, Museo del Prado, Madrid

Texte

Seite 235	Junco Torres, Antonio: „El Pais Vasco“, Tübingen
Seite 236	Junco Torres, Antonio: „Asturias“, Tübingen
Seite 238	Ortola, Rafael: „Gaudi“, in „Ecos de España“; Gräfelfing/München, Juli 1992
Seite 242	Stürckow y Gonzales, Máximo: „La Feria de Abril“ in „Ecos de España“; Gräfelfing/München, April 1992